融媒体版
入眼 · 入脑 · 入手 · 易教 · 乐学

高等职业教育公共基础课系列教材

大学生心理健康教育与心理素质训练

（第2版）

DAXUESHENG XINLI
JIANKANG JIAOYU YU
XINLI SUZHI XUNLIAN

叶琳琳 /主　编
马仁听　李惠贤　潘素芳 /副主编
郑泽钒　钟剑龙　温贞华　吴广浩　梅晓锋　陈晓泓 /参　编

北京师范大学出版集团
BEIJING NORMAL UNIVERSITY PUBLISHING GROUP
北京师范大学出版社

图书在版编目(CIP)数据

大学生心理健康教育与心理素质训练 / 叶琳琳主编. —2版. —北京：北京师范大学出版社，2021.9

ISBN 978-7-303-27200-6

Ⅰ.①大… Ⅱ.①叶… Ⅲ.①大学生—心理健康—健康教育—高等学校—教材 Ⅳ.①G444

中国版本图书馆 CIP 数据核字(2021)第 171015 号

营 销 中 心 电 话　010-58805530　58808064
北师大出版社职业教育分社网　http://zjfs.bnup.com
电 子 信 箱　zhijiao@bnupg.com

出版发行：北京师范大学出版社　www.bnupg.com
北京市西城区新街口外大街 12-3 号
邮政编码：100088
印　刷：三河市兴达印务有限公司
经　销：全国新华书店
开　本：787 mm×1092 mm　1/16
印　张：14.5
字　数：431 千字
版　次：2021 年 9 月第 2 版
印　次：2021 年 9 月第 8 次印刷
定　价：37.80 元

策划编辑：易　新　　责任编辑：易　新
美术编辑：焦　丽　　装帧设计：焦　丽
责任校对：段立超　　责任印制：陈　涛

前　言

当新冠疫情刻写在历史的年代尺上，那么人类又从中参悟到了什么？“心理健康是人类人性的核心”，2020 年 5 月 13 日，联合国秘书长安东尼奥·古特雷斯关于《疫情与心理健康》的演讲开篇第一句话，掷地有声，心理健康对于人类生存的重大意义，毋庸置疑。

在成长的过程中，每个人都在适应并学习面对三个世界：第一个是生活世界，如何对待他人？怎么表达自己？怎样学会生活？这些都要靠家庭和社会一点一滴熏陶出来；第二个是知识世界，这是学校发挥作用的场域，所有与知识范畴有关的都要通过学校教育来完成；第三个是心灵世界，这对个体尤为重要，心灵的世界等于人性的世界：到底要做什么样的人？人为什么会产生喜怒哀乐的情感，有关人性的东西不像知识那样，通过从无到有的教育可以完成，它是启发性的，需要激发出内在的人性因素，理解怎样做人。

当人们不假思索地以“00 后”称呼当下的年轻人的时候，聚焦的不仅是他们独特的行为方式、成长方式，而且还有这一代人难能可贵的优点以及显而易见的缺点，但是谁也不能否认他们是我们的未来。身处大数据、碎片化、微阅读的信息时代，他们的成长不应止步于 140 字的阅读阈限，而需要更多的真实经历、自我探索、人际支持和心理引导，用他们自己的话来说，他们是“需要大人们更多了解、更多关心的一代”。

大学阶段不仅是大学生们人生中非常宝贵的一段时光，更是身心发展的关键时期。适时提供心理服务是学校的责任，适时发展心理潜力是学生的需要。高校当以《高等学校学生心理健康教育指导纲要》(教党〔2018〕41 号)为指导，根据《普通高等学校学生心理健康教育课程教学基本要求》(教思政厅〔2011〕5 号)，坚持育心与育德相统一，加强人文关怀和心理疏导，规范心理健康教育，适应和满足学生心理健康教育服务需求，引导学生正确认识义和利、群和己、成和败、得和失，培育学生自尊自信、理性平和、积极向上的健康心态，促进学生心理健康素质与思想道德素质、科学文化素质协调发展。

《大学生心理健康教育与心理素质训练》就是在这样的条件下酝酿编写的，基于心理健康，从心理发展角度，回应大学生心理需要，内容涵盖大学生活所有主要方面或领域，同时依据岗位员工心理素质基本要求建构教学内容。本书由叶琳琳拟定内容结构和体例框架、组织并统筹编写，是编委会集体智慧的结晶，作者均是高校一线心理工作者，他们分别是：广州铁路职业技术学院马仁听、李惠贤、潘素芳、钟剑龙，广州航海学院温贞华、广东邮电职业技术学院吴广浩，曾经的同事陈晓泓、梅晓锋，北京印刷学院郑泽钒负责导语创作，李惠贤、潘素芳负责案例更新及微课制作并最后统稿，感谢他们的付出，正是他们的知识和经验构成了本书最有价值的部分，相信本书能成为大学生心理健康发展的好朋友、好助手。

本书于2012年初版，本次修订主要增加了教学案例以及微课视频，另外还更新了专业知识，以期更能帮助同学们拥有健康的心理。由于编者水平有限，本书尚有许多不足之处，许多重要的理论问题与大学生实际心理问题有待进一步探讨，疏漏与错误在所难免，敬请读者批评指正。

编　者

目　　录
CONTENTS

目　　录
CONTENTS

目 录
CONTENTS

目 录
CONTENTS

目 录
CONTENTS

目　录
CONTENTS

目　录
CONTENTS

项目一　成长的故事——变化与适应

在经历“十年寒窗”苦读之后，升入理想的大学就读，对于大学新生来说，大学生活将是人生辉煌灿烂的一个阶段，大学的校园生活是很多学子早已翘首期盼的美丽新世界。然而，当最初的惊奇与激情逐渐退去，大学新生或多或少会出现适应不良的问题。适应，是人的一种基本需要，是人一生中随时都要面临的任务与课题。积极适应，是个体生命发展历程的必然选择与主动回应，是个体走向丰盛人生的生活状态与精神面貌。能够积极主动适应生活环境的大学生，能将适应的困难与阻力视为成长的契机与动力，知难而进，勇往直前，成就更好的自己。

【“心”赏感悟】

《谁动了我的奶酪》

《谁动了我的奶酪》是个简单的寓言故事，书中有4个“人物”——两只小老鼠嗅嗅、匆匆和两个小矮人哼哼、唧唧。他们生活在一个迷宫里，奶酪是他们要追寻的东西。有一天，他们同时发现了一个储量丰富的奶酪仓库，便在其周围构筑起自己的幸福生活。很久之后的某天，奶酪突然不见了！这个突如其来的变化使他们的心态暴露无遗：嗅嗅、匆匆随变化而动，立刻穿上始终挂在脖子上的鞋子，开始出去寻找新的奶酪，并很快就找到了更新鲜、更丰富的奶酪；哼哼和唧唧面对变化却犹豫不决、烦恼丛生，始终固守在美好幻觉中追忆和抱怨，无法接受奶酪已经消失的残酷现实。经过激烈的思想斗争，唧唧最终冲破了思想的束缚，穿上久置不用的跑鞋，重新进入漆黑的迷宫，并最终找到了更多更好的奶酪，而哼哼却仍在对苍天的追问中郁郁寡欢……

扫一扫了解
《谁动了我的奶酪》

精彩“心”赏

变化——变，化

当代的一位诗人说：今天，全世界都需要安慰。《谁动了我的奶酪》的作者斯宾塞·约翰逊迎合了世界性的巨大心理需求，用一个小小的寓言打开了人们的心扉——怎样处理和面对信息时代的变化和危机，给人带来内在勇气，直面“软心理问题”。

书中的“奶酪”是一种比喻，它可以被当成我们生命中最想得到的东西，它可能是一份工作、人际关系、金钱、财产、健康、心灵的宁静。

我的感悟：

____

____

____

____

____

书中的“迷宫”，代表的是一个我们花费时间与精力追寻所欲求的东西的地方，它可以是我们所服务的机构或所居住的社区。

书中四个角色也有各自不同的代表。老鼠嗅嗅：能及早地嗅出变化的气息；老鼠匆匆：能够迅速开始行动；小矮人哼哼：因为害怕变化而否认和拒绝变化，这会使事情变得更糟；小矮人唧唧：当看到变化会使事情变得更好时，能够及时调整自己去适应变化。

我们生活在一个快速、多变和危机的时代，每个人都可能面临着与过去完全不同的境遇，也时常会感到自己的“奶酪”在变化。各种外在的强烈变化和内心的冲突相互作用，使我们在各种变化中茫然无措，先是追问——到底是“谁动了我的奶酪”，然后对新的生活状况无所适从、陷入困惑、难以自拔。

在社会竞争的大环境下，只有承认变化，并尽全力去适应它，才能在不远的将来重新找到属于自己的“新的奶酪”，虽然这是个极其辛苦、危险的过程，但有了这样务实、真切、充足的认知和准备，我们才不会在灾难和痛苦突然降临时变得手足无措。

“心”闻视窗

来自大学新生的心声

“我想象中的大学安静而美丽，鲜花盛开，绿树成荫，教室窗明几净，宿舍整洁宽敞；长发飘飘的漂亮女生穿着白色的裙子，抱着书，散步在绿荫小路上；帅气的男生骑着自行车潇洒地从我身边穿过，格子衬衣扬在他的身后；和蔼睿智的老先生在课堂上贯通中外、声情并茂地为我们讲课，我们听得如痴如醉。”

我心中的大学：

____

____

____

____

“可现实是，我的宿舍破旧窄小，没有空调；校园骑自行车的地方也没有，只有一栋教学楼；教师一节课讲几十页，下课就走人，我跟不上教学进度。想起高中的时候，教师每天陪着我们学习、啃书本，一页课本我们用一周来嚼碎吃透，知识掌握得多么扎实……这样的大学让我如何是好？围绕着我的是陌生的人、陌生的事和陌生的感觉。我苦恼极了。”

我真实的大学：

____

____

____

____

专家观点

给大学新生的几点建议

第一，给自己定位。想要在专业知识上深入学习、在学术上有所突破的同学，就要了解所学专业的研究概况，阅读所学专业的经典书单，全面而宏观地了解所学专业。在学好专业知识的同时，想在学生工作方面有所锻炼的同学，可以报名参加各类学生社团组织。但是，千万不要以为大学阶段很长，什么都想尝试，广撒网而都不精就很有可能什么都做不好。

第二，选择适合自己特点的社团。在大学里有很多社团，从理论类到文艺、体育类应有尽有。在开学初各大社团“百团大战”般的招新活动中，不要盲目参加太多的社团。社团活动会对你的个人时间、身体素质和经济状况有一定要求。根据自己的特点和爱好选择一两个社团是一个明智的选择。

第三，学会上网、学会不上网。读大学不上网不行。专业方面的信息和资料，以及校园里各种活动信息都汇集在校园网上，通过网络能节省宝贵的时间。但是，要懂得从网上下来这才叫真正会上网。整天泡在网上聊天、打游戏是极浪费时间的。

第四，财务规划。大学是一个很好的锻炼个人理财的机会，要把有限的钱花在最需要的地方。适当地做兼职，既可以减轻父母的经济负担，又可以锻炼自己的社会实践能力。

第五，独立生活。对大多数学生来说，上大学是第一次离开父母独立生活。生活上要学会自理，男生不要等到脏衣服堆积成山才去洗；女生也不要为了身材苗条而节食；卧具、衣服要定时更换清洗；一日三餐不用豪华，但是一定要注意营养搭配。

【心有灵卷】

一、 大学生活的变化与心理适应

虽然同是求学的殿堂，但大学生活与中学生活截然不同。当我们开始正常的大学生活之后，最初对大学生活的憧憬与梦想会逐渐消退，面前是一条“鸿沟”需要我们去跨越，要经历一段艰难的心理适应期。对有些缺乏心理准备的大学新生来说，他们可能会产生不同程度的适应困难。能否在这个过程中做好充分的心理准备，能否在心理转型与重塑的过程中成功进行大学生角色的转换，将直接影响到大学期间的学习和生活的质量。

（一）大学生活的各种变化

1. 学习环境的变化

小学、初中和高中，我们生活的重心是学习，学习的目标是考上大学。家长和教师管着我们，希望我们进入理想的大学开始新的生活，可是没有人告诉我们要如何面对大学的生活。到了大学，我们才发现很多事情不是原来想得那样简单。学习不再有人逼迫，环境变得轻松起来，人变得自由，生活一时间没了目标。

2. 生活环境的变化

很多同学大学以前都是和父母、亲戚同住，学习和生活都有管理者和监督者，而大学生需要自我管理和自我监督。有的同学自理能力较差，缺乏生活常识，不能自己解决生活问题，而大学需要独立自主、告别依赖。再者，初高中同学大多来自同一地区，生活条件没有太大差异，经济条件基本在同一水平线上，彼此差距不大。但是大学生来源广，生活习惯、经济条件、地域文化等的差异体现得较为明显，有些同学会因此产生较大的心理压力。

3. 人际关系的变化

拥有不同的文化背景、价值观念、生活方式和行为习惯的几个新生要在约 $20m^2$ 的宿舍里生活，面临各种各样的人际关系，或友好相处，或平淡如水，或形同路人。在中学或在中学以前，人际关系的概念更多的是友谊的扩展，彼此之间的利害冲突、矛盾相对要少得多。但大学是个浓缩的小社会，文化、行为习惯、价值观念的冲突都会呈现出来，人际关系变得复杂。

4. 自我评价的变化

在大学里，对学生的评价是多元的，分数不是唯一的指标，强调得比较多的是综合素质，跟周围的同学相比，你会发现很多人比自己优秀，有的学习成绩优秀，有的运动能力强，有的文学修养高，有的口才好，有的频频获奖……看看自己才发现似乎什么也没有，连自我介绍都不知道怎么说，一时间不知自己该做什么、该怎么做，部分学生容易在自我评价上出现偏差。

5. 心理发展的变化

进入大学，很多同学已经跨入成年人的行列。原来幼稚的想法和行为会在大学这个小社会里变得成熟。心理不再像个孩子一样单纯如水，而是有很多复杂的想法，这也让很多大学生面临心理的困扰。比如说遇到情感问题不知道如何处理，面对家庭经济的压力产生自卑情绪，不知道如何处理好人际关系，等等。从高中到大学，可以说面临心理上的发展和转型期，如何正确地处理人际关系是我们大一新生的必修课。

（二）大学生活的心理适应

18 岁是法律赋予一个人公民权利的年龄，大学录取通知书标志着一个人新生活的开始。大学生虽然已脱离孩子的群体，但还不能履行成人的责任和义务，常被排斥于成人行列之外，然而大学生却自以为已经成人，言谈举止力求带有成人的味道，这容易造成大学生内心矛盾、抱负水平不确定和易采取极端立场等心理表现。

大学不是青少年时代的最后一个阶段，而是步入成人的第一阶段，你们中的许多人也是第一次离开父母独立生活。大学不意味着快乐的夏令营、丰富的夜生活、便宜的啤酒，而是你们成长和学习的中心。对于“准成人”的身份，大学生唯有努力地完成心理发展的课题，方能顺利步入成人社会。

1. 入学之初

入学适应是迈进大学校门的新生都要经历的一道关。在这一阶段，大学生面临从中学生活到大学生活的急剧变化，不仅生活环境、人际关系、生活方式和学习方法不同了，而且从家庭到学校、再从学校到社会，社会角色也不同了，大学生原有的心理平衡被打破了，但是又必须面对家长、教师、社会的期望和要求。适应是心理健康的标志之一，是发展的基石。新生只有积极适应，顺利穿越“过渡期”，才能享受大学生活，到达希望的彼岸。

2. 大学中期

经过一段时期的调整后，大学生不仅适应了大学的学习生活，而且逐渐确立了自己的生活目标和适合自己的生活方式，进入了大学生活最主要、最长久的稳定发展阶段。多数大学生的专业兴趣渐浓、求知欲强烈、兴趣广泛、思维活跃、人际交往增多、交往能力增强，一些人还建立了较稳定的恋爱关系，也有人遇到许多困难和问题，出现某种程度的心理障碍，但总能在自己和他人的帮助下，解决这些问题或障碍，并不断发展和完善自我。

3. 临近毕业

毕业在即，大学生大多面临毕业考试、论文答辩、求职择业等棘手问题，这既是毕业准备阶段，也是就业准备阶段，更是从学生生活向职业生活的心理过渡时期，因此心理压力和冲突将会不断出现。绝大多数的大学生经过几年专业学习和心理发展，具备比较稳定的人生观、丰富的知识、良好的心理调控能力，但也有少数学生因在学业或求职中遇到挫折，产生了一些心理问题。

（三）大学新生的常见问题①

1. 生活适应和自理能力差

倒位就学，饮食方面的差异和生活习惯的不同，常会造成部分学生的环境应激。就算是地理跨度不大，在饮食和风俗上也会或多或少的有些差异。部分大学生不能在短期内顺利适应，产生的心理应激便会影响其正常的学习、睡眠等活动，从而形成心理问题。另外，随着学生家庭经济情况的改善，大学生攀比衣着打扮，抽烟饮酒，同学之间过生日以及郊游等消费逐渐上涨，已经成为当前高等学校不得不重视的问题。这种情况对于部分家庭经济能力有限而又爱面子、讲虚荣的大学生也会造成心理问题，产生严重的自卑、忧虑、紧张等精神压力，甚至还会引发违法行为。

2. 空虚无聊，没有目标

中学阶段的生活“就像在黎明前漆黑一片的隧道中赛跑”，高考就是前方那一盏最明亮的灯，同学们你追我赶地向着这一目标奔跑，虽身心疲惫但目标明确，生活紧张但却充实。进入大学之后，同学们不用再为高考拼命和奋斗了，生活一时失去了目标和动力，加上完全陌生的环境和同学，有些同学会感到失落和茫然。另外，还有些同学高考填报的志愿不理想，从而导致他们对学习提不起兴趣，对自己的要求也仅限于考试及格即可。在高层次目标尚未建立之前情绪低落、彷徨迷失的现象在大一新生中较为普遍。

3. 自我价值感的丧失

经过高考拼杀，大学新生带着良好的自我感觉进入大学，却突然发现自己只不过是大学生中的普通一员。在强手如云的新班集体里，有些同学面对新一轮的排列组合，曾经“鹤立鸡群”的优越感荡然无存，发现自己和其他同学相比各方面都有差距。在知识、才艺、人际关系、家庭背景乃至身体容貌等方面不如他人，或因为家庭经济困难，或因为服饰落伍，或因为乡音浓重，种种方面很容易使同学们在自我认识和自我价值感方面感到困惑。

4. 学习方法的不适应

对于大一新生来说，尤其突出的矛盾是由应试教育造成的不良学习习惯无法适应新的大学教学。没有了中学里教师的耳提面命，许多大一新生，面对知识的海洋，不知从何学起，难免会产生困惑、迷茫和无所适从的感觉。因此，及时解决学什么、怎么学和如何安排学习时间的问题，是新生尽快适应大学学习生活的关键。也有一些新生在学习上有一种“船到码头车到站”

① 中国高等教育学生信息网，有改动。

的松劲心理，学习动机的强度下降，没有正确的学习目标，缺乏较强的学习动力与意志，于是不思进取，得过且过。

5. 人际交往的障碍

有些同学不知如何与来自不同家庭、不同社会背景的人相处，不愿与他人交往，很少参加集体活动，缺少朋友，不关心外面的世界，经常把自己封闭在狭小的天地中；有些同学不知如何处理与异性的关系，有的新生受习惯心理影响，对男女交往过分敏感，从而使正常的异性交往不能自然进行，甚至相互隔离，也有的同学过快地将同学关系发展成恋人关系，过早地沉溺于“两人世界”，还有的同学陷入单相思而不能自拔，由此产生情感冲突。这些学生大都会出现因人际关系失调而产生的焦虑不安、心慌意乱、孤单失落、寂寞失眠、注意力分散甚至社交恐惧等症状。

二、 大学新生的适应不良及其产生的原因

“天才不是一生下来就是天才。”达尔文说：物竞天择，适者生存。新生不是一走进大学校门就是合格的大学生，其间有一个适应的过程。

（一）适应的意义

1. 适应的生物学意义

生物学家说：适应是不可抗拒的生物法则，是生存的前提。美国研究人员曾研究企鹅中形体最大的帝王企鹅的走路方式，他们在企鹅的身上、必经的路上装上仪器，测量帝王企鹅的能量消耗，并且比较企鹅与人类以及其他动物步行时的能量恢复率。大量的数字记录显示：企鹅每走一步都能为下一步储存近80%的能量，比世界上任何一种动物都要高，也高于人类的65%。由此，科学家们得出结论：企鹅走路一摇一摆，看似笨拙，但却是一种最节省能量的方式。任何生物都有其适应环境和生存的方式，人也不例外。

2. 适应的心理学意义

适应是心理健康的标志之一，是发展的基石。人类所追求的，不仅仅是以生理需要和安全需要的满足来实现的生存，更重要的是以获得社交、尊重和自我实现为标志的发展，古往今来的杰出人物都是先适应环境而后再改造环境。识时务者为俊杰。在这个一切都在以前所未有的速度剧烈变化、激烈震荡、迅速发展的变革时代，人必须不断做出身心调整，才能维持与现实生活良好的平衡，保持有效的生存状态。

（二）新生适应不良的主要表现

青年心理学之父斯坦利·霍尔称青年期是一个“疾风怒浪”的时期，这个时期的特点是动

荡、起伏，可能出现一些非常显著的相互对立的冲动。青年人的这种本性加之面临一系列生理、心理、生活环境的变化，使大学生处于一生中心理发展最为激烈的时期。由于心理不成熟、情绪不稳定，心理矛盾时有发生。如果矛盾冲突过于激烈和持久，则容易导致压抑感、失落感。

各种调查表明，在进入大学最初的3个月到半年时间里，有30%左右的新生有不同程度的适应问题。具体表现有：①安全感的缺失：紧张、担心、没有安全感，害怕夜晚的来临，很难适应环境，产生逃避、放弃和恐惧心理；②高度敏感或者敌对：对人不信任、易冲动，很看重别人的评价，不主动与人交往，容易导致人际冲突和不团结；③焦虑或者抑郁：无原因的紧张感，无欲求，自卑，注意力难以集中，不喜欢动，遇事总往坏处想；④脆弱：情感脆弱，情绪波动较大，脾气暴躁，容易受到伤害，思家，容易放弃；⑤生物功能紊乱：表现为食欲不振、睡眠质量差、记忆力下降、注意力和精力差等。

以上表现归纳起来主要集中在以下几个方面。

1. 人际交往的障碍

大学生来自四面八方，同学之间的生活习惯、家庭背景等客观因素的差异，造成了人际交往的困难。有些大学生习惯以自我为中心，待人接物缺少多角度考虑的融通性，容易造成交往障碍；另外，个体的性格特征也会阻碍人际交往，如自卑、怯懦、鲁莽和孤僻等也造成了人际交往的困难。许多大学新生渴望交流沟通，却屡遭不顺，他们日益感到压抑郁闷，越来越不愿意同其他同学交流，有些同学甚至逐步迷恋网络，希望在虚拟空间觅到知音良友，冷漠地对待现实世界。

2. 学习学业的焦虑

中学时代包办式的管理和教师主导式的教学，造成很多新生入学后在学习和生活上的依赖性，他们不习惯对自学能力要求较高的大学学习，依旧沿着中学思维模式和学习方法进行学习，容易产生学习适应困难。同时，由于学生手册对学分规定越来越严格，考试不及格的压力也越来越大。考试不及格往往造成恶性循环，不及格门次越多，心理波动越大，有些同学可能就会自暴自弃，导致学习成绩更差，以至于最后无法毕业。所以，学业的不适应性容易导致大学新生焦虑、沮丧、自信心下降。

3. 自我意识的偏差

随着个体生理、心理的逐步成熟，有些大学新生的自我意识也逐步增强，但是还不够稳定，看问题比较片面主观，加上心理承受能力比较脆弱，一旦遇上暂时的挫折和失败，往往灰心丧气，怯懦自卑。他们对于周围人给予的评价非常敏感和关注，哪怕一句随意的评价，都会引起他们内心很大的情绪波动和应激反应，以致对自我评价发生动摇，如有些学生看到班上有些多才多艺、能力较强的同学，觉得自己一无是处，事事不如人，产生自卑心理。

（三）新生适应不良的原因

在人生的舞台上，每个人扮演不同的角色，在人的一生中，每个人又扮演多种角色。特定的时间、特定的空间、特定的社会文化，就有特定的、与那个环境相适应的角色期望和行为方式。生活每天都在发生变化，人不可能永远扮演相同的角色，当生活翻开新的一页时，就要适应新的角色。

美国人格心理学家阿尔波特有句名言："同样的火候，使黄油融化，使鸡蛋变硬。"说的是每个人内部都有一种决定其对环境顺应的方式，相同的生存环境，个人不同的适应情况，其原因不在于客观事物，而在于人对客观事物的理解不同，心里的感受不同，做出的反应也不同。

举一个简单的例子，青春期的青少年许多都认为自己长得不够漂亮，并因此苦恼、自卑，事实是否如此呢？国外一位心理学家就专门做过一个实验，他请大、中学生对自己进行评价，结果是95%以上的学生对自己的相貌和身材都不满意，但是研究人员对他们进行社会标准的评价却发现98%以上的人都是发育正常、身体健康的，相貌也说不上"丑"，这是一种非常强烈的反差。这从一个方面说明，一个人如果不能充分理解外部事物留给他的心理记录，那么认识会发生偏差、引起困惑，从而产生不适应。对于新生来说，很多的适应不良也恰恰来自自己。

1. 肯定与否定冲突

即便在高等教育扩招之后，能有机会上大学的人也还是少数。多年的发奋苦读换来了金榜题名的喜悦和自豪，使"新鲜人"们多少有点志得意满，成为"天之骄子"的自豪感油然而生。应当承认，能够进入大学的学生，一般来说在高中阶段的成绩都是较好的，大多能受到教师和同学的肯定和关注。但进入大学后，大家都是来自各地的尖子生，都有过辉煌的经历，其中有些同学原有的优势不复存在，从鹤立鸡群变成平庸之辈，这种地位的变化和心理的落差容易导致自我评价失调，从自我感觉良好转向感到自己也是平庸之辈，甚至自卑。

2. 孤独与恋群交织

在全新的环境中，新生虽然彼此都有新鲜感，也渴望交流、沟通，但最初阶段的交往更多的还是出于礼貌、客气，都在"试探"对方的性格，大学新生普遍感到孤独压抑。事实上，大学新生对新的人际关系的适应远比对学习和生活环境的适应困难，特别是在与周围同学的交往中，容易出现因缺乏经验技巧不善交往，因担心别人看不起自己不愿交往，因害羞不好意思与异性交往，因性格内向不敢结交新朋友等现象。在人际交往中，不少同学存在较强的防范心理，通常小心翼翼，“广泛交友，谨慎交心”，大面积撒网，却捞不到几条鱼。这种只有广度而没有深度的“点头之交”，在一定程度上影响了人与人之间的正常交往。对此，部分同学会产生一种失落、无奈的感觉，转而怀念起过去的中学时代，甚至感觉大学不如中学，进而把情感投向旧时的同学、朋友和教师，难以融入现在的班集体。

3. 理想与现实矛盾

对大学的现实生活，大学新生普遍缺乏了解和心理准备。进入大学之前，他们把大学生活想象得过于理想化了，编织着一幅幅大学生活的美好图画，心中充满了对大学生活的好奇和向往，其想象往往融入了各种各样的诗情画意。一旦亲身感受大学生活后，他们就会发现大学的现实情况与自己原来的想象相差甚远。特别是当有的大学新生遇到一些现实矛盾时，便会有一种被欺骗的感觉，觉得大学不过如此。相当一部分新生如此抱怨着：“大学，真是无聊，还没高中有意思”“真没意思，太空虚了”“走，吃鸡去”“大学，怎么这样啊，真郁闷”。

枯燥的“三点一线”(教室——宿舍——食堂)生活，不太体面的“课桌文学”“墙头文学”“厕所文学”，不太文明的举止言行和嘈杂的校园环境与原来想象中的大学相去甚远。原以为个个是口齿伶俐、诙谐幽默、文明礼貌的人中龙凤，实际并非如此；大学也有自私、孤傲、偏执、好强、玩世不恭等各色人，虽然这些人只占极少数。此外，面对全新的学习内容，一部分大学新生没有及时调整自己的学习方法，学习上投入的时间与取得的成绩不成正比。这种理想与现实之间的矛盾，使一些大学新生发出了“大学无限好，人生真无聊，早知如此，何必当初”的感叹。

4. 放松与紧张同在

许多大学新生认为，进入大学就等于进入“保险箱”，应该轻松轻松、痛痛快快地玩了。加之大学不像中学管得那么紧，自由度较大，供自我支配的时间也较多，一些自觉性较差的同学不知不觉失去了明确的奋斗目标，失去了前进的动力，变得无所适从，放松了对自己的要求，开始沉溺于电子游戏、武侠小说之中，不愿学习，上课听不进去，“没劲”“无聊”成为口头禅。经过一段时间后，特别是第一学期结束，有些同学考试成绩不理想时，紧张甚至焦虑情绪又随之而来。

5. 求知与厌学并存

大学生的学习不仅是要掌握知识，而且要掌握科学知识的形成过程、科学的研究方法，了解各学科存在的问题及其解决的可能性。大学生由于抽象思维能力的发展，在大学这种充满学术研究气氛的影响下，逐渐萌生一种重新组合已学知识，以新的角度解释已学知识的冲动，从而具有强烈的求知欲望和成才动机，不论是自然科学知识还是人文社科知识，凡是感觉新奇的都想了解，凡是觉得有兴趣的就渴望尝试。

由于高考前的学习压力巨大，紧张得让人喘不过气来，不少大学新生对学习产生了一种厌倦情绪，迷失了求学的方向，难以重新找到学习的动力支点，因而对学习感到乏力和无能，经常询问自己"为什么要读大学？我在大学能学些什么？我最应该学的是什么？"

6. 独立与依赖相随

大学新生与高中生相比，独立意识更强一些，强烈要求社会承认他们的成人资格。同时，大学生活中很多事情需要他们独立处理，无形之中又进一步强化了他们的独立意识。他们经常用批判的眼光看待周围事物，不轻易被动地接受他人的"灌输"；要求独立自主地处理各种问题，不愿受到来自社会和他人的束缚和制约等。大学新生普遍十分强烈地要求社会把他们当作成人来看待。理由只有一个：我已经长大了。

大学新生追求独立的成人意识，在学习和生活中往往表现出矛盾的两方面。一方面，独立意识增强使大学新生从上大学那天起就表现出心理"断乳"的强烈愿望，不愿随波逐流，在思想言行的各方面都表现出极大的独立性，这对大学新生的学习、生活和成长无疑是大有好处的。另一方面，当个人独立意识无限度地增强，就可能导致大学生过分相信自己的能力，妄自尊大，以"成人"自居，不乐意接受来自家庭、学校、社会的批评教育，甚至表现出情绪上的对抗。一旦这种缺乏基础的、盲目的自信受到挫折或其"独立性"受到挑战时，这些大学生就容易感到沮丧、自卑，或对人、对事采取不负责任的态度，或退缩到依赖他人的状态。与此同时，大学新生身上表现出的依赖性也是十分明显的。少年时期形成的依赖习惯不可能随着上大学而完全消除，不少大学新生面对陌生或复杂的环境时，往往缺乏信心，难以做决断。

三、 提高心理适应能力

适应与发展是贯穿生命始终的两大重要课题。良好的适应能力是人的心理健康和个性健全的重要标志之一。从中学到大学的路，是一条通向个人成熟的必经之路，是个体在心理上和行为上适应成人角色的一条路。在接受并适应新角色的过程中，如果适应问题处理得不好，不利于心理健康，严重的还会影响到个人的成长。因此，为了尽快适应全新的大学环境，大学新生需要对自己有一个再认识，需要进行全方位的自我调整，以轻松自然、积极健康的心态，面对新的生活，建立起新的生活秩序，很快就会渡过这种不适期。

（一）自我调适

1. 客观认识自我

美国心理学家艾里斯认为，导致人们对环境适应不良，出现消极心态的原因，不在于人们所经历的事件本身，而是在于人们对于这些事件的错误的看法、评价和解释。有时，一些大学新生就是因为不能理性地认识自我，不能理性地分析、评价与自己相关的人和事，要么孤芳自赏，认为自己什么都是好的，什么都是对的，要么自轻自贱，认定自己一无是处，什么都不如人，从而说了错话，办了错事，做出了错误的决定，使自己陷入了焦虑和痛苦之中，因此，改变不合理信念是遇到适应性问题时首先应该想到的。

2. 确立奋斗目标

大学新生到了新的环境，新的目标有助于树立正确的、积极的学习动机，重新拥有生活的核心，找到生活的意义所在，缩短没有明确奋斗目标的空白期。新生活的新目标是怎样来的？是依据自己的自身条件和现实状况制定的。有人给自己定下了这样的标准：“决策要有政治家的远见，工作要有军事家的胆识，管理要有企业家的干练，社交要有外交家的风度，才识要有科学家的渊博，生活要有艺术家的浪漫。”显然，这种目标是不切实际的，是遥不可及的。目标设定了就要想方设法达到目标，通过一点一滴、一招一式、脚踏实地来实现。

3. 调整学习模式

新的学习是临近专业工作实践的学习，也是接近科学技术前沿的学习，更是在厚实基础上的研究性学习。为适应这样的学习，必须在数量累进的基础上，转入追求知识的质量与结构，就得跳出单纯吸收的学习模式，尝试边吸收、边释放的学习，把只认一种书本、一家之言的单一式学习改为博采百家、兼容并蓄、比较鉴别、撷取精华的复合式学习。要学会利用课程安排留出的时间去自学，而并非像以前那样依靠教师和课本就可以解决问题，所以培养自学能力、创造能力非常关键。

4. 培养学习能力

欧洲文艺复兴时代的达·芬奇，不仅是数学家、物理学家，同时还是艺术家、画家。有人预言：21 世纪一个人每隔五年就得换一次工作，从一而终的职业观念将被彻底改写。科技的迅猛发展要求个人不断改造、转换和补充自身的知识结构和工作技能，使自己拥有创造性工作的能力。学生在校期间就要开始为此做准备，锻炼自己敏锐的思维、宽阔的思路，培养开拓的意识、广泛的兴趣，克服盲目学习的习惯，合理安排时间，发展独立思考和归纳总结的能力，完成学习方法和学习习惯的转变，在学习过程中开发自身的潜能。

5. 塑造良好品质

“播种下一种行为，就收获一种习惯，播种下一种习惯，就收获一种性格，播种下一种性格，就收获一种命运”，这句话道出了人的性格与其一生命运的关系。生活中，有人孤僻高傲，怀才不遇，有人大智若愚，青云直上，有人热情大方，生活快乐，有人刻意求全，郁郁寡欢，这一切都与人的性格有关。良好的性格是成功和成才的基础，有意识地让自己做一个为人正直谦虚、待人热情诚恳、做事自信执着、遇事开朗乐观的人，克服心中的自卑和自负，避免人格的异常发展，提高心理健康水平，在任何时候、对任何人都很重要。

6. 掌握交往技巧

没有新朋友的新生活是无趣的、更是痛苦的，但无论怎么说，每个人最终都会找到朋友，并在交往中慢慢结成新的朋友关系，一起体会生活、感受成长。虽然家庭背景、生活经历对一个人性格的影响是潜移默化的，但却具有决定性因素，人们的言谈举止给人留下的印记是十分深刻的，对人的性格的形成的作用是不可忽视的，特别是对于尚未定型的学生来说，更为突出。因此，适应新的人际关系，首先要适应不同人的交往方式，要相互体谅、互相理解，改进自身的处事方式，这样才能找到有着共同兴趣、共同追求的新朋友。

7. 调节个人情绪

生活中，自卑、抑郁、冷漠、易怒、焦虑、恐惧都妨碍一个人正常的学习、工作和生活。被动地任由“不良情绪”牵着鼻子走是不明智的，相反要让自己经常处于一种健康的状态下，遇到不开心的事，就主动转换一个角度重新认识发生的事情，不钻牛角尖，不让不愉快的心情占据我们的心；如果自卑、焦虑、恐惧，就告诉自己“我能行，我可以，我不怕”；如果易怒，就想一想人无完人、凡事没有十全十美的。此外，还要善于发现自己的优缺点，学会一点幽默和自嘲，适时地转移注意力，做自己平时喜欢做的事来冲淡不良情绪。

（二）寻找支持

我们可以通过寻找外部力量比如同学、教师、朋友等来帮助和保护自己。要解决人际交往上的困难，可以有意识地学习一些人际交往方面的知识和技巧，逐渐敞开自己的心扉去接纳别人，参加学生组织，加强与同学、教师的交流；也可以寻找与自己情况类似的同学，创造一个安全的环境来倾诉心声，通过彼此的帮助来获得力量。

1. 朋友交流，寻求认同感

每个同学都有高中的同学，自己的同学可能分布在不同的大学，也有可能和自己在同一个城市，有相近性，大家或多或少都会遇到对新环境的适应问题。与自己的高中同学交流，既可以相互学习适应的技巧，也可以获得对方的认同感，这样就知道有适应障碍的并不只是自己。在新的环境里面，能与自己的老朋友相互交流，在一定程度上就减缓了个人适应不良的焦虑症，有效地加快大学生适应新环境的速度。

2. 校园同乡交流，寻求归属感

大学的同学们都来自五湖四海，也同样有自己的老乡。在一些场合，可以主动询问同学们都来自哪里，如果找到老乡，大家都会很开心，话题自然也就比较多。朋友多了，大学的路同样好走。同时大家可以积极参加学校组织的各项活动，拓展社交，慢慢适应大学生活。

3. 教师指导，寻求安全感

如果确实遇到适应不良的问题，自己又不知道该怎么做，又有顾虑不敢找同学聊的，也可以找自己的辅导员、班主任等寻求帮助，辅导员、班主任可以根据学生个人的实际情况给出适合的方式来帮助指导学生适应大学新环境；辅导员、班主任还可以暗中相助，让班里的同学们提供帮助，这样既能促进同学间的友好相处，也能给同学们一些机会去锻炼。而学生有教师的支持，比较有信心跨出第一步，逐步适应大学生活。如果感觉辅导员、班主任对大家适应不良问题指导也有顾忌，或者效果不明显的话，大家还可以寻求学校心理咨询教师的帮助，现在高校都有心理辅导教师，具备丰富的指导经验，对于大学新生适应不良问题，也有丰富的个案经验，能给出指导性建议。

（三）转变角色

心理适应能帮助大学生找到正确的定位，是大学新生实现角色转变的前提和保障；而角色的成功转变是大学生心理适应的必经环节和重要表现。大学新生可以从以下三个方面入手实现大学生的角色转变。

1. 提升专业学科知识和发展前景的认同感

主动了解专业的发展历史、人才培养方案、课程模块、培养目标、就业前景和学习管理制度，可以激发新生对所在专业的归属感和认同感，同时能让他们明确自己在大学期间的主要任务和学习目标，提升他们的学习自主性，实现大学生的角色转变。

同学们还要学会多角度看专业：喜欢与不喜欢是相对的、可变的，即便是当初自己的选择，入学后也有人不满意，中国人民大学统计系对此的调查结果是38%，其实一个人的兴趣很多是起于一次偶然，接触多了，钻进去了，也就喜欢了。就算无论如何也不喜欢，也完全可以选修其他课程。现代社会是一个广泛联系的社会，社会发展需要的是复合型人才，任何单一的专业都不能适应社会的需要。

2. 适应高校的人文环境和教学管理模式

每所学校都有不同的人文环境和教学管理模式，主动了解校训校史、优秀校友和教学特色，既可增强学校荣誉感，又可助力角色转变。

同学们适应高校的人文环境和教学模式时需要注意，学校不是决定个人成就的必然因素，“英雄莫问出处”，能够进入一所名牌大学当然好，如果不能，也没有什么，如果自己努力，今后能让学校以自己为傲就更好了。

同时，不要让别人来决定自己。人各有志，不能强求，别人有别人的人生，自己有自己的生活，如果希望自己成为一个有学识的、高素质的现代人，就要勇敢付出行动。

3. 培养大学生活规划意识

你是否觉得现在的大学生活没有什么意义呢？你是否觉得每天都在忙碌，却没有收获呢？你是否觉得，自己老是比别人慢半拍呢？你是否觉得应该利用大学宝贵的时间和资源做点什么呢？你有没有想过改变自己的现状呢？

如果你的回答是“是”，那么恭喜你：你已经开始对现状不满，产生了规划的意识。产生规划意识是开始进行大学生活规划的开端，是角色成功转变的体现。科学的生活规划，可以帮助同学们确立在大学期间的发展目标、发展前景、发展道路；可以帮助同学们管理时间和精力，用于最具回报率的事情上去，以获得更大的成功。

【心空翱翔】

活动 1：上了大学，你还好吗？

道具：每一位同学准备纸和笔

分组：5～8 人/组

过程：8～10 分钟

教师任务：让学生以 3 个词记录自己进入大学以来的感受，进行组内讨论分享交流，让每组讨论出最能有代表性的 3 个词并派代表上台分享，组别间选的词不允许重复。注意适时引导学生思考自己选出来的词是积极的还是消极的，为什么和如何把消极的转化为积极的动力。

我初入大学感受：
______（消极/积极）
______（消极/积极）
______（消极/积极）

学生任务：思考并选取 3 个词记录自己进入大学的感受，小组讨论，得出 3 个词，派代表上台分享。

活动目的：引导学生思考感悟自己的入学初体验，以利于更好地适应大学生活。

补充说明：教师可先用 3 个词分享自己当初进入大学时的心理体验，达到与学生共情的目的，打开学生心扉，以求聆听到学生真实心声。

分享交流

回想起刚进入大学的时候，小李说他感受最深的是：自由、机遇、奋斗，他想跟大家分享他的大学感受。

自由：看着课表上的多处空白，数着一个学期的周末和节假日，享受着没有晚自习的夜晚，没有人催我做作业，没有人督促我预习复习，没有人帮我安排补习考试……进入大学的第一感受就是自由。我有很多可以自己支配的时间，可以去图书馆借一堆书回宿舍看，可以去运动场跑几圈挥洒汗水，可以约三两知己外出游玩……

机遇：各种社团组织，各类比赛，各样实践活动……大学生活中蕴藏着丰富的机遇。我想参加志愿活动会，因为“赠人玫瑰，手有余香”；我想参加校运会的跑步项目，奔跑我的青春；我想加入学生会，为同学服务；我想取得好成绩，拿到奖学金，争取境外交流学习机会……

奋斗：自由的时间，丰富的机遇，让我时刻保持一颗奋斗的心，因为我知道没有奋斗，自由只会滋生懒惰，机遇也只能擦肩而过。只有好好奋斗，才能不辜负自由的大学生活；只有好好奋斗，才能把握充满机遇的大学生活。我认为最好的奋斗是从一件件小事做起，比如每日早起，上课坐前排，认真完成作业，多去图书馆，勤到运动场……

活动 2：小松鼠搬家

道具：欢快的背景音乐

分组：同学排成队伍，然后 1、2、3、1、2、3 报数，同时留下 1 到 2 名同学单独出来，另有安排。这样 3 个同学为一组

过程：10～15 分钟

教师任务：让报 1 和 2 的同学扮演树木，两位同学面对面站立，相距 80 厘米，双手向上举，掌心向外，与对面同学的双掌握在一起，搭成一个家的形状，然后报 3 的同学扮演松鼠，蹲在由 1 和 2 同学搭成的家下面，每个家里面只能住一只松鼠。宣布游戏规则，播放音乐和发布口令。

我的体验与感悟：

____

____

____

____

____

____

____

(1)当听到“猎人打猎”的口令时，扮演松鼠的同学就要立即转移家园，跑到别人家里，越远越好，要求不能跑到旁边的家里，而扮演树木的同学则不能移动，而单独出来的同学就可以利用这次机会去抢一个家，这样最后还是会有松鼠无家可归；

(2)当听到“樵夫砍柴”的口令时，扮演树木的同学们就要转移位置，跑到别的地方去搭建新的家园，但必须要找到有松鼠的位置去搭建，同样是离自己原来的位置越远越好，不能在自

己旁边的松鼠那里搭建家园。同样，单独出来的同学就有机会去寻找松鼠搭建家园，同样会有同学单独出来；

(3)当听到“森林大火”的口令时，扮演松鼠和扮演树木的同学都要转移阵地，同时相互的角色可以互换，原来扮演松鼠的同学，在这个口令下，可以去扮演树木，同样，扮演树木的同学也可以去扮演松鼠，要求是每个完整的家有两棵树木和一只松鼠。同样，原来单独出来的同学就可以去寻找机会搭建家园。

学生任务：按照教师指令，分好组，完成指定动作。根据规则和口令进行游戏。

活动目的：引导学生感悟在发生变化时自己的心理体验，总结出在生活中突发的外在因素会导致环境和我们的心境发生改变。永远不变的只有变化本身，每一次适应变化都会是一种蜕变。变，化，在变中蜕化。变化并不可怕，反而是成长的契机。

补充说明：强调在活动过程中注意安全，避免在换位中受伤，为了激发同学们参与的积极性，可以对活动中抢不到角色而单独出来的同学设立一些表演机会等。

分享交流

在平稳的生活中，我们扮演着自己的角色，悠然地过日子，但突然有外在的因素导致环境发生改变，让我们不得不转移自己的家，自己的位置，自己原来生活的地方，在这种被动的适应中，我们会发现其中充满了竞争；还有一些条件限制，如果我们不够积极主动，可能就找不到自己的位置，被淘汰出局，而如果违反了规则也会被淘汰。“适者生存，劣者淘汰”，这是生物的本性。现实就是这么的残酷，我们要做好随时面对变化的准备，瞄准最佳方位，以最快的速度抢滩，同时也要有两手准备，万一别人比自己抢先了，自己能很快调整，在短时间内转移目标。如果我们迟钝了，被动着在等，或者随大流，跟着别人跑，位置只有一个，你跟在别人后面，别人争到了，你却是空手而归，最后就会被淘汰。

生活中的变化是多种多样的，也是充满挑战的，你适应了这次的变化，那么你的人生就发展了一步；变化越大，对应的机遇也是越大的，我们要改变对变化的看法，变化并不可怕，相反，变化如同一场测验，检测我们适应的能力，发展的能力。当然，如果我们适应不了变化，也许我们人生路的方向也会发生变化。

活动 3：抛开烦恼——我有你帮

道具：每一位同学准备纸和笔，若干“烦恼”垃圾桶

分组：8～10 人/组

过程：10～15 分钟

教师任务：播放背景音乐，组织每组围圈而坐，圆圈中放置一只垃圾桶。引导学生思考自己在适应和融入大学生活时遇到的最大的烦恼或者困惑，写在纸上，揉成团并"抛"入垃圾桶。组织每位学生到垃圾桶里随意捡一个纸团，查看"烦恼"，大声读出手中的"烦恼"，并说出自己认为可行的解决方法，进行小组分享。

我抽到的烦恼是：

______

我建议的解决方法有：

1. ______

2. ______

3. ______

学生任务：把各自的关于适应大学生活的最大的烦恼或者困惑写在一张纸上，写完后揉成一团，"抛"入垃圾桶里。到垃圾桶里随意捡一个纸团，查看"烦恼"，思考5分钟，然后运用课堂所学知识写下2～3种应对的技巧和方法。在组内依次读出"烦恼"和提供"帮助"，相互补充建议或者意见。

活动目的：本活动以任务为驱动，让学生在帮助别人解决关于适应的烦恼中，总结适应和融入大学生活的技巧和方法，并迁移到实际生活中。

补充说明：教师可以结合自己的真实体验，主动与学生分享交流，提升活动成效。

分享交流

某位学生以高分被大学录取，但是入学后，这位从小学到高中在家长眼中的乖孩子突然变得颓废不堪，经常逃课、泡网吧、打游戏，学期结束竟然有几门课不及格，最后不得不退学。像这样因为学习不好被退学的大学生在高校只是少数，然而，类似这样初入大学的"水土不服"并不鲜有。实际上，大学新生容易出现的"水土不服"并非只是学习方面，在其他很多方面都会出现一些烦恼，比如：

1. 想家的心情难以排解

"想家"在新生中比较多见，饮食不习惯，生活没人照顾，情感孤独，学业困惑，诸多因素都是想家的诱因，特别是家庭条件较好的学生，思家之情尤甚。

2. 心理有落差，自我定位迷惘

有的学生在中学时代是同学的偶像，教师的宠儿；但进了大学之后发现自己非常普通，由此产生强烈的失落感，这种从"白天鹅"到"丑小鸭"的心理落差非常普遍。人们在新环境中，就面临重新给自己定位的问题，而感到苦闷的同学，就是因为在新环境中找不到自己的位置。

3. 人际关系不好，四处碰壁

如何和舍友保持良好的关系？怎样与来自不同地方的同学融洽相处？与异性交往的尺度如何把握？这些问题在进大学后凸显出来。不少新生都在这方面吃过苦头，比如说话不留情面而得罪人，平时太"酷"让人觉得难以接近，事事只为自己着想让人反感，等等，造成人际关系紧张的往往并不是一些“大是大非”的问题，而是一些“小事”和“细节”。

4. 怕辜负父母期望，凡事自己硬撑

这类情况多见来自农村或小城镇的学生。全家人把“盼头”放在自己身上，而来到大城市却发现自己微不足道，于是担心自己会辜负父母、亲朋的期望，遇到事情也不肯向家里人说，“所有问题都自己扛”，这会导致情绪焦虑，郁郁寡欢。

5. 说不清愁从何来

还有部分大学新生常常感到没有原因的情绪低落、苦恼、郁闷、压抑，对学习无所适从，对生活缺乏热情，每天无所事事、苦闷不已。

【心悦成长】

测一测

心理适应能力测试

心理适应能力是一个人心理上进行自我调节、自我平衡，以适应社会生活和社会环境的能力，人在生活、学习和工作中，常常要面对环境变迁、理想与现实不一致、目标受挫之类的事，这需要主动调整自己，使自己的心理保持平衡。心理适应能力的高低，从某种意义上说，代表着一个人的成熟程度，同时也是决定一个人心理健康水平的因素之一。为使心理保持健康，建议对自己的心理适应能力进行必要的自我检测，并据此采取适当的调节对策。

扫一扫查看

心理适应能力测试

问卷中的20个问题能帮助你进行心理适应能力的自我判别。请认真阅读，并决定其与你实际情况的符合程度，从每个项目所附的三种备选答案(是，无法肯定，不是)中选出一个来。

如果你在这个测试中得分较高，说明你的心理适应能力较强，如果你得分较低，也不必忧心忡忡，因为一个人的心理适应能力是随着年龄的增长、知识经验的丰富而不断增强的，只要你充满信心，刻苦学习，虚心求教，加强锻炼，你的心理适应能力一定会增强的。

练一练

校园心理情景剧

请以小组为单位，以“变化·适应——我的成长故事”为主题，自编大学生心理成长故事，以心理情景剧的形式进行展演。

作品要求：

1. 作品内容要求思想健康，体现积极心理学知识，剧情要贴近大学校园学习和生活实际，如宿舍集体生活琐事、学习中的困难、校园的环境变化等，重点突出新生在步入大学后的心理方面的成长，突出角色面临变化的心理冲突以及心理调适过程。

2. 情景剧中要设置新生在适应过程中遇到的问题的情境，面对此问题情境新生希望获得怎样积极的解决目标，解决此类问题的策略有哪些以及每种策略可能产生怎样的效果，最终实施了哪种最有效的解决策略。

扫一扫观看
校园心理剧
《滚蛋吧，烦恼君》

3. 作品要引导学生在应激性的事件发生时，应当以积极的心态正视问题，学会接受现实，学会自我成长，以积极健康的状态迎接生活中的每一天。

4. 内容充实，人物形象鲜明，氛围浓厚，服装道具准备充分，环节间衔接好，细节处理得当，表演具有美感。

5. 作品片长时间要求不超过 15 分钟。

【心无止境】

拓展观影

BBC 纪录片《生命的故事》第 2 集《成长的过程》

对于动物而言，生命的目的只有一个，用繁衍的方式延续它们的血脉，这是永恒不朽的一种方式。大卫·爱登堡用镜头向我们展示动物如何克服重重险阻，从而在面对它们生命中的六个关键阶段时(出生、成长、寻找一个家、获得权力、赢得配偶、成功当上父母)赢得最终的成功。

在第 2 集《成长的过程》中，三个月大的北极狐的童年在冰天雪地、食物匮乏的立冬里画上了突兀的句号，它需要离开母亲到野外独自生存 6 个月。如果想存活到春天，它需要每天奔跑上百千米寻找食物，每隔几天就必须要有成功的捕获；森林之王老虎，在成年之前，面临的世界是危险的，如果失去父亲的领地统治权力的保护以及母亲的投食，它们多数会被不是自己父亲的成年老虎吃掉，因此它们需要不断地练习赖以生存的技能。

一句话影评：成长的过程，就是努力和坚持的过程，没有谁可以不经历这些而成为强者。

拓展阅读

写给成长的九封信

“世界上唯一可以不劳而获的是贫穷，唯一可以无中生有的是梦想。九封信，写给迷茫、焦虑、不想碌碌无为的你，愿每一封都能对你有所启发。”

——《人民日报》微博

第一封《关于压力》

鸡蛋，从外打破是食物，从内打破是生命。人生亦是，从外打破是压力，从内打破是成长。如果你等待别人打破你，那么你注定成为别人的食物；如果能让自己从内打破，那么你会发现自己的成长相当于一种重生。

第二封《关于学习》

虽然有很多有成就的人士都没有受过很多的教育，但并不等于不用功读书，就一定可以成功。你学到的知识，就是你拥有的武器。人，可以白手起家，但不可以手无寸铁。

第三封《人际关系》

你可以要求自己守信，但不能要求别人守信；你可以要求自己对人好，但不能期待别人对你好。你怎么对人，并不代表人家就会怎么对你。如果看不透这一点，你只会徒添不必要的烦恼。

第四封《关于孤独》

每个人都要经历一段孤独的日子，每段路都有一段孤独的时光。父母不能一直陪伴着你，朋友也不可能一直围着你转。孤独不是孤僻，更不是寂寞。经历过孤独的人，内心更坚强，不管出于什么样的环境都能让自己安静，更好地调整状态，面对环境。

第五封《关于修养》

看别人不顺眼，是自己修养不够，人愤怒的那一瞬间，智商是零，过一分钟后恢复正常。人的优雅关键在于控制自己的情绪，用话语伤害人，是愚蠢的一种行为。

第六封《关于现实》

不要抱怨你没有一个“好背景”，不要抱怨没人赏识你。现实有太多的不如意，就算生活给你的是垃圾，你同样能把垃圾踩在脚底下登上世界之巅。你要把自己逼出最大的潜能，没有人会为你的未来买单，你要么努力向上爬，要么烂在社会最底层的泥里，这就是生活。

第七封《关于梦想》

世界上唯一可以不劳而获的就是贫穷，唯一可以无中生有的就是梦想。没有哪件事，不动手就可以实现。世界虽然残酷，但只要你愿意走，总会有路；看不到美好，是因为你没有坚持走下去。人生贵在行动，迟疑不决时，不妨先迈出小小一步。前进不必遗憾，若是美好，叫作精彩；若是糟糕，叫作经历。

第八封《关于自己》

一个人经过不同程度的锻炼，就获得不同程度的修养。好比香料，捣得越碎，磨得越细，香得越浓烈。我们曾经如此渴望的波澜，到最后才发现：人生最曼妙的风景，竟是内心的淡定与从容。我们曾经如此期盼外界的认可，到最后才知道：世界是自己的，与他人毫无关系。

第九封《关于幸福》

常有人说，我现在不幸福，等我得到了想拥有的……就幸福了。事实是，幸福的人在哪都幸福，不幸福的人在哪都不幸福。所以要先培养自己的幸福力，不论发生什么，别人都动不了你的自在开心。这，才是真正强大的气场和自信。

项目二　从“心”认识自己——自我意识的培养

我是谁？当你开始这样问时，就有一点哲学意味了。猫咪和小狗都不会问“我是谁”，是什么使你问这个问题？让你问这个问题的，是你的“自我意识”，你成了自己观察、思考的对象。在心理学上，个体对自己和对自身周围世界关系的认识便被称为“自我意识”。我们的整个生活，是以自我为中心建立的，学会用全面的、发展的眼光看待自己，是大学生从“心”认识自己的第一步。要在正确认识自我与社会、个人与集体的关系中全面认识自己的特点和长处，同时诚实地面对自己的内心，并且不吝于剖析和展示真正的自己，接纳自己，相信自己，努力做一个独特而完善的“我”！

【“心”赏感悟】

《无问西东》

吴岭澜、沈光耀、王敏佳、陈鹏、张果果满怀诸多渴望，在非同凡响的时空中一路前行。

20世纪20年代，吴岭澜，出发时意气风发，却很快在途中迷失了方向。20世纪40年代，沈光耀，自愿参与了最残酷的战争，他一直在努力去做那些令他害怕但重要的事。20世纪60年代，王敏佳，最初的错误，只是为了虚荣撒了一个小谎，最初的烦恼，只是在两个优秀的男人中选择一个，但命运却把她拖入被众人唾骂的深渊。同时代，陈鹏，把爱情摆在了理想前面，但爱情却没有把他摆在前面。21世纪初期，张果果身处尔虞我诈的职场，为了赢，他总是见招拆招，先发制人，然而有一天，他却面临了一个比“赢”更重要的选择。

五个年轻人在最好的年纪迎来了最残酷的考验，那些成长留下的伤疤，成就了永不褪色的青春传奇。

扫一扫了解《无问西东》

精彩“心”赏

如果提前了解了你所要面对的人生，你是否还会有勇气前来

在不同时空下，主角们在美好的年代遭受了最残酷的考验，他们在时代洪流的冲刷下，思索自己的立世之道：吴岭澜面对的考验是前途渺茫，沈光耀面对的考验是家国危难，陈鹏和王敏佳面对的考验是汹涌恶意，张果果面对的考验是一念善恶。

我的感悟：

整个故事都被一条无形的纽带紧紧串联，无论是伟人，还是平凡的人，每个人都曾好好思考过：在这汹涌的人世间，在这大时代潮流下，渺小的自我要如何生存？该如何存在？

唯有做最真实的自己，坚守自己所思所感，行己所行，爱己所爱。一如清华大学校歌里的一句话：立德立言，无问西东。

古希腊人认为，地处雅典帕纳索斯深山里的德尔菲是地球的中心，是“地球的肚脐”，以圆石为证修建了德尔斐神庙，并在庙前石碑上刻下三句箴言：“我是谁？”“我从哪里来？”“认识你自己！”

《大不列颠百科全书》“心理学”词条中也写道：“人，认识你自己”，一代又一代的心理学家也始终把“人，认识你自己”作为自己奋斗目标。

“心”闻视窗

在“我是谁”中迷失了的 Ta

张龙在大学学习很用功，目的就是为争取学校的奖学金。令人欣慰的是，张龙在第一学年就获得了学校的三等奖学金，奖金为500元，他很高兴。可是，有一天，他无意中听到一位同学讲：“才500元，还不够我们上一次茶楼呢，瞧他小人得志的样子。”本来500元对于张龙的家境来说可算是一笔不小的数目，但他听了个别同学的议论后，一下子就像掉进了冰窖，脑海里不停地萦绕一个问题：我真的是小人得志吗？张龙本来不在意自己的家庭出身，而现在，却被这从来没想过的问题困扰住了。他的心乱了，从此一发不可收拾，本来还蛮健谈的他突然变得沉默寡言了，也不再参加集体活动，学习更是一落千丈。

我想对张龙说：

陈丽是一个非常优秀的女生，人长得漂亮，有一双会说话的大眼睛，能歌善舞。班主任更是将她视为不可多得的骨干成员，一直都很重用她，凡事都让她管理。回到家里，父母又把她捧为掌上明珠，宠爱有加。可是渐渐地，陈丽越来越自命不凡，和同学之间的矛盾也越来越大了。这个学期初，她的班级重新成立班委会，班主任征求她的意见，她说这个“太笨”，那个“不会说话”，不是摇头就是撇嘴，意思十分明显：全班除了她没人能当班干部了。也许正是她的这种态度，引起了同学们的普遍不满，班干部竞选时，她以11票之差落选了。当时，她看见结果后就哭了，下午也没去上课。

我想对陈丽说：______________________________

小范来自农村，家境不佳，相貌平平，个子矮小，他从内心深处有一种自卑感。他一方面努力完成学业，另一方面也要为生计奔波。在别人的眼里他是个坚强而有头脑的人，而他却不这样认为，他觉得这只是一种无可奈何的选择。平常的他可以与周围的人融洽相处，是个开朗的人。但他说这不是他。他不敢与人谈自己的家、谈奔波的辛苦，因为这些都是他心底最隐秘、让他感到极度自卑、想改变却又无法改变的东西。他认为这个“自卑”的我才是真正的“我”，而那个外在的“我”不过是个假象，从来也不曾真实地存在过。后来，他读完“专插本”课程并考上了研究生，但他并不喜悦，在读研的第一天，他就准备换专业。他在学业、生活中拼搏，以此来减轻自卑感。后来他爱上一个女孩，但由于自卑，他没有勇气表白。

我想对小范说：______________________________

刘信，上海某高校计算机专业大四学生。因在寝室进行盗窃，被送进了铁窗。他坦言，作案是为了让自己失败得更彻底。在此之前他一直认为自己能当“领导”、做“伟人”，但连续几年在学业与班干部竞选中均受挫折，于是他经常逃课，放弃努力，成了全院学习和表现最差的学生，无法正常毕业。面对自己的失败，他归咎于当初专业选择的错误，并最终以犯罪的方式来宣泄自己的苦闷。

我想对刘信说：______________________________

专家观点

正确全面认识自己很重要

有的同学认为自己在外貌、身材、衣着、智力、家庭状况等方面都不如别人，对自己评价很低，伴随这种评价产生害羞、不安、内疚、忧伤、失望等情绪体验。就如张龙同学，在群体中常常回避他人，不敢参与集体活动，不敢抛头露面。我们应在日常生活中时时进行自我认知，经常进行自我体察，客观了解自己，才能做到不被他人的贬损所控制。

过高的自我评价是一种与过低自我评价相对立的自我意识状态。在这种自我概念的支配下，个体往往夸大现实的自我，形成错误的不切实际的理想自我。就像陈丽，这种类型的同学往往盲目乐观，以自我为中心，自以为是，不易被周围环境和他人所接受与认可，容易引起别人的反感与不满。案例中的陈丽同学应该在自我认识的前提下进行自我调节，比如"我怎样节制自己""我该如何改变自己"等。只有这样，陈丽才有可能得到同学们的认可和接纳。

如果无法将"外在的我"与"内在的我"统一起来，我们就很容易认为自己的"外在的我"只是个假象而已，并不真正存在，从而不能在心理上认同这样一个自我形象，只认定那个"自卑"的自我形象。所以，对于小范，无论事实上他有多优秀、多出色、多成功，他都不能真正认同自己，他的骨子里依然是自卑的。这样的自我意识误区，致使他始终摆脱不了"自卑"的阴影，无法形成正确的自我概念和树立健康的自我形象。

刘信的行为主要是由于自我意识混乱造成的。所谓自我意识混乱，是指个体无法形成正确的自我概念和适宜的自我态度，以至于不能达到自我同一性的确立而获得安定、平衡的心理状态，表现为自我定位不准，挫折承受能力较差，一旦遇到较大的压力，容易产生过激行为。青年期是个体的"第二次诞生"时期，是我们自我意识迅速发展和确立的阶段。我们在青年期都需要面临一个重大发展课题，就是学习如何认识自我和理解自我。这一发展课题的完成直接关系到健全人格的建立。刘信便是由于自我意识的混乱，没有形成正确的自我概念和自我态度，最终导致了犯罪行为的产生和人格的扭曲。

【心有灵卷】

一、自我意识

个体对自己和对自身周围世界关系的认识在心理学上称为"自我意识"。自我意识不是单一的，是一种多维度、多层次的复杂心理系统。我们可以从形式、内容、自我观念三个维度对自我意识进行多层次的解读。

（一）自我意识的内涵

1. 从形式上

(1)自我认识是自我意识的认知成分。它是自我意识的首要成分，也是自我调节控制的心理基础，又包括自我感觉、自我概念、自我观察、自我分析和自我评价。自我分析是对自身状况的反思。自我评价是对自己社会价值的评估，最能代表一个人自我认识的水平。

(2)自我体验是自我意识的情绪、情感表现。它是主观的我对客观的我所持有的一种态度，自尊心、自信心是自我体验的具体内容。自尊心是指个体在社会比较过程中所获得的有关自我价值的积极的评价与体验。自信心是对自己的能力是否适合所承担的任务而产生的自我体验。

(3)自我调节是自我意识的意志成分。自我调节主要表现为个人对自己的行为、活动和态度的调控，包括自我检查、自我监督、自我控制。自我调节是自我意识中直接作用于个体行为的环节，是一个人自我教育、自我发展的重要机制，是自我意识能动性的表现。

2. 从内容上

(1)生理自我是指个体对自己的生理属性的意识，包括对自己的身体、体能、容貌以及温饱感、舒适感、病痛等生理方面的意识，是自我意识的最初形态。这种生理的自我并非是与生俱来的，从婴儿出生以后第8个月开始，到3岁左右基本成熟。

(2)社会自我是指对自己思维、情感、意志等心理活动的认识，它包括个体对周围客观环境和人的影响、作用的认识和体验，也包括对自身在客观世界中的地位、责任、力量的认识和体验，也就是对社会方面的自我的认识。

(3)心理自我是对自己肢体活动状态的认识，如智慧、能力、性格、气质、兴趣、爱好、意志等的认识和体验。心理自我的发展是同个体的生理、情绪、思维(包括性成熟、想象力丰富、逻辑思维能力)的发展相联系的，主要表现在自我体验、成人感、性意识、自我反省和自我意识的矛盾性等方面。

生理自我、社会自我和心理自我这三者并不是彼此孤立的。詹姆斯认为，人最先是从自己的身体知道自己的存在，即生理自我；而后与人交往，从他人对自己的反应以及自己的社会角色中，体验出自己的社会自我；再后，从生活中汲取成败的经验及教训，在心理的发展中逐渐形成心理自我。因此这三者是相辅相成的。

3. 从自我观念上

(1)现实自我指个体对自己受环境熏陶炼铸在与环境相互作用中所表现出的综合的现实状况和实际行为的意识，是自我现实的、社会存在的真实反映。

(2)投射自我是想象中他人对自己的看法和评价，与现实自我可能存在差距，但因为人们总是把他人对自己的看法和评价作为重要参考，所以对于现实自我的形成起重要作用。

(3)理想自我指个体经由理想或为满足内心需要而在意念中建立起来的有关自己的理想化形象。理想自我的内容也是客观社会现实的反映，但却是观念上的、非实际存在的东西。

人们总是按照理想自我来塑造自己，理想自我是现实自我努力的方向，因此，现实自我总是带有理想自我的痕迹。当理想自我的形成建立在理智认识或他人和社会规范的自觉内化之上时，理想自我可以在现实自我和社会环境之间起积极的调节作用，指导现实自我积极地适应和作用于社会环境。这时，理想自我、现实自我和社会环境的要求可以在新的水平和方向上达到协调一致，自我得到健康发展。

（二）自我意识的心理功能

自我意识的出现，不是意识对象或意识内容的简单转移，而是人的心理发展进入的一个全新的阶段，是个体社会化的结果，是人类特有的高级心理活动形式之一。它不仅使人们能认识和改造客观世界，而且能认识和改造主观世界。

1. 决定个体行为的持续性与目标性

人是社会的动物，人的行为既受诸多社会因素决定，又在很大程度上与自己的自我意识有着很大的关系。每个人的现实行为，并不单是由其所在的情境决定的，还与自我意识有着密切的联系。自我意识积极的学生，成就动机和学习投入及学习成绩也明显优于自我意识消极的学生；当学生认为自己名声不佳时，他们会放松对自己行为的约束。可以说，个人怎样理解自己，是保证个体如何行为及以何种方式行为的重要前提。

2. 决定个体对已有经验的解释

不同的人可能会获得相同的经验，但每个人对这种经验的解释却可能有很大的不同。解释经验的方式决定于一个人的自我意识。一个自认为能力一般、只该获得平均成绩的学生，对于比较好的成绩会认为是取得了极大的成功，感到十分满足，而对于同样的成绩，一个自认为能力优秀、应当获得出众成绩的学生，会解释为是遭到了很大的失败，感到巨大挫折。事实证明，当个体自我意识消极时，每一种经验都会与消极的自我评价联系在一起，而如果自我意识是积极的，每一种经验都可能被赋予积极的含义。

3. 影响个体对自己的期望水平

自我意识不仅影响到个体现实的行为方式和个体对过去经验的解释，而且还影响到个体对未来事情发生的期待。个体对自己的期望是在自我意识的基础上发展起来的，并与自我意识相一致，后继的行为也决定于自我意识的性质。研究发现，差生的成绩落后并不是孤立存在的，而是他的整个行为动力系统都出现角色偏离的结果。

二、 大学生的自我意识与发展

在个体的发展过程中，童年期是人格开始形成的时期，少年期和青年期则是人格初步形成并定型的时期，成年期是人格成熟时期。自我意识是人格发展的核心要素，在自我认知、自我体验与自我控制三者相互影响、相互作用的过程中，自我意识逐步成熟，其间经历了分化——矛盾——整合的过程。

（一）分化与矛盾

1. 主观我与客观我之间的矛盾

自我有主观我与客观我之分，英语中的 I 与 Me 能很好地区分这一含义，前者是主观我，用来表示我是什么，我做什么；后者作宾语使用，表示怎样看待我，给我什么。主观我是一个人对社会情境做出的反应，是自我中积极主动的一面。主观自我与客观自我应该是统一的，这种统一是个人对客体的认识与个人愿望的统一，是个人与社会的统一，是“自我同一性”的形成，更是良好的自我意识的标志。但是，由于自我的结构是多种多样的，每个人所处的社会环境存在着很大的差异，主观我与客观我并不总是存在着统一。

大学生的主观我与客观我的矛盾相对突出。作为同龄人中能够接受高等教育的人，大学生对自我有较高的积极评价。一方面，由于他们缺乏社会经验，在校园浓郁的学术与文化氛围中生存成长，对社会缺乏实际与客观的了解；另一方面，由于高等教育大众化进程的推进，适龄青年接受高等教育机会的增加，社会对大学生的评价更趋客观，产生大学生“重理论轻实践、重专业轻基础，重科学轻人文”的评价，以及“本科生不专，硕士不研，博士不博”的看法，最终导致大学生回归本位，不再享受社会虚高的评价。身上光环的消失使他们产生失落感。

2. 理想我与现实我的矛盾

理想我是指个人想要达到的完美的形象，是个人追求的目标，它引导个体实现理想自我。现实自我是个人从自己的立场出发，对现实中自我的各种特征的认识。现实自我又称个人自我，主观性较强。在现实生活中，理想自我与现实自我总是存在着一定差距的，合理的差距能够使人不断进步、奋发有为。但是，如果差距过大，则有可能引起自发的分裂，导致一系列心理问题。

大学生心中承载着无数的梦想，每个人都渴望一把登天的梯子，他们有抱负、有追求、有理想，成就动机强烈。当市场经济将人们的成就意识凸显时，很多大学生心中涌动着成功的梦想，他们为自己设定了一个美丽的“理想我”，也对大学生活进行了理想化的设定。但当他们一脚踏入大学时，现实与心中的理想形成了巨大的反差，新生出现了“理想真空带”与“动力缓冲带”，一时间找不到自己生活的方位。对理想自我的渴望与对现实自我的不满构成了这一时期大学生自我意识发展的重要组成部分。

值得重视的两个方面：一是理想我与现实我有一定距离是正常的，它可以激励大学生奋发图强、积极向上，向着梦中的方向飞奔；二是当现实我距离理想我太过遥远时，大学生会产生各种各样的心理不适甚至自暴自弃，变得平庸无为、无所事事、没有动力。

当理想我与现实我发生冲突，积极的自我调适非常必要。大学生要不断调整和评估自己的理想，直到通过努力可以达到为止。

3. 独立与依附的矛盾

大学生生理与心理的成熟使他们渴望独立，以独立的个体面对生活、学习与工作中遇到的问题，但由于长期的校园生活使他们缺乏社会阅历，当应激事件出现时，又盼望亲人、教师、同学能够替自己分忧。另外，大学生心理上的独立与经济上的不独立也形成了明显的反差。在他们迫切希望摆脱约束、追求自立的同时，却又不可能真正摆脱家长、教师的支持和帮助。特别是对于某些独生子女来说，由于长期受到父母的溺爱，这种独立与依赖的矛盾就表现得非常突出。

应当指出的是，独立并非意味着独来独往，独立并非不需要任何人的帮助和指导，并非不需要依赖别人，而在于个人必须对自己的行为负责任。“一个好汉三个帮”，即使是一个独立性很强的人，也有依靠别人的需要。不同的是，独立的人更多的是依靠自己的力量和努力去克服或解决自己的问题，而不是完全依靠他人的帮助或依赖于别人；独立的人能够权衡利弊、审时度势，能够勇敢地做出决定并能够勇于承担自己的行为责任。

过分的依附使大学生缺乏对客观事情的判断能力与决断能力，显得优柔寡断，缺乏主见；而过分的独立又使部分学生陷入“不需要社会支持”及“凡事都要靠自己”的错误中，采取我行我素、孤傲自立的行为方式，但在遭遇挫折时又会出现不知如何寻求帮助的情况。事实上，任何心理成熟的独立的现代人，都需要他人的帮助，广泛的社会支持是个体心理健康不可或缺的。

4. 渴望交往与心灵闭锁的矛盾

没有哪个时期比青少年时期更加渴望友情与爱情的滋养，更加渴望同辈群体的认同与归属感。在这个时期，每个人都渴望着爱与友谊，渴望着交往与分享，渴望着自我价值得到实现，渴望着探讨人生的真谛，寻找人生的知己，希望成为群体中受欢迎与受尊敬的人；然而另一方面，大学生的自我表露又受着心灵闭锁的影响，总是不经意地将自己的心灵深藏起来，与同学有意无意地保持着一定的距离，存在着戒备心理，不能完全敞开心扉交流与沟通思想。这也是大学生常常感到的“交往不如中学那么自如真诚”的原因所在。

5. 自负与自卑的矛盾

自信是一种健康的心理，是一种健全自我意识与成熟人格的标志。但是，由于大学生的自我意识尚在发展过程中，心理尚未完全成熟，不可能对自己有正确的认知，因而对自己的认知往往会出现自信的偏差：自卑或自负。自负是一种过度的自信，拥有这种心理的人，缺乏自知之明，往往以为自己对而别人错，把自己的意志强加在别人身上，不能与他人和睦相处。自卑是一种自我否定，表现为对自己缺乏信心，对自己不满和否定，拥有这种心理的人总以为自己存在着缺陷、不足与失误，因而遇事总会胆怯、心虚、逃避、退缩，缺乏独立主见。自负与自卑总是紧密相连的，自负表现强烈的人往往也是极度自卑的人。与其他群体相比，大学生体现出较高的自尊与自信，他们渴望成功，不甘落后，对成功的渴望与预期高，特别是当取得一点成绩时，很容易变得骄傲自大、唯我独尊、以自我为中心，好像全世界尽在自己的手中。当遭遇失败与挫折时(有时甚至只是小小的失利如考试失败、恋爱失败等)，他们便开始怀疑自己的能力，进而产生自我否定、自我怀疑甚至自暴自弃，陷入强烈的自卑之中。这些都与大学生自我认知不良、自我定位不准确有关。

6. 理智与情感的矛盾

大学生情绪的一个显著特点是容易两极分化，或高或低，波动性大，易冲动，不易控制。但随着身心的发展，认知水平的提高，大学生渐渐成熟，在遇到客观问题时，既想满足自己情绪与情感的要求，又想服从于社会及他人的需求。特别是当遇到失恋等人生打击时，尽管理智上能够理解，却在感情上难以接受。

（二）整合

自我意识的矛盾冲突，常常会给大学生带来不安或心理痛苦，他们总是力图通过自我探究来摆脱这种不安与痛苦。在自我意识的矛盾冲突中，大学生的自我意识也在不断调整、发展。在自我意识的不断调整、发展的过程中，他们极易寻求新的支点，寻找自我意识的统一点，整合自我意识。由于自我意识具有复杂性与多维性，大学生逐渐在多向度中审视自我、调整自我，向理想自我靠近。这也是我们常说的自我同一性的建立。从多维度观察的自我同一性越高，大学生自我意识的发展就越好，人格越完善。但是，由于大学生的成长背景、家庭教养方式、社会经济地位、个人人生志向、职业目标的不同，他们的自我意识整合的结果与类型也不同。

1. 积极自我的建立：自我肯定

自我肯定，即对自我的认识比较清晰、客观、全面、深刻。这种积极自我的特点是在经过痛苦的选择与调整之后，大学生逐渐成长，使自己的理想我与现实我趋于统一，主观我与客观我趋于一致，对自我的认识更加深刻、客观、理性。积极的自我不仅了解自己的长处与优势，也了解自己的不足与劣势，能够分析哪些是通过努力可以达到的，哪些是属于无法企及的，从而进行积极的自我肯定，向着理想自我迈进。

2. 消极自我的建立：自我否定

消极的自我意识分为两种：自我贬损型与自我夸大型。自我贬损型的人由于总在积累失败与挫折，对现实自我的评价较低，并时常伴有没有价值感、自我排斥、自我否定。他们不但不接纳自己，甚至自我拒绝、自我放弃，表现为没有朝气、随波逐流、缺少激情，生活没有目标，变得自卑，失去进取的动力。自我夸大型的人正好相反，他们对自我的评价非常高，往往脱离客观实际，常常以理想自我代替现实自我，盲目自尊，虚荣心强，心理防御意识强。其行为结果要么表现为缺乏理智，情绪冲动，忘记现实自我而沉浸于虚无缥缈的自我设计中；要么自吹自擂、自我陶醉，却不去为实现自我做出努力。

自我贬损型与自我夸大型的共同特点是对自我评估不正确、理想自我不健全，缺乏实现理想自我的手段，形成的自我虚弱而不完整，是一种不健康的自我整合。虽然，大学生中这种类型的人较少，但严重者可能用违反社会规范或违法犯罪来谋求自我意识的整合。

3. 难以整合的自我：自我冲突

自我冲突是难以达到整合的自我意识，它表现为自我评价始终在真实自我上下徘徊，自我认知或高或低，自我体验或好或坏，自我控制时强时弱，心理发展极不平衡，有时显得自信而成熟；有时又表现出自卑而不成熟，让人无法评估。

自我冲突的人表现为两种类型：自我矛盾型与自我萎缩型。自我矛盾型的大学生，内心冲突激烈，持续时间长，自我认识、自我体验、自我控制不稳定，新的自我无法整合。例如，有的大学生可能是一个自信的人，也可能是一个自卑的人；既有可能是一个诚实的人，也有可能是一个骗子；既有可能是一个性格孤僻的人，也有可能是一个善于交际的人。自我萎缩型的大学生缺乏理想自我，但又对现实自我深感不满，他们消极放任、自怨自艾，甚至麻木、自卑，以至于越来越消沉、对自己丧失信心，严重的还可能导致精神分裂症或绝望轻生。因此，自我冲突的大学生要逐渐调整自己的自我认知，客观认识自己与他人，客观看待成功与挫折，才能使自我意识在良性轨道上循环。

（三）自我体验

1. 自我体验的丰富性和波动性

大学生的自我情感体验内容比较丰富，肯定体验和否定体验、积极体验和消极体验都同时存在。大学生自我体验的基调倾向于：热情、憧憬、自信、舒畅、紧张、急躁等。男生倾向于：紧张、自信、热情、憧憬、急躁；女生倾向于：热情、急躁、舒畅、憧憬、愁闷。男生比女生更有自信心，更富于活力，但容易急躁；女生更热情，更迫切地要求取得成功，内心舒畅感更明显，但容易发愁。大学生的自我体验仍有一定程度的波动性，在取得成绩时，容易产生积极、肯定的情感体验，有时甚至骄傲自满，忘乎所以；一旦遇到挫折，容易产生消极、否定的情感体验，甚至悲观失望、自暴自弃。

2. 自我体验的敏感性和情境性

大学生正处于情感活跃的时期，他们对外部世界及自己内心世界许多方面的自我体验都比较敏感，涉及与他们相联系的事物很快就会引起他们的情绪反应。他们尤为关心自己在他人心目中的形象与地位，关心别人对自己的意见和看法。有时，他人无意中的一句话，也会在他们心头掀起轩然大波，他们会对此琢磨半天，正所谓“说者无心，听者有意”，有时，他们还会由此及彼，引发一连串的联想，产生“一石激起千层浪”的效果。大学生自我体验的敏感性时常带有情绪性，即在一定的刺激作用下，对自我产生一种想象式的、灵感式的、非逻辑的体验，一下子陷入一种“突然降临”的激动之中，因而有时感到喜悦、自豪、满足、充实、幸福、责任重大，有时则感觉悲伤、气馁、不满、空虚、颓唐，无所事事等。

3. 相互交织的自尊感和自卑感

自尊感和自卑感是自我体验中一种两极的反应形式，是相互对立的两种情感，这种两极的自我体验在不同的大学生人生中经常出现，在同一个大学生身上也经常交织出现，自尊感是指一个人能“悦纳”并尊重自己，对自己抱肯定态度的情感，自卑感则是指一个人对自己的不满、贬损，对自己持否定态度的情感。

大学生的自尊感特别强烈。首先，他们把自尊感放在其他情感之上，当自尊感与其他情感发生抵触、冲突时，他们会毫不犹豫地把维护自尊放在首位。其次，自尊的情感体验、反应特别强烈，尤其当自尊需要没有得到满足、自尊感受到伤害时，常表现出极大的愤怒、恼羞。再次，大学生对自尊感特别敏感。自尊感强，但是对什么是真正的自尊、什么事才涉及自尊又难以把握，以至于微不足道的一点小事也会被他们联系到维护自尊感的“重大问题”上去。

少数大学生有自卑感。其产生原因，除了与他们的生理、知识能力、家庭经济、以往的挫折经历等客观因素有关外，更主要的是由于自己不能正确进行自我评价，不能接受自我。分析大学生自卑感产生的根源，应与分析其心理缺陷结合起来。自卑感严重的大学生，一般有以下心理缺陷：缺乏稳定的自我形象，喜欢封闭自己，伪装自己；对一切事情都特别敏感，特别容易受挫折；倾向于超脱现实而陷入幻想世界，缺乏社会活动的积极性，有严重的孤独感；缺乏竞争意识，回避那些必须领导他人或服从别人领导以及竞争性强的工作等。消除大学生的自卑感，关键是要“填补”上述心理缺陷。

三、全面正确认识自我

大学生要学会用全面的、发展的眼光看待自己，在正确认识自我与社会、个人与集体的关系中，全面认识自己的特点和长处，意识到自己也是一道独特的风景线，才能在面对“我是谁”的哲学难题时给自己一个答案。

（一）认识自我的原则和途径

1. 正确认识自我的原则

正确认识自我就是指一个人对自我的认识要与自我的实际情况相符合。人总是在不断地发展变化的。因此，需要不断更新、不断完善对自己的认识，才能使自己变得更好和更完美，而要正确认识自己，我们就必须要用全面的、发展的眼光看待自己，在正确认识自我与社会、个人与集体的关系中，全面认识自己的特点和长处。

表 2-1　自我认识面面观

自我认识	
生理自我	对自己的身体、外貌、衣着、风度、谈吐等的认识
心理自我	对自己的智力、性格、气质、兴趣等个性心理特点的认识
社会自我	对自己的名望、地位、拥有的亲友及经济条件等的认识
学业自我	对自己学习目标、学习态度、学习习惯、学习方法、学习效果及知识结构、专业兴趣、专业能力等的认识
职业自我	对自己未来职业生涯的认识、设计和评价等

(1)既要认识自己的外在形象，如外貌、衣着、举止、风度、谈吐，又要认识自己的内在素质，如学识、心理、道德、能力等。一个人的美应是外在的美与内在的美的和谐统一，内在的美对外在的美起促进作用。

(2)全面认识自己，我们既要看到自己的优点和长处，又要看到自己的缺点和不足。看到自己的优点、长处，才会充满信心地迎接生活的挑战。只看到自己的优点，看不到不足，“看自己一朵花，看别人豆腐渣”，用自己的长处比别人的短处，就会骄傲自大、停步不前，甚至会倒退。

(3)事物总是发展变化的，没有一成不变的事物。俗话说“士别三日，当刮目相看”，我们每个人也都是在不断发展变化的，我们的优点和缺点也不是一成不变的。因此，我们必须要用发展的眼光看自己，及时发现自己的新的优点和新的缺点，通过自己的努力，争取变缺点为优点，不断改正缺点来完善自己。

2. 认识自我的途径

(1)从现实和历史的状况中认识自己。现实中，你最近学业、生活等各方面的基本情况如何，要从多个角度进行分析，要尽可能准确。历史的，你以前学业、生活情况如何，要尽可能客观。

(2)从个人和大家的评价中认识自己。个人的，有一定代表性的个人，如你最好的朋友，最密切的同学，等等，一般而言，他们比别人更了解你。大家的，可以是班级或者社团组织成员的看法，也可以是综合大家的看法。

(3)从学生干部工作和专业学习中认识自己。工作的，你的干部工作的各种情况，比如，是否喜欢你的职位，尽职情况如何；学习的，你对学习怎么看，是否感兴趣，对选修课、必修课、专业核心课等的学习是什么态度，学习效果如何。

(4)从学业和生活中认识自己。你的学习动力怎么样，学习兴趣在哪里，你对自己的专业学习是心甘情愿为之奋斗还是勉强应付，你的学业成绩如何？你的家庭生活和校园生活怎么样，是否快乐，原因何在？

(5)从自己的强项和弱项中认识自己。在学习、生活、工作或者爱好中，你的强项是什么，你最强的是什么，成就如何，别人怎么看？你的弱项是什么，在弱项中，它们具体是一种什么情况？

(6)从以往的成功和挫折中认识自我。成功和挫折最能反映个人性格或能力上的特点，因此，可以通过自己成功或失败的经验教训来发现个人的特点，在自我反思和自我检查中重新认识自我，认识自己的长处和短处。

(7)从感兴趣和讨厌的事情中认识自己。你对什么事情感兴趣，哪一种你最感兴趣？这种兴趣发展到了什么程度，这种兴趣是否高雅、正当？这种兴趣是否发展为爱好？在这方面做具体的分析。你讨厌什么？你讨厌人和物是什么具体情况？

(8)从学校和家庭中认识自己。学校的，你在学校的表现如何，班级的地位怎么样，同学怎么看你；家庭的，你在家里的情况怎么样，对家庭是否有责任心，全家人怎么看你，你的父母亲、兄弟姐妹怎么看你、亲戚朋友怎么看你。

(9)从生理和心理上认识自己。生理主要是指身体是否健康。心理包括的内容要多，如心理是否健康？心理品质如何？意志、毅力、心胸、情绪的基本情况，等等。分析自己的生理和心理，是为了更科学、更全面、更准确地认识自己。

(10)用传统的和科学的方法认识自己。在人类历史上有许多如何识人识己的方法，可以进行借鉴。现在也有不少科学测验如心理测验等，也可以借鉴。

在采用上述方法，综合各种情况后，自己进一步全面地分析对比，采纳正确的认识，剔除错误的看法，客观地评价自己。既不高估自己，也不贬低自己。认识自己的优势、劣势、自己的与众不同和发展潜力。认识自己的生理特点，认识自己的理想、价值观、兴趣爱好、能力、性格等心理特点。

需要注意的是，认识自我，要尽量客观、准确、全面，避免因为个人认识或个人动机出现较大误差。再者认识自我，包括认识自己的现状和未来，是为了更好地把握自己，发展自己，要避免因此限制自己，成为发展的桎梏。

（二）自尊、自信、自强

我们要树立正确的比较观，总会有人比自己强，而我们要争取做到的是今天的自己比昨天的自己强。此外，要学会欣赏并接受自己，欣赏自己的优势，接受自己的短处，勇敢面对挫折与失败。

1. 自尊

(1)自尊的表现

自尊即自我尊重，指既不向别人卑躬屈膝也不允许别人歧视侮辱。它首先表现为自我尊重和自我爱护。自尊还包含要求他人、集体和社会对自己尊重的期望。只要不气馁、不灰心、不放弃，相信自己、尊重自己，我们就可以通过进一步的努力，找到自己的人生价值，赢得别人的尊敬，感受自尊的快乐。

自尊始于知耻，有了羞耻心，人才能节制自己的行为，不做庸俗卑贱的事情，有尊严地生活；有了羞耻心，我们会为自己的不当行为而难为情；有了羞耻心，我们做错了事会感到惭愧；有了羞耻心，我们辜负了他人的期望会觉得内疚。作为人格特质的一部分，自尊表现出了人们喜爱或不喜爱自己的程度各有不同。

(2)自尊确立的途径

个体的自尊发展受年龄、性别、家庭环境与人际特点的影响，总的来说，自尊的确立有两条途径：

自我提升——也叫自我美化，它是指个体以一种有利于对自己做正面评价的方式收集和解释有关自我的信息。自我确认则是指个体寻找和解释情境，以证实自我概念的过程。人们通过自我提升，使他人对自己有一个高的评价，从而有助于个体自尊的建立；通过自我确认，使别人对自己有个一致性的认识，也有助于提高自尊。

自我展示——也叫自我表演，它是指人们在别人对自己形成印象时所做的显露。在日常生活中，人们总是想让他人对自己有一个良好的印象，所以自我表演的方式也是多种多样的，如通过行动或语言把自己的正面信息呈现给别人；向他人显示自己的正直和有价值，引起他人内疚；故意低估自己的良好品质、成就和贡献；向他人表达自己的不足与依赖，引起他人的同情；用威胁的方法使他人接受自己的观点；说他人喜欢的话，俗称“拍马屁”。

(3)保护自尊的策略

为了保持自尊，个体常常会使用一些策略，其中自我障碍策略就是最常用的一种方法，它是指人们提前准备的用来解释自己预期失败的一系列行为。使用这种策略，如果失败了，就可以使他人不把自己的失败归结于缺乏能力；而如果成功了，就更可能做出能力的归因。

比如在考试前，张三预计到自己考不好，为了避免被他人认为自己笨，他就使用了自我障碍的策略。在考试前一个星期，他有点感冒，家里来信说奶奶生病了，再加上他宿舍边上晚上还在施工。张三会把这些原因都摆出来，告诉他的同学这些事情极大地影响了他的学习，并预测说自己这一次肯定考得一塌糊涂。参加完考试之后，如果张三确实没考好，由于上述原因，没有人会认为这是因为他笨才没考好；相反，如果他考好了，人们就更有理由把他的成功归于能力，因为遇到这么多不幸的事情，他还成功了，他人很有可能就会承认他的聪明。

2. 自信

(1)自信与自我效能感

美国作家爱默生说：“自信是成功的第一秘诀。”人们常常把自信比作发挥主观能动性的闸门，启动聪明才智的马达，这是很有道理的。确立自信心，就要正确地评价自己，发现自己的长处，肯定自己的能力。人们常说人贵有自知之明，这个“明”，既表现为如实看到自己的短处，也表现为如实分析自己的长处。

自信心表现个体对自己的尊重与肯定，并相信凭借自己的能力，能够充分利用条件并克服各种困难，通过自己的所作所为必定会有所成就的信念。而在心理学中，与自信心最接近的是班杜拉在社会学习理论中提出的自我效能感——个体对自己是否有能力完成某一行为所进行的推测与判断，体现“人们对自身能否利用所拥有的技能去完成某项工作行为的自信程度”。例如，学生不仅知道注意听课可以带来理想的成绩，而且还感到自己有能力听懂教师所讲的内容时，才会认真听课。个体在获得了相应的知识、技能后，自我效能感就成为行为的决定因素。

(2)自卑

自卑是一个人对自身能力、品质等做出偏低的评价，总感觉自己处处不如人，悲观失望、丧失自信、焦虑、抑郁等。一般来说，每个人都不可能有特别完整的自信，但是造成自卑的原因却因人而异，可能是生理素质方面的，可能是社会环境方面的，可能是性格气质方面的，还可能是生活经历造成的。

自卑心理的产生绝大部分与童年的创伤性经验有关。虽然成年产生自卑的也大有人在，但是孩童时代所受创伤造成的自卑感持续时间最长、影响最大，克服起来也最不容易。如父母经常打骂训斥孩子、强调孩子的缺点或生理缺陷，等等，这一切都会在孩子的幼小心灵留下影响其一生幸福与健康成长的阴影。这些阴影也许在童年时并未得到充分展现，但是到了成年以后，这样的孩子就变得极其重视他人的评价，非常关心自我在他人心目中的形象，甚至用苛刻的眼光寻找和放大自己的缺点和不足。越是如此，越是对自己不满意。这时，孩童时所受的创伤造成的自卑开始浮现出来，加剧了对自己的悲观和失望，渐渐变成了小心、内向、孤独和偏见等不良个性特征。

3. 自强

(1)自强的分类

自强是个体不断提升自我，充分发挥自身潜能，努力进取，克服困难的一种人格动力特质。自强具有动力性，它对个体的心理和行为具有指引、推动、维持和调节的作用。这种动力性反映了自强是一种持续不断的发展过程，而非一种成就的终结状态。

(2)自强的表现

自主——确立靠自己不靠别人的观念，把争取个人利益和幸福放在自己努力的基础上，不求别人代办，不求别人恩赐。同时，自主绝不是自我封闭，而是强调矛盾的主要方面在自身，主要责任在自身。在争取自身利益上，友谊和援助是次要的，是辅助性的。同时，也只有做到自立自强，才能赢得友谊和援助。

自信——自己对自己有信心，充分相信自己的力量。自信不是认为自己无所不能，而是对自己克服困难的勇气、信心和毅力的信任，是对自己会做得尽可能好的信任。自信的本质是一种自我宣誓式的决心。

自勉——自己勉励自己，自己鼓舞自己，自己激励自己。无论是自主还是自信，必然要落实到行动上，落实到积极奋发向上的人生态度上，落实到充满希望、精神激昂的人生开拓中。不悲观、不颓废、不自弃，调动自己整个生命中蕴含的活动能量，去进行人生的创造，才是“自强不息”的真正含义。

自责——勇于承担责任，从自身方面找原因。外因是变化的条件，内因是变化的根据，外因通过内因而起作用。这样的道理虽然大多数人都懂，已成常识，但当个体遇到具体问题时，特别是遇到不称心、不如意的境况时，有的人就会把个人的挫折归因于客观环境，或者由怨而恨、迁怒于人、疑人偷斧、徒生猜忌，或者由怨恨转为消沉、自暴自弃、破罐子破摔，使自己产生挫败心理，自我萎缩。

(3)培养自强精神

“天行健，君子以自强不息”，君子处事，就应该像天那样高大刚毅而自强不息，自我力求进步，永不停止。我们每个人的人生都该是自强不息的，我们的生活、学习、工作等都需要自强不息的精神。那么我们在学习与生活中应该怎样培养自己的自强不息精神呢?《易经》中说“穷则变，变则通，通则久”，这可以说是“不息”之“源”，所以我们自身要做到“不息”得“万法自然”，不要过分沉溺于俗世烦恼，为眼前的“烟云”所迷惑。《黄帝内经》中说：“是以圣人为无为之事，乐恬憺之能，从欲快志于虚无之守。故寿命无穷，与天地终。此圣人之治身也”。这样我们就能做到“不息”了，做到“不息”自然“强”了，相信寻此之法我们此生定是“自强不息”的一生!

【心空翱翔】

活动1：想想我是谁

道具：每人准备纸和笔，悠扬的背景音乐

分组：5～8人/组

过程：8～10分钟

教师任务：让学生思考并至少写出10条“我是……”，可以从身体、情绪、才智、社会关系等方面考虑；之后让同学们将写出来的句子按照身体状况、情绪状况、才智状况以及社会关系状况分类，并引导学生思考自己写出来的句子是积极的(赋值+1分)还是消极的(赋值-1分)，计算总分。组织学生进行分享交流。

我是________(+1/-1)
我是________(+1/-1)
我是________(+1/-1)
我是________(+1/-1)
我是________(+1/-1)
我是________(+1/-1)
我是________(+1/-1)
我是________(+1/-1)
我是________(+1/-1)
我是________(+1/-1)
……包含类别(　　)，总分(　　)

学生任务：在教师的引导下思考并写出10个“我是……”，简单归类后赋值计分，在小组内分享交流，派代表上台分享。

活动目的：引导学生写出越多的“我是谁”，就越能探索自我意识；而对“我是谁”的归类和评估，是为了让学生理性而全面地认识自己。

补充说明：教师可先用10个句子介绍自己，并归类、赋值算分，既能开拓学生的思维，又能达到与学生共情的目的，打开学生心扉，聆听到学生的真实心声。

分享交流

在写“我是谁”的活动中，注意是要写反映自己独特性的句子，你可以暴露自己的特征、可以写自己眼中的自我形象以及在生活中扮演的角色。在赋值和归类的时候，“我是一个易怒的女生”可以归类到情绪状况，并且它是一个负面的句子，赋值－1分；“我是我们班的班长”可以归类到社会关系状况，并且是一个正面的、积极的句子，赋值＋1分。

完成这个活动之后请同学们内省：你在身体、情绪、才智、社会关系状况几个方面，哪个方面的句子比较多？哪些方面是没有的？身体状态是生理自我的一个方面，情绪和才智属于心理自我的范畴，社会关系状况是属于社会自我的。如果只涵盖其中之一或之二，那么就是你对自我的关注还不够全面，需要在缺失的方面重新审视自己。

如果在各个方面都对自己有所关注，那么至少你对自己的关注和认识是比较全面的。我们所希望的是，大家能全面地关注自己，这样才能更全面地认识自己、发展自己。

我的体验与感悟：

____

____

____

____

____

____

____

下面再一起来看看你对自我评估的情况：你的10个句子后面是正号多，还是负号多呢？如果你写的句子正号多于负号，恭喜你，这说明你的自我接纳状况是良好的。如果负号将近一半甚至超过了一半，这说明我们没能悦纳自己。这个时候我们就要去寻找问题的根源，比如在哪一个方面过低地评价了自己？是什么原因造成的？有没有可能改善呢？

活动2：三分钟休息时间

道具：“三分钟休息时间”音频

分组：无

过程：5～8分钟

教师任务：同学们跟随音乐的节奏慢慢地放慢呼吸，舒缓身体，开始关注自己真正在想什么，以及自己腹部、四肢等身体各部位的状态。

学生任务：按照教师和音频的指令，放松自我，感知自我。

活动目的：引导学生关注自己的身体，从而更好地认识自己、体验自我。

补充说明：该活动在周边环境安静轻松、同学们心平气和的状态下开展能达到更好的效果。

分享交流

阿波罗神庙上有句箴言“认识你自己”；西方伟大的哲学家苏格拉底说：“你要认识自己”；

我国古代伟大的思想家老子也说过：“自知者明”。作为人，我们要认识自己，要认识被自己所忽视的心理。而作为看世界的起点，自我认识的重要性不言而喻。

随着科学技术和经济社会的发展，我们的生活节奏越来越快，留给自己放松自我和感悟自我的时间越来越少，我们也就越来越容易在灯红酒绿中迷失自我，在摩天大楼间来回穿梭，却不知道自己从哪里来，将要到哪里去。

也许我们都需要，给自己一点安静的时间，放松自己，随着悠扬的音乐感受自己身体的每一处，随着对身体的感受重新认识自己，感悟自己。

活动 3：在你背后说悄悄话

道具：每人准备纸和笔，欢快的背景音乐

分组：班上同学随机分为数目相同的 AB 组

过程：15～20 分钟

教师任务：让 A 组同学背对背、面朝外围成一个大圈，B 组同学手上拿着便笺纸和一支笔。音乐响起，B 组同学进入圈内后每人站在 A 组某一位同学的背后，并在便签上写上对 A 组同学的评价(方方面面，可正可负)，并张贴在相应同学背后；每一位同学都张贴好后，让 B 组同学随着音乐顺时针转动，音乐停时停止转动，并取下自己所停位置的 A 组同学的便签，添加自己对其的评价。根据课堂实际时间决定转动的次数和 AB 组的轮换，确保每一位同学背后都有别人留下的悄悄话。

学生任务：根据教师的指示，写下对别人的悄悄话。活动结束时，取下自己背后的便签，阅读并思考别人对自己的评价，班内分享交流。

活动目的：引导学生从各方面更全面地认识自己。

补充说明：活动需要较大的空间，教师需要掌控好时间。

分享交流

其实，虽然我们拥有一双眼睛，但是无法看到自己的全貌。怎么样才能解决这个问题呢？是不是需要镜子的反射来呈现呢？

同样道理，我们对自己的认识是有限的，也需要“镜子”来增加对自我的认知，这面镜子就是自己的父亲、母亲、兄弟姐妹、同学亲友、恋人，等等。

听到同学们对你讲的悄悄话，你是否能更进一步认识你自己了呢？

> 试着写一写
>
> 别人眼中的我：__________
>
> 心中理想的我：__________
>
> 现实生活的我：__________

【心悦成长】

测一测

自我和谐量表测试

“我是谁?”我们每个人心中都有一个答案，但是当我们对自己的认识与过往经验和经历不和谐的时候，往往会产生心理不适。

量表共有35个句子，是一些个人对自己看法的陈述，帮助了解你的自我认识是否与以往的经验相和谐、是否具有灵活性和弹性。填答时，请圈选与你现在对自己的看法相符合程度对应的一个数字(1代表该句话完全不符合你的情况，2代表比较不符合你的情况，3代表不确定，4代表比较符合你的情况，5代表完全符合你的情况)。

扫一扫查看自我和谐量表测试

每个人对自己的看法都有其独特性，因此答案是没有对错的，只有对自己深层次的认知体系和自我概念体系有更多的了解，改变才更有方向，信心才更有底气。

练一练

校园心理漫画

请以“我是谁——自我意识的培养”为主题，独立完成绘画。

作品要求：

1. 内容：作品内容要求思想健康，与心理知识相结合，体现大学生自尊、自信、自强、自爱的自我意识和追求幸福人生的梦想的精神风貌，符合漫画所具有的夸张、象征、比喻等独特的艺术风格，有艺术美感和心理健康教育意义。

2. 格式：纸质手绘，作品可以是单幅或者连环画形式，可以是彩色或者单色。要使用标准绘图纸张或漫画原稿纸，不接受电脑软件制作和打印的作品；作品尺寸最小为40cm×40cm，最大不超过70cm×70cm，画稿四周请保留各2cm空白。

【心无止境】

拓展观影

《阿甘正传》

阿甘是个智商只有75的人，孩提时代，不时会受别的孩子欺侮，他听从朋友珍妮的话用“不逞强，使劲跑”来躲避，就这样，他跑离了别人的捉弄，跑进了一所学校的橄榄球场，跑进了大学。

在大学毕业后，阿甘应征入伍。在越南，他有了两个朋友：热衷捕虾的布巴和令人敬畏的长官邓·泰勒中尉。在战争结束后，阿甘作为英雄受到了总统接见。在“说到就要做到”这一信条的指引下，阿甘“跑”出了一片属于自己的天空，也结识了许多名人，但无论何时、无论何处、无论和谁在一起，他都依然如故，纯朴而善良。

一句话影评：生命就像一盒巧克力，结果往往出人意料，努力奔跑，奇迹每天都在发生。

拓展阅读

失落的一角

（谢尔·希尔弗斯坦）

一个轮子，它缺了一角，它很不快乐，于是动身去寻找那失落的一角，它唱着歌向前滚动，有时候要忍受日晒，有时候被冰雪冻僵了。它因为缺了一角，不能滚得太快。它有时候停下来跟小虫说话，或者闻闻花香，有时候蝴蝶站在它头上跳舞。它渡过大洋，穿过森林和沼泽，它找到很多失落的一角，可是有些太小了，有些又太大了，有些太尖了，有些又太钝了。后来它终于找到刚刚好的一角，合适极了！它很高兴，因为再不缺少什么了，它滚得很快，从来也没有这么快，快得停不下来。它不能跟小虫说话了，也不能闻花香，快得蝴蝶也不能在它身上落脚了。后来它累了，它把那一角轻轻放了下来，从容地走开。

每个人的生命，都被划上了一道缺口，你不想要它，它却如影随形。

以前我也痛恨我人生中的缺失，

但现在我却能宽心接受。

因为我体会到生命中的缺口，仿若我们背上的一根刺，

时时提醒我们谦卑，要懂得怜恤。

若没有苦难，我们会骄傲，没有沧桑，我们不会以同理心去安慰不幸

扫一扫了解
《失落的一角》

的人。

我也相信，人生不要太圆满，有个缺口让福气流向别人是很美的一件事。

你不需拥有全部的东西，

若你样样俱全，别人能有什么呢？

也体会到每个生命都有欠缺，

我也不会再去与人做无谓的比较了，

反而更能珍惜自己所拥有的一切。

所以，不要再去羡慕别人如何如何，好好珍惜自己所拥有的，你会发现你所拥有的绝对比没有的要多出许多。

而缺失的那一部分，虽不可爱，却也是你生命的一部分，接受它且善待它，你的人生会快乐豁达许多。

项目三　你—我—TA——人际认知与交往

从前车马慢，便有了送君千里，十里长亭上的恋恋不舍；从前书信慢，七尺男儿忍不住流泪沾襟，赋诗送友人也屡见不鲜。而今，电话里一声“喂”就可以串起友情，我们会跟素未谋面的“网友”无话不说，也会跟朝夕相处的“身边人”无话可说……不知不觉间，“朋友”的概念也发生了变化。《孔颖达疏》载：“同门曰朋，同志曰友。”我们在这样“神速”的时代里，如陀螺般旋转，倘若不能偶尔让生活慢一下，在最美好的大学时代去交一些志同道合的朋友，一朝过后，那可真要感叹“春归如过翼，一去了无痕”了吧！独在异乡为异客，同窗友情值千金，我们要充分认识友谊的内涵和特征，努力寻求同学之间的真挚友谊，愿有“一杯浊酒喜相逢”的兴高采烈，也有“江湖夜雨十年灯”的惺惺相惜。

【“心”赏感悟】

《我们俩》

电影《我们俩》讲述了一位老人和一位女孩的故事。一个孤独的老人一辈子住在一个空荡荡的简陋四合院里。在一个风雪交加的冬天，四合院闯进来一个寻求住处的女孩。她的到来给这个空间带来了变化，老人的生活开始有了戏剧色彩。可老人需要秩序，在老人面前，眼前这个女孩子是一个常犯规的人，老人有很多禁忌，让女孩子每行一步都有可能碰到障碍。

扫一扫了解《我们俩》

时间一天天过去，在日常生活的点点滴滴中，两个人的关系似乎升华了，从互相排斥、警惕到互相关怀、产生友谊，到最后甚至有种要相依为命的感觉。可是女孩子注定是要走的，要继续过自己的生活，她必定要离开这个四合院，她只是一个过客。她的离开在老人的眼里就是那种突如其来的欣欣向荣、希望、鲜活的色彩的离去。老人生病了，很快就离开了人间。老人想抓住的未必是小女孩的关心，而是对温情和生活的渴望。

精彩“心”赏

你，让我的生活多了色彩

那日你推开房门
闯进了我的生活
从此
孤寂的院里多了一点色彩
可我看不惯你
骄傲又坏脾气的女孩
直到有一天
你说要离开
我才发现
原来
我的生活已不能没有你

我的感悟：

《我们俩》以一年四季作为章节，用相应烘托的拍摄手法，制造了许多个冲突点。老人慵懒的生活状态与风风火火的姑娘小马形成鲜明的对比。卖废品事件、用电事件、电话事件、电话费事件、离开事件，等等，老人与小马之间的关系产生了微妙的变化。

影片中有一个镜头：因一个月多了300元长途电话费，老人和小马发生了争执，小马愤怒地离去，而老人则气急败坏地把小马布置的喜庆挂物全部弄掉。后来老人得知是自己的外孙打的电话，又把一切复原，然后等待小马回来。老人去敲小马的门，要她一起吃年夜饭。影片没有太多华丽的台词与场面，就把老人的内心剖露得一览无遗。

冬去春来，老人和小马从一开始的互相戒备、针锋相对，渐渐变得亲近起来，小马从邻居老人那里得知老人年轻时“当过兵、骑过马、抽过大烟……”邻居老人的另一段话“一块生活了五十多年了，黄土也变成金了”则巧妙地回答了人与人之间微妙的相处关系。而小马也对房东老太太的态度有了很大的改观，两人之间的友情更进一步升华：小马可以随意进出老人的房间，更改房间的布置，给老人洗头等。

在我们周围，不乏类似的故事。这只是一个繁华社会人们内心世界渴望情感交流的缩影，带着难以名状的忧伤。

“心”闻视窗

“好友”不再是好友，“朋友圈”里不都是朋友

2020年年初，因新冠疫情在家隔离期间，百无聊赖的小潘翻开QQ好友通讯录，768位“好友”。浏览性地看看他们的头像，她发现，绝大部分QQ好友她都想不起是谁，一小部分还记得起样子，但是没有一个QQ好友让她有想聊几句的冲动，就连以前无话不聊的闺中密友，也因为太久没联系，而不知道如何进行“开场白”。

各类通信平台软件里面的“好友”真的是好友吗？其实说起来多数是泛泛之交，并没什么实质性的交流，甚至一年也想不起来说一句话。备注过的尚好，还知道谁是谁，没备注的，早忘了是谁。当偶然想起来的时候，问又不好意思问，删除又怕真的是哪个熟人。于是就那样挂着，说不定对方也是如此，只是都不好意思删除或者拉黑彼此。

尽管我们把好友这么挂着，心里也有些过意不去，可是如果有人申请加为好友，我们仍会毫不犹豫地点击确定。因为我们都明白，“好友”不再是好友，只是用来“挂”的。

我的“好友”

我的QQ有______位“好友”，近两个月内有联系的有______位，近1个月内有联系的有______位，近1个星期内有联系的有______位，近两天内有联系的有______位。真正称得上是好友的有______位。

我的微信有______位“朋友”，近两个月内有联系的有______位，近1个月内有联系的有______位，近1个星期内有联系的有______位，近两天内有联系的有______位。真正称得上是好友的有______位。

QQ里实在找不到可以聊天打发时间的“好友”，小潘转战到了微信，打开微信朋友圈，“批阅”546位“朋友”的近况，竟发现有好大一部分她已经想不起当初为什么要互加好友，有一部分她记不清样子，有一小部分让她惊讶怎么会在她的朋友圈出现……只有一小小部分的人是她能清楚知道Ta的基本信息和关系。小潘一边刷朋友圈一边想，546位“朋友”中有多少的朋友圈是屏蔽了她？会不会有的已经删除了她？这个Ta跟她之前的关系挺好的，怎么都毕业了也没告诉她？同宿舍的Ta好像开始谈恋爱了，她怎么一点风声都没提前听到？班上平时比较要好的Ta获得了省级的奖，她怎么现在才知道？……兴许是因为我们太久没见面、没联系了，偶尔只在微信上说几句，一般只在朋友圈里偶遇。想着，无论内容是否精彩，赶紧给还能想起是谁的朋友圈通通点了个“赞”……

我们在朋友圈里一键“晒”美食、美照、美事，分享的方式是快捷了，分享的情怀却是少了不少，分享对朋友感情的促进作用就更是大打折扣了。即便如此，我们还是愿意快速分享，多人点赞，因为我们知道，“朋友圈”里不都是朋友，大多只是旁观者。

专家观点

扮熟人社会的孤独感

20 世纪，费孝通在《乡土中国》中提出过“熟人社会”的概念，认为中国传统社会有一张复杂庞大的关系网，人熟是一宝；21 世纪，在中国衍生出一套泡沫式的交友语法：帅哥、靓女，不过是约定俗成的礼貌用语，“朋友”一词也不例外。

商业社会将朋友的定义扩大化，朋友关系与同事关系、客户关系、上下级关系、利益关系纠缠不清。你甚至会产生一个可怕的感性认识：熟人社会与陌生人社会也许未曾存在过。你我不过活在泛泛之交的包围圈中，真正需要知己交心，真正需要朋友帮助之时，才发现所谓的熟人社会，不过是一场泡沫。当传统的人际关系被讲求效率的城市改变，大家走的不过是“扮熟人社会”的折中路线。熟人社会让你忧郁，因为只有有很多熟人的人，才活得比较快乐；陌生人社会也让你忧郁，因为没有任何熟人的人，根本就不会快乐。这成了都市交友的社会学悖论。

随着全球化与商业化而来的陌生人社会，没有真正朋友的原因，可能是因为太多人互称朋友。

熟悉的陌生人：青年群体网络人际关系的一种类型[①]

中国传统农村社区社会特征是熟人社会，熟人是在时间上、从空间上面对面的接触中所发生的亲密的人际交往类型，那是一个没有陌生人的社会，陌生人在其中不是一个重点的概念，人们通常并不倾向与陌生人交往。而互联网出现后，青年人普遍热衷于在网络上交往与聊天，并且逐渐成为使用网络的主力军，在网络空间中进行大量的社交活动。

网络使得原本互不相识、甚至毫无机会相识的陌生人得以相互接触。因此，借由互联网为媒介，人们也可以与陌生人建立熟悉的关系，形成“熟悉的陌生人”的关系。这种关系既远又近，既可以发展为长期关系又可以保持为短暂的关系，既可以发展为线下的实体的关系又可以保持为线上的虚拟的关系。

青年人在网络上与陌生人的关系日趋熟悉，有些只是纯粹的社交，上线登录网站，与网络的群体闲聊，也有可能与他人分享个人的隐私事件以及倾诉心中的秘密，进一步在熟悉的陌生人关系间建立了亲密感。在网络中与陌生人之间关系的远近、关系的发展以及转向均由青年人

---

① 张娜．熟悉的陌生人：青年群体网络人际关系的一种类型[J]．中国青年研究，2015(04).

自己掌握，“熟悉的陌生人”的关系是个人日常生活的一部分，也构成了个人的记忆乃至自我认同的一部分。“熟悉的陌生人”的关系是否发展为友谊、恋爱以及网下的其他关系，都将成为个体意义的一部分。由此可见，熟悉的陌生人的关系将如以往现实社会中的“熟人”“陌生人”一样存在于个人的日常生活中，也将影响社会的人际关系，而因网络空间的“熟悉陌生人”关系的出现，在青年群体中所产生的新行为模式或社会文化现象，将是未来相关研究的重点。

【心有灵卷】

一、 人际交往的内涵和意义

（一）人的发展离不开人际交往

人的成长、发展、成功、幸福都与人际关系密切相关，没有人与人之间的关系，就没有生活的基础。如果说生存的需要使人类的祖先紧密团结在一起，那么可以说安全感的需要和人的依赖性使今天的我们同样不能离开别人而独自生活。对任何人而言，正常的人际交往和良好的人际关系都是其心理正常发展、个性保持健康和生活具有幸福感的必要前提。

1. 狼孩的故事

1920 年，在印度的一个名叫米德纳波尔的小城，人们经常能见到一种“神秘的生物”出没于附近森林，一到晚上，就有两个用四肢走动的“像人的怪物”跟在三只大狼后面。后来人们打死了大狼，在狼窝里发现这两个“怪物”原来是两个裸体的女孩。大的那个年约七八岁，小的约两岁。这两个小女孩被送到米德纳波尔的孤儿院去抚养。孤儿院的照护人员给她们取了名字，大的叫卡玛拉，小的叫阿玛拉。到孤儿院的第二年阿玛拉死了，而卡玛拉一直活到 1929 年。这就是曾经轰动一时的“狼孩”的故事。

卡玛拉和阿玛拉虽然长得与人一样，但一切生活习惯都同野兽一样。她们被领进孤儿院后，辛格博士夫妇异常爱护她们并耐心抚养和教育她们，使她们“恢复人性”，但进展非常缓慢。卡玛拉用了两年时间学会直立行走，但仍需要人扶，用了 25 个月学会说第一个词，但直到死也没真正学会说话。生命的最后三年中，卡玛拉喜欢并开始适应人类社会，她能照料孤儿院幼小儿童，会为跑腿受到赞扬而高兴，为自己想做的事情做不好而哭泣，但是智力只相当于三四岁儿童的水平。

自 18 世纪中叶以来，罗马、瑞典、比利时、立陶宛、德国、荷兰、法国、肯尼亚等地都有发现离开人类社会并被野兽哺养大的野生儿，单是有案可考的就有 30 多例。所有这些孩子都只能发出不清楚、不连贯的声音，不能直立行走。他们体力强大、活动敏捷、跑得很快，跳跃、攀登很出色。他们也有发展得很好的听觉、视觉和嗅觉，然而即使经过很长的时间，他们也都没能学会说话。可见，从小脱离人的社会生活条件便不能形成人的心理，交往是个性发展与人格健全的必经之路，个体只有通过与其他个体发生联系，只有学习社会知识、技能与文化，才能取得社会生存的资格。

2.“孤独”实验

1954 年，美国做了一项实验。该实验以每天 20 美元的报酬(在当时是很高的金额)雇用了一批学生作为被测者。

实验内容是这样的：为了制造出极端的孤独状态，实验者将被测者关在有隔音装置的小房间里，让他们戴上半透明的保护镜以尽量减少视觉刺激。接着，又让他们戴上木棉手套，并在其袖口处套了一个长长的圆筒。为了限制各种触觉刺激，又在其头部垫上了一个气泡胶枕。除了进餐和排泄的时间以外。实验者要求学生 24 小时都躺在床上。可以说，这样就营造出了一个所有感觉都被剥夺了的状态。

遗憾的是，尽管实验的报酬很高，但是几乎没有人能在这项孤独实验中忍耐三天以上。最初的八小时还能撑住，之后，被测者就吹起了口哨或者自言自语，有点烦躁不安。在这种状态下，即使实验结束后让他们做一些简单的事情他们也会频频出错，难以集中精神，需要三天以上的时间才能回到原来的正常状态。实验持续数日后，被测者会产生一些幻觉。到第四天时，被测者会出现双手发抖、不能笔直走路、应答速度迟缓，以及对疼痛敏感等症状。

通过这个实验我们明白了一点：人的身心要想正常工作就需要不断地从外界获得新的刺激，需要积极的人际交往。

（二）人际交往的内涵

1. 人际交往的起点

自我呈现论——交往是一种社会互动的过程，任何社会互动的关键都在于参加者借助自己的言行向他人呈现自我，强调自身众多属性中的某些有利于自我形象的属性，隐瞒其他属性。

社会交换论——交往是社会行为中的一种商品交换，参加者付出代价得到报酬(信息、赞许、荣誉、声望)，利润就是报酬减去代价，除非双方得利，否则无法进行下去。

社会实在论——交往有助于促使人们的认知协调和保持心理上的平衡，以取得团体中其他成员的支持和帮助，消除判断事物或行为表现的偏差。

2. 人际交往的类型

工具性交往——为了交流思想、传递信息。人们将自己的知识、经验、意见等内容告知对方，达到影响对方的知觉、思维和态度体系，进而改变其行为的目的。

满足需要的交往——为了表达情感，解除内心的紧张，求得对方的同情和理解。人们通过这种交往，确定和维持与对方良好的人际关系，发展交往双方的友情，满足个人精神上的需求。

3. 人际认知

交往的过程是认知的过程，也是印象形成的过程。

人际认知是一个包括感知、判断、推测、评价和解释在内的信息加工过程。其过程包括认知者、认知对象和认知环境，比如我们的原有经验、价值观念(特别是人性观)、情绪情感状态、认知偏见等，其结果也受制于此。

印象源于对象的外貌、服装、表情、举止、谈吐、才华等信息以及这些信息的来源(材料性质、他人评价等)，包含认知对象各方面的突出特点，反映认知对象的总体特征。一般来说，印象形成遵循两大规则：①核心特征：在外人眼中，个体的社交特征会影响其人格特征；热情与冷淡是影响印象的关键因素。②印象一致：顺序上，先入为主；性质上，注重消极否定。

由于人是一个认知的吝啬者，在印象形成的过程中容易有首因效应(第一印象)、近因效应、晕轮效应、投射效应、刻板印象等心理效应。只是这样也容易产生认知偏差，导致人际矛盾。

二、 人际关系的发展和吸引

(一)人际关系的发展阶段

一般来说，良好的人际关系的建立和发展，从交往由浅入深的角度来看，需要经过以下几个阶段。

1. 定向阶段

主要包含对交往对象的注意、选择和初步沟通等方面的心理活动。从交往双方开始直接谈话的那一刻起，彼此就产生了直接接触。这是真正意义上的人际交往的开始。一种情况是，不打算跟对方建立更进一步的关系，双方的交往仅限于打招呼而已。比如说，我们每天都要遇到门卫、保洁人员、餐厅老板、店主这样的人群，我们与他们的关系是较浅的，从来不会把个人感受或想法与他们交流，只会与他们讨论简单的话题或进行简短的谈话，例如，“今天的天气不错”“这水果真新鲜!”等等。

还有一种情况是，在人群中选择了某些人予以注意，并试图建立更进一步的关系，进行初步的沟通。这即为人际交往的第一阶段——定向阶段。我们究竟选择谁作为交往对象，往往要经过一个选择的过程。只有那些在我们价值观念上具有重要意义的人，我们才会选作交往和建立人际关系的对象。接下来是初步沟通，以此了解对方，这是试图建立更深刻关系的尝试，暴露的关于自我的信息是最表面的。

2. 情感探索阶段

彼此探索双方在哪些方面可以建立真实情感联系，而不是仅仅停留在一般的正式交往模式上。一般情况下，心理学家按照情感融合的相对程度，将人际关系状态分为轻度卷入、中度卷入和深度卷入三种。

在轻度卷入的人际关系，交往双方所发现的共同心理领域较小，双方的心理世界只有小部分的重合，也仅仅在这一范围内，双方的情感是融合的，这时的人际交往状态处于情感探索阶段。在这一阶段，双方沟通会越来越广泛，自我暴露的深度和广度也逐渐增加。尽管双方已开始一定程度的情感卷入，但交往模式仍然比较正式，彼此都要注意自己表现的规范性。

3. 感情交流阶段

人际关系发展到感情交流阶段，双方关系出现实质性变化。这一阶段双方的人际关系状态处于中度卷入，彼此发现较大的共同心理领域，同样，双方的心理世界也有较大的重合，彼此的情感融合范围也相应较大。此时双方在人际关系上的信任感、安全感已经得到确立，谈话也开始广泛涉及自我的许多方面。如果关系在这一阶段破裂，将会给人带来相当大的心理压力。

4. 稳定交往阶段

在这一阶段，人们心理上的相容性会进一步增加，自我暴露也更广泛和深刻。双方的人际关系状态处于深度卷入，在深度卷入的情况下，双方已发现的共同心理领域大于相异的心理领域，彼此的心理世界高度(但不是完全)重合，在大多数生活领域都达到了情感融合。此时，人们可以允许对方进入自己高度私密的个人领域，分享自己的生活空间和财产。不过，在通常情况下，人们只同极少数人能达到这种人际关系深度。在实际生活中很少有人达到这一情感层次的友谊关系。

作为众多人际关系类型中的一种，友谊也是随着时间的推移而建立和增长的，要想增长友谊需要更多的付出。而相互之间的交流是发展友谊的关键。交流起始于谈论琐碎之事，逐渐向较深的方向发展，然后开始询问和告知更为私人的事情，比如说，想法、意见或感受。交流是一种给予和接受的游戏，是一场“发现他人并尝试与之成为朋友”的探险之旅。

每进入下一个人际交往的阶段，交往对象都要被筛选一次。也就是说，随着交往阶段的深入，交往对象在不断减少。在每一个交往阶段，都有一些人让我们更希望与之交流，这就是“人际吸引”，即人们生活中俗称的“喜欢”。造成人际吸引需要一些因素，如外貌、个性品质、相似性、互补性等。

（二）人际吸引的条件

人际吸引是人与人之间的相互接纳和喜欢。怎样能被接纳和喜欢是一个古老而有生命力的问题。心理学家通过调查研究发现，人际吸引的主要条件在于以下几个方面。

1. 熟悉

在日常生活中，人们除了在少数时候把喜欢的情感投向自己认同的歌星、影星、体育明星之外，更多的时候是把这种情感投向周围与自己有直接交往的对象，并在其中选择交往或合作伙伴。很自然的，能够相互接触，彼此之间存在交往的可能性，就成了人际吸引的前提条件。熟悉能使人们更容易辨认事物，它改变了人们辨认事物和对其进行分类的能力。这种改变本身会使人们变得更为积极。如对一起上选修课的同学，尽管你不知道他们的任何情况和名字，但你也倾向于越来越对他们抱积极的态度。

2. 个人特征

(1)才能与人际吸引

对于有能力的人，人们的态度常常出人意料。表面上，似乎在其他条件相等的情况下，一个人能力越高、越完善就越受到欢迎。但心理学的研究也表明，在一个群体中，受欢迎、最被喜欢的未必是最有才能的人。出现这种现象是因为人对他人有两种需要，一方面希望周围的人有很好的才能，有一个愉快的交往背景；另一方面又认为他人的超凡才能望尘莫及，使人感到一种压力。因此，当一个榜样被描绘成在才能和人格完善上都达到了普通人不可及的地步时，人们只好敬而远之了。显然，才能与被人喜欢的程度在一定限度内成正比，超出这个范围，会给人造成压力，使人倾向于逃避或拒绝。

(2)外貌与交往

外貌对于人际吸引的影响是显而易见的。爱美是人的天性。无论是在哪种文化背景中，美貌都是一种财富，都令人向往。外貌影响人们的吸引力与交往，不仅日常生活事实的观察可以证明这一点，而且社会心理学的严格实验也证明了这一点。西格尔等人通过巧妙的实验揭示，漂亮的女性比不好看的女性更能影响男性的交往行为。实验以公认的漂亮的和不好看的女性为助手，让他们扮演临床心理学研究生，给男性被试的个性特点做临床心理学评价，最后给予被试的评价有肯定和否定之分。即评价包括两个维度：漂亮或不漂亮；肯定与否定。实验结果表明，在女性不漂亮的条件下，男性被试不太看重评价结果，他们事后对评价者的喜欢程度都是中等。但在女性漂亮的情况下，被试非常看重评价的结果，并且在得到肯定评价时，对评价者的喜爱程度最高，当他们得到否定性评价时，对评价者的喜欢水平最低。当研究者询问他们是否继续参与研究时，他们表现出非常愿意再与漂亮的女性评价者交往。可见，来自漂亮女性的评价被试非常看重，以至于使他们希望有机会改变漂亮女性对自己的评价。

外貌具有相当的辐射效应。如同样的文章，有魅力的女性作者被评价得更高、更好。也有实验表明，对女性罪犯的量刑有两种情况：一是对于犯盗窃罪的有魅力的女性罪犯，会得到更多的同情，判得较轻，而对于被认为同美貌有关的诈骗罪则倾向于重判。

3. 相似与互补

(1)相似

“老乡见老乡，两眼泪汪汪。”从这句俗语的描绘中，我们可以看到当人独在异乡为客时，突然见到同乡，在相异的环境里，具有相同特征的对象所激发的人际吸引力是非常强烈的。每一个长期生活在异国他乡的人，都会有这种深刻的体验。

在日常生活中，各种情况的相似都能引起不同程度的人际吸引效应。如共同的态度、信仰、价值观、兴趣；共同的民族、文化、宗教；共同的语言、种族、国籍、出生地；共同的教育水平、年龄、职业、社会阶层、共同的身体特征等。

(2)互补

研究表明，当交往双方的需要和满足途径正好成为互补关系时，双方之间的喜爱程度也会增加。大量的心理学资料和日常生活的事实都证明，现实生活中的一部分人的婚姻是基于互补关系缔结的。极端的例子是有虐待倾向和受虐待倾向的男女结为夫妇。由于双方的个性倾向和行为特征正好都满足了对方的需要，并构成了双方的互补关系，有虐待倾向或受虐待倾向的人与正常人很难维持正常的婚姻关系。一个支配型的男人娶一个依赖型的妻子，一个喜欢控制人的泼辣女人与一个被动型不愿做决定的、沉默的男人结为夫妇。

互补的另一种情况是他人的某一特点满足了一个人的理想，从而增加了其对这个人的喜欢程度。这种情况严格意义上是一种补偿。如一个看重学历的人而自己又失去拿高学历的机会，因此尤其看重高学历的朋友。

(3)爱情

爱情也是人与人之间相互吸引的一个原因。社会心理学家鲁宾在20世纪70年代对爱情与喜爱的关系进行了系统的研究，结果确认，喜欢与爱情是两种既相互密切关联但又各不相同的情感。

爱情有三个重要的因素：①依恋——卷入爱情的恋人在感到孤独时，会特意地去寻求自己恋人的陪伴和宽慰，而别人不能有同样的慰藉作用；②关怀与奉献——恋人之间彼此会高度关心对方的情感状态，感到让对方快乐和幸福是自己的责任，并对对方的不足表现出高度的宽容。在爱情关系没有受到他人威胁时，表现关怀与奉献的一方对自己的行为往往有纯粹无私的崇高感；③亲密——被爱情所裹挟的恋人，不仅对对方有高度的信赖，并且有特殊的身体接触的需要。虽然这种身体接触最终会自然地卷入性的意味，但在恋爱开始，这种身体接触需要却是泛化的高度依恋需要的反映。在一定意义上，它很像幼儿对母亲爱抚的需要。

通常情况下，一个成熟的青年人有较为明确的喜欢和爱情概念，可以很好地区别自己对别人的喜欢与爱情情感。但对于刚刚进入青春期的少年男女，由于依赖、尊重、喜欢与新出现的性意味的朦胧爱情还没有出现明显的分化，因而常常会把自己对偶像的崇敬、尊重、对长者的依赖与喜欢情感同爱情混淆在一起。

另一个研究发现了“罗密欧与朱丽叶效应”，即如果出现了干扰双方爱情关系的外在力量，恋爱的双方感情反而会加强，恋爱的关系因此也更加牢固。

(4)个性品质

在群体中，有能力、有特长，或具有人们普遍喜欢的品质的人往往会脱颖而出，受到大家的喜爱，如大学生中有文艺、体育特长的同学，组织能力强的同学，为人真诚、友好、乐于助人的同学，都很受大家的欢迎，同时也有一些品质会阻碍人际吸引：①不尊重他人的人格，无视他人喜怒哀乐；②过度以自我为中心、只关心自己的利益；③为了获取利益和好处而与他人交往；④过分服从并取悦别人；⑤过分依赖他人而丧失自尊心；⑥嫉妒心强；⑦猜疑、固执，对人对事怀有偏见；⑧过于自卑，对人际关系过于敏感；⑨爱挑别人的毛病。

需要特别指出的是，能力与被人喜欢的程度在一定限度内成正比关系，但要超过了这个限度，其能力所造成的压力反而会使人倾向于逃避或拒绝。为什么会有这种现象呢？因为人对于他人有两种不同的需要。一方面，人希望自己周围的人有很好的能力，有一个令人愉快的人际交往背景；另一方面，如果他人的能力使自己可望而不可即，则自己会感到一种压力。因此，当一个榜样人物在能力和人格完善上都达到了其他人不可企及的高度，榜样的力量反而小了。

三、 提高人际交往能力

（一）人际信息

1. 人际空间

人与人之间所保持的空间距离，直接反映着彼此相互接纳的水平。心理学家发现，任何一个人都需要在自己的周围有一个可以自己把握的自我空间，虽然这个自我空间会随着环境、单位空间内人员密度、文化背景及个人性格等因素而发生变化，但无论是谁，只要处于清醒状态，都会有这种拥有自我空间的需要。而且，无论走到哪里，我们都会将这个自我空间带到哪里，这就成了一个人的自我空间。空间距离的接近与情感的接纳水平成正比关系。情感上接纳水平越高，能够与别人分享的自我空间也越多，对空间距离接近的容忍性也越高。如果没有情感上的相应接纳，则任何人闯入一个人的空间，都会被认为是严重侵犯，使别人心理上感受到很大压力，并产生强烈的焦虑体验。这种体验迫使人们调整自己与别人的空间距离，直到重新有了完整的自我空间为止。

人类学家爱德华·霍尔(1959)在《无声的语言》一书中，将日常生活中的人际交往划分了四种距离，各种距离都与对方的关系相称。人们的个体空间需求大体上可分为四种距离：公共距离、社交距离、个人距离、亲密距离。

(1)公共距离(3.7～7.6 米)无关系或不认识的人之间的距离。

(2)社交距离(1.2～3.7 米)体现出一种公事上或礼节上的较正式关系。

(3)个人距离(46～122 厘米)人与人之间的独处空间，“不要离我太近”的距离。

(4)亲密距离(15～44 厘米)15 厘米以内，是最亲密区间，彼此能感受到对方的体温、气息。15～44 厘米，身体上的接触可能表现为挽臂执手或促膝谈心。44 厘米以内，在异性，只限于恋人、夫妻等之间，在同性别的人之间，往往只限于贴心朋友。

2. 动作或姿势

图 3-1 身体姿势及意义

(1)整个人都坐在椅子上，身体后仰，头仰靠在椅背上(听你说话好累。)

(2)身子不停地转来转去或不停地变换站立的姿势(你什么时候可以结束?)

(3)双手交叉抱在胸前，脚无节奏地敲着地面(我不想再听你说下去了。)

(4)两脚交叉或脚翘起来，并不时地来回摇晃抖动(抖动的腿脚会分散说话者的注意力，让他觉得你没专心听他说话。)

(5)不停地看表或开始收拾桌面上的东西(这是最明显的哑语逐客令——你是不是该走了?)

(6)手里一直在转笔(真是有些无聊……)

(7)打呵欠、皱眉、叹气、伸懒腰(我对你所说的东西没有兴趣。)

(8)做自己的事(这是人们比较容易忽视的，会给对方一个感觉，认为你没有听它讲，他会有被冷落而索然无味的感受，以至于无心再说下去。)

(10)手指不停地敲打桌面或椅子扶手(是不是有种催促的味道?)

(11)左顾右盼，张望窗外(你可不可以不要再说了。)

(二)人际沟通

1. 沟通的手段

人际关系是在人与人的交往过程中，通过彼此感知、识别、理解而建立起的一定心理关系。与人相处，主动、关注、倾听、尊重、真诚、理解、积极建议、有效沟通、适度自我袒露等都是必要的。其中的沟通更是强化人际认知的途径，是建立人际关系的基础。

除了言语之外，“几乎一切非言语的声音和动作，都可以用作沟通的手段”。有如：视一动符号系统——手势、表情、体态，以及附加物(眼镜、口红、发型等)等；时一空组织系统——是否准时赴约、是否对视而谈、彼此距离远近、境遇是否相同；目光接触系统——是否正视对方、注视的位置等；辅助语言系统——音质、音幅、声调、语速、有无停顿或附加的表情、动作等。更重要的是，非言语沟通可以支持、修饰或否定言语行为，甚至代替言语行为，表达言语行为难以表达的感情和态度。

2. 沟通的原则

(1)真诚原则

真诚原则是人际关系建立的基本原则。一个人要想吸引别人，赢得他人的注意，与他人保持良好的交往，真诚是应该具备的品质和交往方式。

(2)交互原则

在日常生活中，我们有一个共同的倾向，也就是都希望别人能够承认自己的价值，支持自己、接纳自己、喜欢自己。由于这种寻求自我价值被确认和情绪安全感的倾向，我们在社会交往中往往更注意自己的自我表现，注意吸引别人的注意，处处期待别人首先接纳自己，喜欢自己。这种以自我为中心而不是以他人为中心的倾向，恰恰是我们在人际关系上常常遇到困难的最根本的原因之一。

阿伦森(1965)通过大量实验研究发现，人际关系的基础是人与人之间的相互重视、相互支持。任何人都不会无缘无故地接纳我们、喜欢我们。前提是我们也要喜欢他们、承认他们的价值，对他们起支持作用。所以，在人际交往中喜欢与厌恶、接近与疏远是相互的。在一般情况下，喜欢我们的人，我们才会喜欢他们，愿意接近我们的人，我们才愿意接近他们。而对于疏远我们的人、厌恶我们的人，我们的反应也是相应的。

因此，在人际交往、人际关系建立与维持当中，应该保持主动地位。不然，在人际关系上就会困难重重，甚至被别人所拒绝。“爱人者，人恒爱之，敬人者，人恒敬之”，“己所不欲，勿施欲人”。

(3)功利原则

人与人的交往本质上是一个社会的交换过程。虽然这种交换与市场上的交换不完全一样，因为它不仅有物质的交换，同时还包括非物质品，如情感、信息、服务等各方面的交换。但发生在人际交往当中的交换与发生在市场上的交换原则是一样的，也就是人们都希望交换对于自己来说是值得的，希望在交换过程中得大于或至少等于失，不然人们就无法保持心理平衡。所以，在人际交往中，一切人际关系的建立和维持，都是根据一定的价值观进行选择的结果。对于那些对自己来说是值得的，或大于失的人际关系，人们倾向于建立和保持，而对于那些不值得或失大于得的人际关系，人们就倾向于逃避、疏远和终止。

对于重内在情感价值的人来说，他们在人际关系中个人的情感卷入更多，因而有明显的重情谊、轻物质的倾向。这类人与别人交往倾向于增值交换过程，即：他们对于交往媒介的价值估计，往往高于交换行动的发出者，从而在人际关系当中，总感到欠别人的情分，依次在做出回报时往往也超出别人的期望。这种过程的循环往复，就导致了交换过程的双方都感到得大于失。在人际交往过程中，对于重外在物质利益的一类人来说，在人际关系中，纯粹的物质利益交换意识要多于个人的情感卷入。他们总感到自己在人际交往中吃亏，别人对他们没有做到所应该做的，这样，他们在对别人交往回报时，往往低于别人的期望。这类人的交往倾向于减值交换过程。

(4)自我价值保护原则

所谓自我价值是指个人对自身的意识与评判，而自我价值保护是指人们为了保持自我价值的确立，心理活动的各个方面都有一种防止自我价值遭到否定的自我支持倾向。如自己获得成功时，一般会倾向于将成功的原因归因于自身，以显示自己优越于别人。而当别人成功时，则将成功归因于外部条件，以说明他们自身条件并不比别人优越。

(5)情境控制原则

无论是人还是动物，在一个陌生的、新的环境中都会有探究反射，了解环境的意义，把握环境，使自己在该环境中的行为有一个明确的方向。所谓情境控制原则是指人都需要达到对所处环境的自我控制。人如果想真正让别人从内心深处接纳自己，就必须保证与别人共处时能够实现对情境的自我控制。如果对情境自我控制困难，使人的自我表现受到限制，而不得不保持一定水平的自我防卫，那么，别人实际上就不可能对你有深层次的接纳，人们之间的关系也只能停留在正式的、表层的水平。对于人来说，不仅是地理环境的不明确和不能把握会引起焦虑，对社会环境的不明确和不能把握，也同样会引起机体处于高度紧张的自我防卫状态。如我们不仅对陌生的地方会感到不安，而且到一个新的学习环境或新的工作单位时，在一段时间里也会处于高度的自我防卫状态，直到熟悉了周围的环境，了解了经常发生联系的同学、同事、教师，才会感到比较轻松，也才能真正适应。人作为一个有机的整体，无论在怎样的社交情境中，都得用整个身心来进行交往。当人面临威胁时，整个身心都会投入到自我防卫的行动中去。正因为如此，人会经常为非常细小的事而引发不可调和的强烈冲突。

（三）人际关系的深度

人们都希望了解自己在别人心目中有多重要，也希望对自己在别人身上的情感深度进行评价。

奥尔特曼和泰勒(1973)在社会渗透理论中提出：亲密人际关系是在一个人“渗透”到另一个人的表面特征，并逐步了解到另一个人内部自我的过程中发展起来的。想知道别人对我们有多信任、多接纳，只需了解别人对我们的自我表露深度如何。表露水平，意味着安全感和信任的水平。

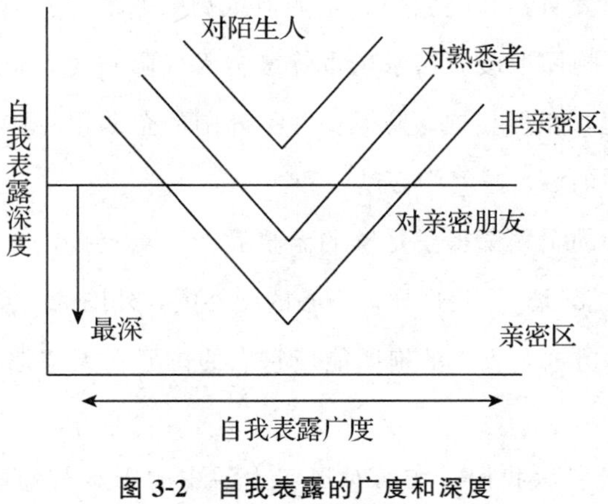

图 3-2　自我表露的广度和深度

在建立人际关系中，个体通常将自我进行分层：①第一层：兴趣爱好。饮食、偏好、日常情趣、消遣活动的选择等；②第二层：真实态度。确定了对方的看法，再表露自己的看法、观点；③第三层：人际关系状况、对自己的真实评价。以高度信任为前提；④第四层：隐私的个人生活内容。偷窃念头，可能一辈子也不说；⑤第五层次：连自身都不接受的经验、行为。痛苦压抑竟无意识，选择性遗忘。而无论对什么人、无论关系多么亲密，心理上都会有不愿意暴露的领域。

【“心”空翱翔】

活动1：抱团取暖

道具：每人准备纸和笔，悠扬的背景音乐

分组：无

过程：10～15分钟

教师任务：请学生围站一圈，男生代表一块，女生代表五毛，教师以最快的速度随意说出一个数，如“两块五”“五块”等，同学们与他人组队抱团成指定数字。

学生任务：以最快的时间与其他人组合成教师说出的数，被甩下的人视为淘汰。

活动任务：引导学生体验归属感的重要性，感受合作的力量，并且在竞争中体验双赢的快乐。

补充说明：可增设小惩罚提高学生的参与积极性。

分享交流

南极的冬天，冰天雪地，气候恶劣，温度可以低至零下40摄氏度，企鹅偏偏选择在这样的季节里繁育后代。它们又是如何抵御酷寒的呢？原来，它们有独特的御寒方式——抱团取暖。当暴风雪等恶劣天气降临时，企鹅便围绕着一个中心点挤在一起，相拥相抱，防风御寒。外围的企鹅用身体为内部的同伴们筑起一道防风雪的墙，越靠中心越暖和。

扫一扫了解

《企鹅抱团取暖》

然而神奇的是，中心的企鹅获得了足够的温暖后会一点点挪出来，站在最外面，成为最外围的“挡风墙”，就这样，中心的到外围，外围的一点点向里挪动，享受同伴们营造的温暖。通过这种方式，企鹅的抱团能使它们的体温在天寒地冻的环境中保持36摄氏度或以上。

企鹅独特的取暖方式启示我们，在面对现实生活中的困难苦痛中，我们要学会“抱团取暖”，也要学会为他人“遮风挡雨”，在互惠互利中获得双赢。

活动 2：我说你画

道具：两张样图，每人一张白纸、一支笔

分组：无

过程：10～15 分钟

程序：

“我说你画”第 1 轮：

(1)第一轮请一名志愿者上台担任传达者，其余人员都作为倾听者，传达者看样图一两分钟，背对全体倾听者，下达画图指令。

(2)倾听者们根据传达者的指令画出样图上的图形，倾听者不许提问。

(3)根据倾听者的图，传达者和倾听者谈自己的感受。

(4)第二轮再请一位志愿者上台，看着样图二，面对倾听者们传达画图指令，其中允许倾听者不断提问，看看这一轮的结果如何。

(5)请传达者和倾听者谈自己的感受，并比较两轮过程与结果的差异。

“我说你画”第 2 轮：

活动目的：让学生学会全局思维、清晰表述、准确回应，体验有效的信息沟通要素，包括准确表达、用心聆听、思考质疑、澄清确定等。

补充说明：

(1)第一轮与第二轮两张样图构成基本图形一致，但位置关系有所区别。

(2)两轮中的传达者可以为同一人，也可以为不同人。

(3)邀请倾听者谈感受时要选择有代表性的，如画得较准确的和特别离谱的，这样便于分析出造成不同结果的多种因素，从而找到改进的主要原因。

分享交流

这个游戏可以让我们领悟两个人际交往的重要技巧：一是换位思考，相互包容；二是双向沟通，相互理解。

在第一轮的时候，相同的指令，但是同学们画出了各不相同的画作，这就说明了不同的人对于同一句话或者同一件事往往会有不同的理解，也会出现不同的行为。因此，在与人交往的时候，我们需要学会换位思考，不能把自己的想法理所当然地当作是别人的想法。

在第二轮的时候，我们有了相互的沟通交流和信息确认，几乎画出了一致的图案，这就说明了双向沟通是相互理解到位的重要前提。因此，在人际交往中，学会沟通的技巧很重要。

活动 3："你好"的意思

目的：训练学生们注重用身体语言来传递感情信息，确立"身体语言"比"咬文嚼字"在人际交往过程中的作用更加重要的观念，有助于学生未来有效的人际沟通。

方式：请学生每人表演一遍"你好"，通过各种各样的语气语调、身体语言表现出"你好"背后不同的潜台词。教师一定要让学生特别注意表现"你好"文字背后的丰富内涵，从而能更有效地仔细体味其中的分别。此外，在训练过程中还可以体味其他一些语句，如：再见、你真行、我快乐等。

理论引导：现在我们常对文字比较注重，哪个字对，哪个字错。其实文字表述意义的作用在当今社会已显得越来越小。比如：你好。我们看看"你好"背后有多少种意思？

示范演练："你好"的文字意思是赞美对方。但我们发现在现实生活中，"你好"这个词并不一定是这样的意思，有时甚至可能恰恰相反。现在，我们请出一位同学表演一下"你好"其他可能的意思。

A 学生：(真诚地)你好！

教练：噢！是真诚赞美的意思。

B 学生：……你……好。

教练：有点被强迫说出口的意思。

C 学生：你——好？

教练：表示怀疑的意思。

D 学生：你好、你好、你好。

教练：有应付性质的意思。

E 学生：你好啊！

教练：带有错看后突然醒悟的意思。

F 学生：你——好——

教练：带有三心二意的意思。

引导感悟：语言文字在传递情感信息时的作用反而不如语气语调、身体语言的作用大。为什么？

分享交流

美国传播学家艾伯特·梅拉比安曾提出一个公式：

信息的全部表达＝7%语调＋38%声音＋55%肢体语言

以此来看，如果我们把声音和肢体语言都作为非语言交往的符号，那么人际交往中信息沟通就只有7%是由言语进行的。

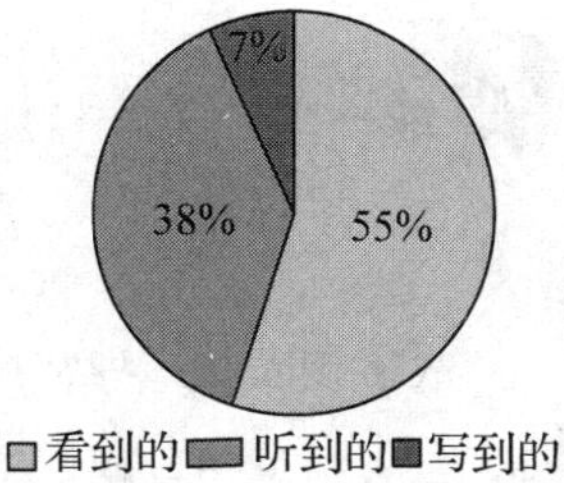

图 3-3

近年来流行的“微表情”更是把面部表情分析得细致入微，力证非语言沟通的存在及其意义。

看看下图，你能想到吗？

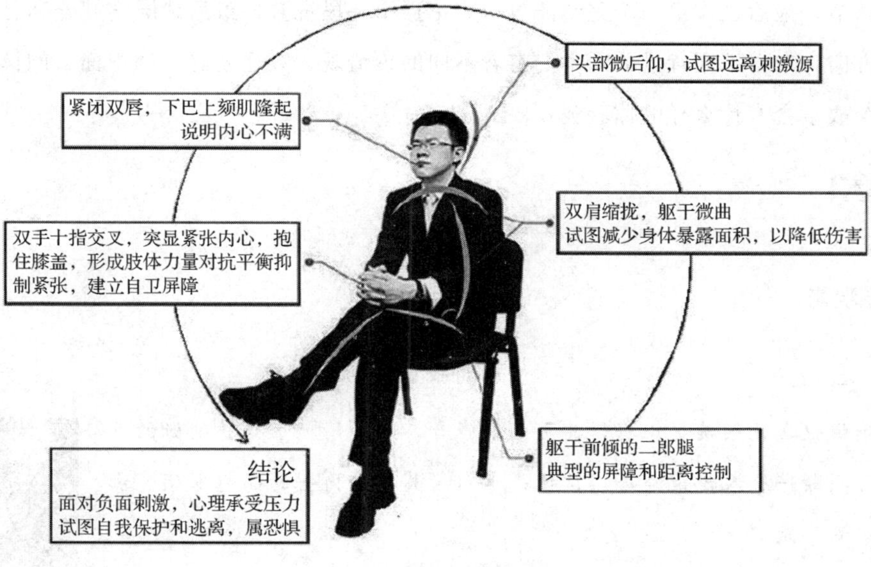

图 3-4　微表情示例

【心悦成长】

测一测

人际关系综合诊断

卡耐基曾经说过，一个人的成功，约有15%取决于知识和技能，85%取决于人际与沟通。好人缘是一个人的巨大财富。有了它，事业上会顺利，生活上会如意。但它不会从天上掉下来，而是需要你的辛勤努力。

扫一扫查看
人际关系综合诊断

扫描第 63 页的二维码，查看人际关系综合诊断量表。诊断量表共 28 个问题，将从交谈、交友、待人接物、同异性交往等方面评估你当前的人际状况，并给出人际关系改善的建议。

练一练

班级故事接龙

故事接龙是一种常见的文字游戏。由发起人描写一个开头，然后所有参与成员都可参与续写，每人构思一段剧情接着上一段剧情发展，最后形成一个多种元素融合的故事，故事可能是科幻类、爱情类、喜剧类、悬疑类……一切都随参与者的创意而定。

请以班级为单位，先由一名同学发起，其他同学轮流续写 200 字或者现场叙述 100～200 字的故事情节，最后创作出一个完整的故事，拍摄出一段视频。最后请同学们分享感受。

思考方向：来自不同背景的同学们有着不同的价值观、兴趣爱好、知识面、阅读面等，共同创作一个故事会有什么样的体验呢？

【心无止境】

拓展观影

《别对我说谎》

无须测谎仪，无须确凿证据，甚至无须声音，多数情况下只凭细微的表情变化便可判断一个人说谎与否，这便是卡尔·莱特曼博士的高超本领。影片根据真人真事改编。

供职于一家私人机构的莱特曼博士是一个研究面部表情和随机肢体语言的科学家。他可以通过分析一个人的脸、身体、声音和话语来察觉真相、探索你是否撒谎以及为何撒谎。当 FBI、警察或者民间机构遇到悬而未决的问题时，便是莱特曼博士及其团队大展身手的好时候。他们凭借丰富的经验和谨慎的工作作风戳穿了一个又一个谎言，将事实真相还原。在他们面前，任何说谎者都无处遁形。莱特曼博士深知，他的科学能力既是天赐之才，也是诅咒。因为他会发现家人或友人之间其实很多互相欺骗，就连最亲密的人也让自己感觉在面对诈骗犯与陌生人。

一句话影评：微表情是一种本能反应，不受思想控制、无法掩饰也不能伪装，善用微表情，看到别人也看到自己，为人际交往的尴尬进行圆场。

拓展阅读

左右逢源的社交心理学

首因效应——千万别小看第一印象

人与人第一次交往中给人留下的印象，会在对方的头脑中形成并占据着主导地位，这种效应即为首因效应。第一印象作用最强、持续的时间也长，比以后得到的信息对于事物整个印象产生的作用更强。

首因效应也叫首次效应、优先效应或第一印象效应。首因，是指首次认知客体而在脑中留下的“第一印象”。首因效应，是指个体在社会认知过程中，通过“第一印象”最先输入的信息对客体以后的认知产生的影响作用。

心理学研究发现，与一个人初次会面，45秒内就能产生第一印象，而最初的0.25～4秒给对方留下的印象是最深刻的，不要小看这短短的4秒，别人对你75％的判断和评价都由此而来。所以别人第一印象中的你不管是不是真实的，以后你留给别人的这种印象都很难改变。

名片效应——相似感会快速拉近双方距离

苏联心理学家纳季拉什维利提出了“名片效应”。所谓名片效应指的就是在人与人的交际中，如果表明自己与对方的态度和价值观相同，就会使对方感觉到你与他有更多的相似性，从而很快地缩小与你的心理距离，更愿同你接近，结成良好的人际关系。在这里，有意识、有目的地向对方所表明的态度和观点如同名片一样把你介绍给对方。恰当地使用“心理名片”，可以尽快促成人际关系的建立，掌握“心理名片”的应用艺术，对于人际交往以及处理人际关系具有很大的实用价值。

有这样两个有趣的社会心理实验：在一个实验中，首先让被试者看很多人的照片，有的照片让被试者看了25次之多，有些照片却只让看一两次。然后，让被试者说说他们比较喜欢哪个人，结果，被试者都会比较喜欢照片出现次数最多的那个人。

亲和效应——像磁铁一样吸引别人

亲和效应的主要含义是：人们在交际应酬中，往往会因为彼此之间存在着某种共同之处或者相似之处，从而感到相互之间更加容易接近。这种接近会使双方萌生亲密感，进而促使双方进一步相互接近、相互体谅。

人们在人际交往中往往存在一种倾向，即对自己较为亲近的对象，比如，有共同的血缘、姻缘、地缘、学缘或者业缘关系，有相似的志向、兴趣、爱好、利益，或者是彼此共处于同一团体或同一组织的人，会更加乐于接近。我们通常把这些较为亲近的对象称为“自己人”。

一个人如果想要让身边的同事、朋友把自己当成“自己人”，除了无法改变的血缘外，就要懂得与他人的相处之道。主动让别人对自己产生好感，认同并喜欢自己，就需要拿出“亲和力”。只有这样的人才会把周围的人吸引到自己身边来，才会让别人认同自己，把我们当成“自己人”。

跷跷板互惠原则——互利互惠才能皆大欢喜

玩过跷跷板的朋友都知道，两个人分别坐在跷跷板的两端，你用力一压，对方就翘起来；对方再用力向下压，你就可以翘起来。翘起来处在上方的感觉是兴奋的，如果游戏的双方都自私地不肯向下压，那么游戏就不能继续下去。只有当双方都不停地轮流向下压，才能交替地享受游戏的乐趣。这就是跷跷板互惠原则。

人与人之间的互动，就如坐跷跷板一样，任何关心、帮助和友好等都是一个相互的过程。帮助别人，给予别人，表面上看是一种失去，但在给予中，我们也能从对方那里得到，从而达到互惠互利的效果。一个永远不吃亏、不愿让步的人，即便真得到了不少好处，也不会快乐。因为，自私的人如同坐在一个静止的跷跷板顶端，虽然维持了高高在上的优势位置，但整个人际互动却失去了应有的乐趣。

项目四　心态的力量——情绪觉察与压力调适

“如果命运是一条孤独的河流，谁会是你灵魂的摆渡人？”这是小说《摆渡人》里的一句话，也是一个值得深思的灵魂叩问。在我们漫长的一生中，贵人可遇不可求，人生中最好的摆渡人，其实是我们自己。一个人，无论是身居庙堂之高还是江湖之远，无论身处什么样的阶段，都会遇到糟心的事。有的人可以顺利渡过难关，有的人却被打倒在地，从此一蹶不振。村上春树说：你要做一个不动声色的大人了，不准情绪化，不准偷偷想念，不准回头看，去过自己另外的生活。面对孤独的人生之河，你，灵魂的摆渡人，要拥有一个好心态，要学会调节压力、管理情绪，让负向情绪如乌云飘过，用积极暗示创造力量。

【“心”赏感悟】

《肖申克的救赎》

20世纪40年代末，小有成就的青年银行家安迪因涉嫌杀害妻子及她的情人被判无期徒刑，这意味着他将在肖申克监狱中度过余生。安迪尝试接近囚犯中颇有声望的瑞德，请求对方帮自己搞来小锤子。以此为契机，二人逐渐熟稔，安迪也仿佛在鱼龙混杂、罪恶横生、黑白混淆的牢狱中找到属于自己的求生之道。他利用自身的专业知识，帮助监狱管理层合理避税，从而给自己和狱友争取了一些福利。同时他还凭借与瑞德的交往在犯人中间渐渐受到礼遇。表面看来，他已如瑞德那样对监狱生活变得处之泰然，但是他的内心深处依然对自由充满渴望，因此一直朝着心中的希望和目标前进。

扫一扫了解
《肖申克的救赎》

精彩“心”赏

希望的救赎

影片中安迪有这样一句话：“forget that there are … place … in the world that are not made out of stone，there is something … inside … that they can not get to … that is hope”（不要忘了，这个世界穿透一切高墙的东西，它就在我们的内心深处，他们无法达到，也接触不到，那就是

希望）。

我的感悟：

____

____

____

____

____

____

的确，监狱的高墙可以束缚住身体上的自由，甚至于体制化的东西可以束缚住精神上的自由，但唯有希望不可以放弃。失去希望的生活是灰暗的，没有生气的，甚至是没有意义的。在安迪的心中一直就没有放弃对自由的希望，也一直在为自己的希望努力着。而对瑞德和老布来说，他们早就放弃了希望，因为在他们看来希望只能让自己更痛苦，甚至认为希望便是痛苦的根源。一个人能够在19年痛苦的监狱生活里，不放弃对自由的向往，这是一种怎样的精神信念？所以安迪成功了，夺回了自己的自由。

任何一个人，想要翱翔于清澈高远的蓝天，获得物质与灵魂的自由，就要具备这样的人格特质：过人的才华、不灭的希望、坚韧的毅力。面对现实的生存环境和社会现状，抱怨只能让你滑向失败与苦难的深渊。每个人都是自己的主人，如果你自己都放弃了自己，还有谁会救你？坚强者自救，伟大者救人。我们至少有能力做个坚强者。

“心”闻视窗

我该如何表达情绪

刚上大学时，有些不习惯，不过我适应能力还算好，很快与班里的其他同学熟悉起来。大家对我的印象还不错，可是我却总觉得自己压力很大，干什么事情都没有精神，情绪很不稳定，尤其是这几天，大家都在复习，可我就不想看书，觉得很难受，甚至有点痛恨正在读书的同学。我和从前的同学说起我现在的情况，他们劝我说，大学和高中是不同的，没有必要被别人左右，不要管别人如何学习，你只要有自己的学习方法就可以了，在自己原来的基础上提高自己。可是我发现我还是控制不了自己的情绪。

我经常一个人行动，上课、自习、吃饭、活动，我总是一个人。我觉得一个人很自在，不受约束，当然我不是很孤僻，我也和大家交流，只是从前习惯了独处。而且我们宿舍五个人，两人一对，正好多我一个。我们平时相处也不错，大家都是好人，我们也没有什么矛盾，我们还被评为院里的四星级宿舍。我发现我自己还有个问题，当我情绪不好的时候，就吃东西。常常是一个人在这个食堂吃完，又跑到另一个食堂去吃，然后再到超市买一大堆饼干或者别的什么东西回宿舍吃，我觉得我近乎疯狂，不可理喻，我就想让胃撑满，有时甚至吃到胃痛，好像只有这样我才会得到快感和满足。我也知道这样不对，但是就是无法控制自己，我就想不停地吃下去，其他什么都不想。但是我发现这种发泄带来了更多的问题。

首先是钱的问题，上个学期我买的东西还不是很贵，还有些自制力，次数也不是很多，但是这个学期我发现自己反而变本加厉，买的东西越来越贵，次数越来越多，好像越贵才越刺激，才越满足，但我家里并不能承受得起，我觉得对不起父母，因而自责，但是越是这样，我就越想放纵自己。好像有两个我在做斗争，一个让我恢复理智，另一个在让我奢侈，让我放纵，而我总是屈服于后者。

另一个问题是我长胖了，我知道这是一个女孩子很敏感的问题，我也不例外。其实我很注重自己的外表，希望自己精干，但是我现在长了十斤。我常常在晚上吃东西，不睡觉，有时候还偷偷摸摸，一直到吃完为止，或者直到胃口实在受不了，就去睡觉，第二天，当我清醒之后，我会照镜子，看看自己圆滚滚的肚皮，我会想我到底干了些什么，我怎么这样，我好像不是我了，不想接受自己的样子。可是下一次我又克制不住自己。

我从前尝试过节食减肥，的确瘦了不少，但我发现我馋了，总是想刻意寻找东西吃，不是因为饿，而是为了一种满足感，而且经常没有节制，吃起来不停。我的胃已经出现问题，一吃多了就吐，估计是胃炎。可我还是常常控制不住自己。

我把精力放在与学习无关紧要的事上，这令我的生活不规律，学习不规律，饮食不规律，我觉得生活学习一团糟，对什么都很没有信心，也许这就是我情绪不稳定，对什么都没兴趣的原因吧。我觉得我对不起很多人，对不起所有对我有期望的人，父母、同学、师长，包括我自己，可是我还是很难控制我自己的情绪，我觉得我好像有两种人格在厮杀。我很害怕，但是不知该如何做……

专家观点

你的灵魂是否跟上你的脚步

一个欧洲的探险者到南美去探险。为了穿越一片雨林，他雇用了两个印第安人做向导，一路上非常顺利，没有遇到太多的麻烦。然而走到第四天的时候，眼看着就到森林的边缘了，两个印第安人说什么也不走了。探险者非常不解地问："为什么？"

一个印第安人回答说："在我们印第安部落有一个规矩，旅行三天之后必须要休息一天，这样才能让灵魂跟得上我们的脚步！"

试问，你的灵魂是否跟上你的脚步呢？

随着时代的发展，我们生活的节奏越来越快。环境的变更、繁杂的工作与学习、人际关系的冷漠，等等，这些压力都让我们感到紧张不安，很难有效地将心中的郁闷和孤独及时排解出去，这种心理压力会慢慢让我们的灵魂跟不上脚步。

我们的生活充满着情绪，有时欣喜若狂，有时焦虑不安，有时孤独恐惧，有时满腔怒火，有时悲痛欲绝，有时舒适愉快。情绪的多样性说明它是一个极其复杂的心理现象。情绪最能表达人的内心状态，可以说它是人的心理状态的晴雨表。一旦情绪产生波动时，个人会表现愉快、气愤、悲伤、焦虑或失望等各种不同的内在感受，假如负面情绪常出现而且持续不断，就会对个人产生负面的影响，如影响身心健康、人际关系或日常生活等。

该同学正在面临学业、体型、环境适应等生活压力，这些都可能让其产生情绪问题。该同学表现为情绪不稳定，难以控制自己的情绪，兴趣减退、体重剧增、注意力不集中，通过暴饮暴食来缓解其心理压力与焦虑，尽管已经认识到问题，但却控制不住。所幸的是，通过心理辅导，该同学尝试了自我调节，可以慢慢控制自己的情绪，进行正常的学习生活。

【心有灵卷】

一、 压力管理

（一）压力和压力源

人无压力轻飘飘，压力大了吃不消。任何人一生都会遇到压力，压力在一定条件下起着积极的作用。比如一些运动员越是在重大比赛中比赛成绩越好，就与压力的激励有关。但许多压力是无益的。持续的压力会造成紧张过度，甚至把人压垮。

1. 压力的内涵

压力的概念源于生理学家沃特·坎农的一系列关于痛苦、饥饿和情绪变化的研究(1925年)。坎农认为当个体处于危险状况时，神经与腺体会产生一系列活动，使个体具备充分的能力来准备对抗或逃跑，这个时候个体就处于压力之下。

20世纪70年代，心理学家汉斯·薛利的研究对压力模型的建立有重要意义。薛利认为，压力就是身体为满足需要所产生的一种非特定性反应，压力不仅是神经紧张，还是机体对紧张刺激的一种特异性适应反应。

在当代的研究中，压力这个概念至少有三种不同的含义。第一，压力是一种刺激，从这个意义上讲，压力对人是外部的。压力是指那些使人感到紧张的事件或环境刺激。环境的重大改变、影响个人的重大生活事件、日常生活的困扰均是重要的压力源。第二，压力是一种主观反应，即压力是因紧张或唤醒的一种内部心理状态，它是人体内出现的解释性、情感性、防御性的应对过程。第三，压力是个体对需要或伤害侵入的一种生理反应。

2. 压力源的种类

一个人在一定的社会环境中生活，总会有各种各样的刺激对人施以影响。刺激一旦被人感知到了，一定会引起主观的评价，同时产生一系列相应的生理和心理反应。如果刺激需要较大努力才能适应，也有可能超出个体的适应能力，就会引起人的心理、生理平衡的失调即紧张反应状态的出现，从这个意义上说，使人感到紧张的内外刺激就是压力源。

(1)生活事件

生活事件是指那些非连续性的、有清晰起止点的、可以探测到的明显的生活改变。生活方面的突然变动是造成压力的主要来源，如家人的突然去世、自尊心受到重大打击等。由于变动突然，人们很难有效地应对。生活事件包括积极事件和消极事件两种，但通常只有消极生活事件与心理问题有着高相关关系。消极生活事件也称急性压力源，它与慢性压力源(日常烦扰)主要是以持续时间的长短作为划分标准的。

(2)日常烦扰

日常烦扰主要是指慢性压力源。日常烦扰可以分为生活小困扰和长期社会事件所带来的烦扰。生活小困扰的严重程度虽不足以给人造成很大的压力，也不足以给人构成危害，但累积压力会对个人身心造成不良的影响和烦扰；长期的社会事件，例如交通拥挤、环境污染、升学竞争、经济衰退等，这些都可能令人产生心理上的压力。日常烦扰有两个特点：一是持续的时间比较长，但一般不会达到压力的高峰点；二是与急性压力不同，慢性压力不是由非持续性事件引起的。

(3)心理困扰

心理困扰也称为心理性压力源，它是个人内在心理因素的困扰所形成的压力的重要来源，比如个人心理冲突、动机或行为的挫折、个人期望值过高、完美主义、对过去经历的追悔以及对人际关系的不满意等。在心理困扰中，道德痛苦比其他任何痛苦都深刻而剧烈。当一个人限于自责、自卑的痛苦中时，他就处于极大的压力下。道德痛苦作为一种压力源，有时能够完全破坏一个人的价值观和人格，使人陷于不能自拔的困境，甚至轻生。比如在现实生活中，一些性道德观念的冲突、诚信方面的冲突，都有可能使人产生严重的恐惧、焦虑和抑郁。心理困扰和上述两类压力源不同，上述两类压力源主要涉及外在因素，而心理困扰是个人的内在心理因素，是自我的压力与紧张，是内在的压力。

压力源是否会对一个人构成压力，以及感觉到压力大小程度，与个体如何认知这个压力源以及他对自己应对压力能力的评估有关，与评估方式、过程及其结果有关，与个体对压力源的易感性有关，与每个人的人格特征、应对能力、对应对资源的调动等因素有关，此外，心理冲突也是压力形成的重要成因。

冲突是一个心理困境，这种困境的形成是因为个人同时怀有两类动机，而这两类动机不可兼得所致。冲突通常表现为三种情况：双趋冲突，就是两类动机使个体在行为上追求两个目标，但两个目标无法同时兼得，两者只能取其一，又不愿割舍另一个的心态。如："鱼，我所欲也；熊掌，亦我所欲也。"双避冲突，就是一种左右为难的心理困境，当个体发现两个目标同时具有威胁性、两难之间必须选择一个时所产生的心态。如患了牙病，既不能忍受牙齿的疼痛，又害怕去医院看病。趋避冲突，就是进退两难的心理困境，个体对同一目标怀有两个相反动机时的心理困境：一方面好而趋之，另一方面恶而避之。这样的冲突更具有挑战意义。

3. 压力的感知

(1)压力的重要信号

①遭遇重大丧失。

②无缘无故生气或与人敌对，出现社交障碍，不愿与人交往。

③酒精或非法药物的使用量增加。

④精力无法集中，注意力下降。

⑤行为异于平常。

(2)压力的反应症状

①生理方面：心率加快；血压升高；肾上腺激素分泌增加；没胃口，瘦得快；肠胃失调，如溃疡；身体受伤；心脏疾病；呼吸问题；汗流量增加；皮肤功能失调；头疼；肌肉紧张；睡眠不好。

②心理方面：焦虑、紧张；迷惑和急躁；疲劳感、生气和憎恶；情绪过敏和反应过敏；感情压抑；交流的效果降低；退缩和忧郁；孤独感和疏远感；对工作感到厌烦和不满；精神疲劳和工作低效能；注意力分散；缺乏自发性和创造性；自信心不足。

③行为方面：拖延和逃避工作；表现欲和生产能力降低；酗酒和吸毒；完全无法工作；去医院的次数增加；缺勤、离职；为了逃避而暴饮暴食；由于胆怯而减少饮食；冒险行为增加；侵犯别人；破坏公共财产；与家人或朋友关系恶化；自杀或试图自杀。

（二）挫折

挫折是指个体在通往目标的过程中遇到难以克服的障碍或干扰，使需要无法满足、目标不能实现时所产生的不愉快的情绪反应。诸如紧张、焦虑、沮丧、困惑、悲伤，甚至迁移、攻击等都是心理受挫时常见的情绪反应。

1. 挫折的产生

挫折的产生有两个基本要素：挫折情境和挫折感受，两者密切关联。挫折情境是引发挫折感受的条件，挫折感受是受挫折者心理需求不能满足的一种内心体验。但两者之间并不是必然的关系，同样的(挫折)情境，由于不同的人的需求不同、心理承受力不同，所产生的心理感受也不同。如同样考上一所普通大学的甲、乙两个学生，甲的抱负远大，立志考重点大学，而现在只考上了普通大学，对甲学生来说就会产生挫折感。而乙学生，他的抱负本来就不大，现在考上了大学已经很满足了，甚至还有些喜出望外，对他来说不但没有挫折感，反而还有较强的成就感。所以，挫折也叫心理挫折，心理挫折的产生，不取决于挫折情境，而是取决于个体的内在心理感受。

2. 挫折反应

一般来讲，人们对挫折的反应主要表现在以下三个方面。

(1)情绪反应

指人们在受到挫折时伴随着强烈的紧张、愤怒、焦虑等情绪所做出的反应，可能表现为强烈的内心体验，也可能表现为特定的表情或行为反应。情绪性反应多为消极性反应，主要表现为焦虑、冷漠、退化、幻想、逃避、固执、攻击、自杀等。

(2)行为反应

指人们在受到挫折后，采取积极进取的态度，在理智的控制下所做出的反应。通常，人们在遭受挫折后都会出现紧张状态，都会在某种程度上做出某种情绪性反应，其中，有些人始终被情绪所控制不能摆脱，而有些人则能够及时调整，保持冷静，面对现实，审时度势，采取积极的态度和方式对待挫折。所以，理智性反应是对挫折的积极反应方式。

(3)个性变化

通常情况下，挫折对人的影响都是暂时的，随着具体挫折情境和条件的改变，随着时间的推移或受挫者认识上的变化，受挫者在受到挫折后所感受到的紧张状态会逐渐消失。但人们在受到挫折后，除了上述直接表现出的挫折反应外，还会出现间接的反应，并对受挫者产生久远的影响，甚至影响到个性的形成与发展。

挫折对个性的影响，一般是在人们连续经历挫折，或者遭受特别重大挫折的情况下产生的。由于导致挫折的情境和条件相对稳定并长期持续，由此产生的紧张状态和挫折反应就会反复出现，久而久之这些反应方式就会逐渐固定下来，使受挫者形成了习惯和一些突出的个性特点。如有些学生在儿童时期长期受到父母过分严厉的管教甚至责难和打骂，就易形成畏缩拘谨、胆小怕事、逆来顺受或者倔强执拗、偏执敌对等不良的个性特点；有些学生长期与同伴不能友好相处，长期处于紧张的人际关系状态之中，就易养成多疑、多虑、孤僻、狭隘、情绪不稳定等个性特点。另一方面，挫折对个性形成与发展也可能产生积极的影响，如经历了重大挫折后，或者长期身处逆境之中，使人养成了坚强、刚毅和不屈不挠的个性特点。总之，挫折对个性的影响在很大程度上取决于人们对挫折的适应情况，对挫折的消极反应如果得不到及时纠正，并在心理和行为上固定下来，就会形成对挫折的适应不良，对受挫者的个性形成与发展就会带来不利的影响。

3. 挫折应对

一个女儿对父亲抱怨她的生活，抱怨事事都那么艰难。她不知该如何应付生活，想要自暴自弃了。她已厌倦抗争和奋斗，好像一个问题刚解决，新的问题就又出现了。

她的父亲是位厨师，他把她带进厨房，女儿咂咂嘴，不耐烦地等待着，纳闷父亲在做什么。这时，父亲拿出了一个胡萝卜，一个鸡蛋，还有一把咖啡豆。当这三样东西遇到滚烫的开水之后发生了不同的变化：本来坚硬的胡萝卜变软了；本来稀软的鸡蛋变硬了；而咖啡豆则将带给它痛苦的开水变成醇香的咖啡。

你呢，我的朋友？你是看似强硬，但遭遇痛苦和逆境后就畏缩了，变软弱了，失去了力量的胡萝卜吗？你是内心原本可塑的鸡蛋吗？你先是个性情不定的人，但经过死亡、分手，离异或失业，是不是变得坚强了？你的外壳看似与从前一样，但你是不是因为有了坚强的性格和内心而变得勇敢了？或者你像是咖啡豆吗？豆子改变了给它带来痛苦的开水，并在它达到100摄氏度的高温时让它散发出最佳香味。水越烫，它的味道就越好。如果你像咖啡豆，你会在情况最糟糕时，变得有出息了，并使周围的情况变得更好。

4. 挫折的防御机制

人在遭受挫折以后，挫折情境造成的对人心理上的压力，会使人产生紧张、焦虑、不愉快的情绪体验，并导致心理和生理活动的不平衡状态，影响人的正常行为和活动能力。

为了对付这种压力，减轻或摆脱焦虑情绪的困扰，解除紧张状态所带来的不安，恢复心理和生理活动的平衡，受挫者会自觉或不自觉地寻找和使用一些策略和方法，应付或适应所面临的挫折情境，以减少挫折和焦虑情绪对自己的损害，减轻心理所承受的压力，保护自我，战胜挫折。这些心理上的防卫，被称为挫折的心理防御机制(挫折防御机制)。常见的有上百种，主要可以分为四类。

(1)拒绝

拒绝接受某些事实的存在。拒绝不是说不记得了，而是坚持某些事不是真实的，尽管所有证据表明是真实的。例如，一名深爱丈夫的妻子，在丈夫死去后很久，仍然表现得好像他还活着一样，吃饭的时候仍然还留着他的位置，给他盛饭。拒绝是一种极端的防御机制。一般人很难纠正，因为在心理机能上，它是无法接受外界的帮助的。

(2)压抑

压抑是一种积极的努力，自我通过这种努力，把那些威胁着自己的东西排除在意识之外，或使这些东西不能接近意识。压抑在某种程度上是违背人的本性的。当然，也许只有人这种最高级的动物才有能力去压抑。与拒绝不同，压抑虽然比较常用，但因为是一种强压，势必带来一些副作用，过分压抑更是有害的。

(3)替代

将冲动导入一个没有威胁性的目标物。在实际运用中，有一种表现形式就是迁怒。当个人的心情糟糕时，潜意识会驱使他选择无法还击的弱者发泄，无处发泄的最弱者变成了最终的受害者，而且这个最弱者，也是受气最多的，最终形成一个迁怒的恶性循环。可见，找一个好的替代品、建立一种良性的替代形式，使情绪反应得到有效管理，非常必要。

(4)升华

升华是可怕的无意识冲动转化为社会接受行为的渠道。如果你把攻击性的冲动直接指向你想攻击的人，那么你将陷入困境。但是，把这些冲动升华为，诸如拳击、足球比赛之类的活动，就可以被接受。在我们的社会里，攻击性的运动员被看成是英雄。拳击比赛之所以这么受欢迎，还在于它不仅仅让比赛的选手的情绪得到了升华，同时也让观众的攻击性情绪得到了排解，看人打，似乎自己也打过了，气也出了。

二、 情绪管理

“人非草木，孰能无情?”情绪最能表达人的内心状态，可以说它是人的心理状态的晴雨表。而情绪的多样性又说明它是一个极其复杂的心理现象。

（一）情绪的内涵

1. 情绪是什么

从19世纪以来，心理学家对此进行了长期而深入的研究，对情绪的实质提出了各种不同的看法。由于情绪极端复杂，至今还没有得到一致的结论。黄希庭认为情绪是一种复杂的心理现象，它包含情绪体验、情绪行为、情绪唤醒和对情绪刺激等复杂成分。

2. 情绪状态

情绪状态是个体在情绪过程中显现出来的身体变化及自觉或不自觉的意识状态，具有持续性、外显性、情境性和个体性等特点。其中较典型的情绪状态有心境、激情和应激三种。

(1)心境

心境是指人比较平静而持久的情绪状态。心境具有弥漫性，它不是关于某一个事物的特定体验，而是以同样的态度体验对待一切事物。

心境持续时间有很大的差别。某些心境可能持续几小时、几个月或更长的时间。一种心境的持续时间依赖于引起心境的客观刺激的性质。如失去亲人往往使人产生较长时间的郁闷心境。一个人取得重大的成就(如通过高考、实验获得成功、作品初次问世等)，在一段时间内使人处于积极、愉快的心境中。人格特征也会影响心境的持续时间，同一事件对某些人的心境影响较小，而对另一些人的影响则较大。性格开朗的人往往事过境迁，而性格内向的人则容易耿耿于怀。因此，心境的持续时间的长短，与人的气质、性格有一定的关系。

心境产生的原因是多方面的。生活中的顺境和逆境、工作中的成功与失败、人们之间的关系是否融洽、个人的健康状况、自然环境的变化等，都可能成为引起某种心境的原因。

心境对人的生活、工作、学习、健康有很大的影响。积极向上、乐观的心境，可以提高人的活动效率，增强信心，对未来充满希望，有益于健康；消极悲观的心境，会降低认知活动效率，使人丧失信心和希望，一个人经常处于焦虑状态，会有损健康。人的世界观、理想和信念决定着心境的基本倾向，对心境有着重要的调节作用。

(2)激情

激情是一种强烈的、爆发性的、为时短促的情绪状态。这种情绪状态通常是对个人有重大意义的事件所引起的。重大成功后的狂喜、惨遭失败后的绝望、亲人突然死亡引起的极度悲哀、突如其来的危险所带来的异常恐惧，等等，都是激情状态。

激情状态往往伴随着生理变化和外部行为表现，例如：盛怒时全身肌肉紧缩，双目怒视、怒发冲冠、咬牙切齿，紧握双拳，等等；狂喜时眉开眼笑、手舞足蹈；极度恐惧、悲痛和愤怒后，可能导致精神衰竭、晕倒、发呆，甚至出现所谓的激情休克现象，有时表现为过度兴奋、言语紊乱、动作失调。

激情状态下人往往出现“意识狭窄”现象，即认识活动的范围缩小，理智分析能力受到限制，自我控制能力减弱，进而使人的行为失去控制，甚至做出一些鲁莽的行为或动作。有人用激情爆发来原谅自己的错误，认为“激情时完全失去理智，自己无法控制”，这种说法是不对的，人能够意识到自己的激情状态，也能够有意识地调节和控制它。因此，任何人对在激情状态下的失控行为所造成的不良后果都是要负责任的。

要善于控制自己的激情，做自己情绪的主人。培养坚强的意志品质，提高自我控制能力可以达到这个目的。然而激情并不总是消极的。我国发射卫星成功时全国人民的兴高采烈，我国运动员在国际比赛时取得金牌时大家的欣喜若狂，在这些激情中包含着强烈的爱国主义情感，是激励人上进的强大动力。

(3)应激

应激是指人对某种意外的环境刺激所做出的适应性反应。例如：一个人遇到某种意外危险或面临某种突发事件时，必须集中自己的智慧和经验，动员自己的全部力量，迅速做出选择，采取有效行动，此时人的身心处于高度紧张状态，即为应激状态。例如：飞机在飞行时，发动机突然发生故障，驾驶员紧急与地面联系着陆；战士排除定时炸弹时的紧张而又小心的行为等。在这些情况下人们所产生的一种特殊紧张的情绪体验，就是应激状态。

应激状态的产生与人面临的情景及人对自己能力的估计有关。当情景对一个人提出了要求，而他意识到自己无力应付当前情景的过高要求时，就会体验到紧张而处于应激状态。

（二）大学生的情绪

1. 大学生情绪特征

随着知识与经验的丰富和思维水平的提高，大学生的情绪体验也越来越丰富和深刻，但由于他们的身心还处在逐渐成熟时期，他们的情绪反应具有一些明显的特征，具体如下。

(1)丰富性

大学生在大学期间在学习、交友、恋爱等问题上都会面临着多种选择，处于这个阶段的大学生情感非常丰富。

自我情感方面——随着交往范围的扩大，大学生自我认识内容越来越丰富，不只限于对自己的才能、体型的认识，还有对个人的地位、个性特征、品德等方面的自我认识，这样就相应地产生了多种多样的情绪体验。例如：对自己身体、家境等方面的评价而产生的自矜或自卑的情绪体验；对自己的名誉、地位的评价而产生的自大或自惭的情绪体验，对自己的智慧、能力、品德等方面的认识而产生的自负、自信、自傲、自满或自卑、自怯的情绪体验。

社会情感方面——大学生精力充沛、思想活跃、兴趣广泛，他们对自己喜爱的事物表现出极大的热情，对自己依赖的人表现出由衷的敬佩。随着知识经验的增多，大学生较高层次的情感更加丰富，如理智感、道德感、美感、爱国主义情感等。

(2)波动性

大学时期是大学生面临多种选择的时期，学习、交友、择业等基本在这一阶段完成。社会、家庭、学校及生活事件，都会对大学生的情绪产生影响。尽管大学生的认识水平有了一定的提高，对自己的情绪已有了一定的控制能力，情绪也趋于稳定，但相比之下，大学生相对敏感，情绪起伏性比较大，带有明显的波动性。情绪时好时坏，成绩的优劣、奖学金的多少、同学间关系的好坏等，这些都可以引起大学生的情绪波动。

(3)内隐性

大学生随着意志的发展以及自我控制与调节能力的提高，往往会掩饰自己的真情实感。他们情绪的外在表现和内心体验并不总是一致的，他们会根据特定的时间、地点、场合和人物等方面的因素来表达自己的情感。在某些场合和特定问题上，有些大学生会隐藏或抑制自己的真实情感。有时会表现出内隐、含蓄的特点。

(4)层次性

大学生情绪的发展是一个从不成熟到成熟的过程。大一新生面临着适应环境、改变学习方法、确立新的目标等问题。多数新生能很快地适应大学生活，但也有一些学生适应得比较慢，容易产生孤独感、失落感。大学二年级学生已经基本适应了大学生活，他们既没有新生那种兴奋和轻松，也没有高年级学生那种毕业前的紧张和忧虑，情绪一般比较稳定。大学三、四年级学生临近毕业，更多地思考人生，对就业、择偶等问题的想法和打算变得越来越迫切，越来越现实。他们的情绪出现矛盾性、复杂性，情绪的丰富性、内隐性明显增加。

2. 常见情绪困扰

尽管大学生情绪波动性逐渐减弱，稳定性日益增强，情绪发展日趋成熟，但是也有情绪的困扰。

(1)焦虑

焦虑是一种复杂的心理，它始于对某种事物的热烈期盼，形成于担心失去这些期盼和希望。焦虑情绪本身并非是一种情绪困扰，适度焦虑有益于个人潜能的开发，但是过度焦虑，往往会使人因过度紧张而产生注意力分散和工作效率的降低，长时间陷入焦虑情绪不能自拔，内心便常常被不安、恐惧、烦恼等负面体验所积累，行为上会出现退缩、冷漠等情况。

(2)抑郁

抑郁是一种愁闷的心境，表现为情绪反应强度的不足，如压抑、苦闷；负面自我评价，无价值、无意义，悲观失望；缺乏兴趣、依赖性强；反应迟钝，活动水平下降；回避交往；体验不到快乐，自卑、自责、自罪；失眠、食欲下降、言语动作迟缓、乏力、面色灰暗、哭泣、叹息等。特别需要注意的是，抑郁情绪与抑郁症既有联系，又有质的区别，前者属于一种不良情绪困扰，需要的是心理上的调整，而后者则属于精神疾病的范畴，患者需要及时到医院就诊。

(3)冷漠

冷漠同样是一种情绪反应强度不足的表现，表现为对人、对事漠不关心的消极状态。在行为上常表现为对生活没有热情和兴趣；对学习漠然置之、无精打采；对周围的同学冷漠无情，甚至对他人的冷暖无动于衷；对集体活动漠不关心、麻木不仁。冷漠是一种对环境和现实的自我逃避退缩性心理反应，它本身虽然带有一定心理防御的性质，但是它会给当事者带来萎靡不振、退缩躲避和自我封闭的消极影响，并严重影响身心健康。

(4)愤怒

愤怒是人的基本情绪反应，从程度上可分为不满、气愤、愤怒、暴怒、狂怒等。大学生如果无法控制自己的情绪，动辄发怒，就会造成对别人和自己的伤害。因此，大学生要学会采用心理调节的方法，缓解自己的冲动和愤怒情绪。

（三）情绪的自我管理

1. 情绪 ABC 理论

美国心理学家艾利斯认为，激发事件(A)只是引发情绪和行为后果(C)的间接原因，引起C的直接原因是个体对激发事件A的认知和评价而产生的信念(B)，即人的消极情绪和行为障碍结果(C)，不是由于某一激发事件(A)直接引发的，而是由于经受这一事件的个体对它不正确的认知和评价所产生的错误信念(B)所直接引起。错误信念也称为非理性信念。

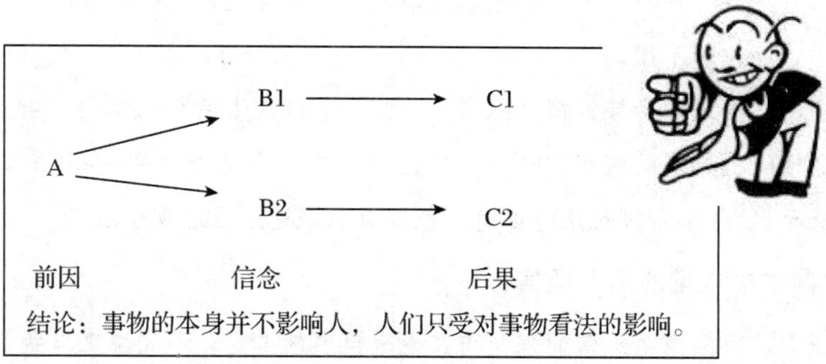

图 4-1

如图 4-1，同一情境之下(A)，不同的人的理念以及评价与解释不同(B1 和 B2)，会得到不同结果(C1 和 C2)。因此，事情发生的一切根源缘于我们的信念、评价与解释。而情绪的困扰多是由于一些不合理的信念。艾利斯总结了 11 条会影响我们对事情的看法、态度和行为的不合理信念，这些不合理的信念具有以下三个特征。

(1)绝对化的要求

是指人们常常以自己的意愿为出发点，认为某事物必定发生或不发生的想法。它常表现为将“希望”“想要”等绝对化为“必须”“应该”或“一定要”等。例如，“我必须成功”“别人必须对我好”，等等。这种绝对化的要求之所以不合理，是因为每一客观事物都有其自身的发展规律，不可能依个人的意志为转移。对于某个人来说，他不可能在每一件事上都获得成功，他周围的人或事物的表现及发展也不会依他的意愿来改变。因此，当某些事物的发展与其对事物的绝对化要求相悖时，他就会感到难以接受和适应，从而极易陷入情绪困扰之中。

(2)过分概括化

这是一种以偏概全的不合理思维方式的表现，它常常把“有时”“某些”过分概括化为“总是”“所有”等。用艾利斯的话来说，这就好像凭一本书的封面来判定它的好坏一样。它具体体现在人们对自己或他人的不合理评价上，典型特征是以某一件或某几件事来评价自身或他人的整体价值。例如，有些人遭受一些失败后，就会认为自己“一无是处、毫无价值”，这种片面的自我否定往往导致自暴自弃等不良情绪。而这种评价一旦指向他人，就会一味地指责别人，产生怨怼、敌意等消极情绪。然而，“金无足赤，人无完人”，每个人都有犯错误的可能性。

(3)糟糕至极

这种观念认为如果一件不好的事情发生了，那将是非常可怕和糟糕的。例如，“我没考上大学，一切都完了”“我没当上学生会主席，不会有前途了”。这种想法是非理性的，因为对任何一件事情来说，都会有比之更坏的情况发生，所以没有一件事情可被定义为糟糕至极。但如果一个人坚持这种“糟糕”观时，那么当他遇到他所谓的百分之百糟糕的事时，他就会陷入不良的情绪体验之中，而一蹶不振。

不合理信念听之任之，会导致情绪障碍。因此，在日常生活和工作中，当遭遇各种失败和挫折，要想避免情绪失调，就应多检查一下自己的大脑，看是否存在一些“绝对化要求”“过分概括化”和“糟糕至极”等不合理想法，如有，就要有意识地用合理观念取代。

2. 大学生群体中常见的不合理信念

挫折感、压力、负面情绪从何而来？与其说来自事件本身，不如说来自我们内在信念对事情的认知。从大学生心理波动中常见的不合理信念主要有如下几种。

(1)我应该得到周围所有人的认同、赞许和喜爱。

(2)凡事都要成功，成就感应该伴随每时每刻。

(3)面对困难和问题，最好的方法就是逃避。

(4)一个人应该关心他人的问题，并因他人的问题而悲伤难过。

(5)以往的不幸经历会持续地影响自己的不良情绪。

(6)对人生的每个问题都应找到唯一正确的答案。

3. 压力与挫折的两重性

(1)对于超过90%的人来说，压力是与失落以及非常不愉快的经历相关的。比如：繁重的工作、冲突、心脏病、敌对情绪，等等。但是压力并不是绝对消极的。实际上，压力可以产生非常积极的作用。它可以激发你的创造力，让你在工作中更加出色。在充满鼓励的环境中，经常面对可控制的压力，能增强你抵抗压力的能力，而且还使大脑和身体保持最佳状态。只认定压力是消极的想法是非常有害的，因为这的确增加了压力产生消极影响的概率。这种消极影响既有生理上的，也包括心理上的。所以，压力处理得好，它会是一个完美的、令人兴奋的朋友；处理不好，它会是一个令你颓废的敌人。

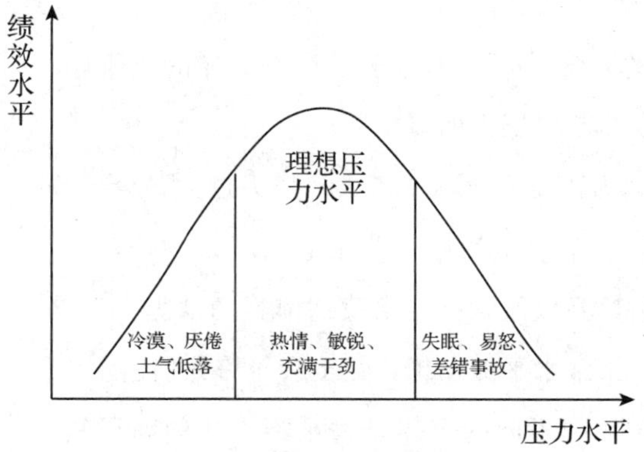

图 4-2 压力水平与绩效的关系

(2)挫折本身是坏事。因挫折是要求、愿望、需要得不到满足时所产生的一种心理状态，所以挫折的消极作用是它本身固有的，是普遍的，它给人以身体、心理上的打击、压力，给生活道路造成曲折，对于承受能力不强的人来说，更是一种灾难。挫折在一定条件下可以发挥积极作用。挫折的积极作用是相对的、有条件的，对于有能力承受挫折的人来说，挫折既给人以压力、打击，也可以激发人知难而进的勇气，促使人们积累经验、战胜困难、取得成功。挫折和世界上的许多事物一样都有两重性，坏事在一定条件下可能变成好事，好事在一定条件下也可能变成坏事。正如“塞翁失马，焉知非福”所揭示的道理一样，关键在于我们对待挫折的态度及对挫折承受能力的强弱。

【心空翱翔】

活动 1：压力气球

道具：气球

分组：5～8 人 1 组

过程：10～15 分钟

教师任务：分别请每一组的学生，根据创设的情境，以吹气球的大小来表明自己内心的压力。

学生任务：小组轮流根据教师创设的情境，吹大气球，展示个人感受的压力水平。

活动目的：引导同学们体验感悟。

补充说明：应多准备些气球，创设的情境可根据学生的生活实际或者未来职业的特征而设定。

分享交流

1. 同一情境，不同的同学感受的压力水平是不一样的，所以压力的大小不仅取决于压力源的大小，而且取决于个体承受压力的能力。

2. 压力过小会导致动力不足，气球吹不大；压力过大，会导致气球被吹爆。这启示我们在学习生活中，并非毫无压力就是好的，适当的压力可以激发我们最高效的状态，给我们前行的动力。但是压力过大，则会影响我们正常水平的发挥，甚至会压垮我们。

每个人都是一个高压锅，不同的个体是大小不一样的高压锅，能承受的压力水平不一样。而适度的压力是高压锅正常运作的必要动力，过大的压力则会带来炸锅的危险。我们都有一个减压阀，减压阀的启动方式因人而异，为了更好地管理压力，每个人都应该找准自己减压的方式，可以是洗一次热水澡、高唱一首歌、打一场球、来一场说走就走的旅行，等等。

> 我的“减压阀”打开方式：
> 1. ____________
> 2. ____________
> 3. ____________
> 4. ____________

活动 2：情绪红绿灯——我做你猜

道具：情绪卡片

分组：无

过程：10～15 分钟

教师任务：将写出惊奇、愤怒、高兴、害怕、悲伤、厌恶 6 种情绪的卡片分别呈现给 6 名同学，但不能让其他同学看到，由这 6 名同学分别进行表演，同时播放音乐。每一次表演完，让同学们猜测是什么情绪，给予适当的评价并说出原因。

学生任务：台上同学不能开口说话，用表情和肢体动作表演卡片所示情绪，台下同学猜。

活动任务：辨识、体验、领悟不同的情绪。

补充说明：可增设小组赛，哪组最快猜中情绪数量最多的胜出，提升活动的趣味性。

分享交流

愁婆婆，喜婆婆

(一个老太太有两个女儿，一个在卖太阳伞，另一个在卖雨鞋。老太太无论阴天还是晴天都是愁眉不展，唉声叹气。邻居见到这种情况，就主动问其原因。)

邻居：老姐啊，你为什么每天都愁眉不展，唉声叹气的？你有两个女儿，都很孝顺，也都有自己的生意，你生活上应该没有什么烦恼才对啊。

老太太：(还是愁眉不展，唉声叹气，看着天)你不知道我心里的担忧啊！就因为两个女儿都很好，所以我希望她们每天都能够生意兴隆。但是，你看这天！如果是晴天，那天卖太阳伞的女儿生意就会比较好，但是卖雨鞋的女儿却门庭冷落；而雨天则刚好相反。所以我每天望着天，不知该盼望它是晴天还是雨天好，所以我每天都很担忧啊！(长叹)

邻居：哦，原来这样子啊！呵呵，你为什么要愁呢？你为什么不换个角度想想呢？如果是晴天，那天你应该高兴，因为卖太阳伞的女儿生意会很红火；如果是雨天，那么你也应该很开心，因为你的另一个女儿今天的生意一定会很好。

老太太：(深思，若有所悟)对哦，我怎么就没想到这个呢！好，以后每天我都不用担忧了。(愁婆婆恍然大悟，原来换个角度考虑就行了。从此，她真的由一个"愁婆婆"变成"喜婆婆"了。)

活动 3：喜怒有因——我写你辨

道具：每一位同学准备纸和笔，一个信念桶

分组：无

过程：10～15 分钟

教师任务：引导同学们思考并在纸上写下自己在下列情况发生后可能会有的不合理的想法与合理的想法。

①在一次考试中，你考了一个很差的名次。

②你想搞一个活动，但有关领导不批准。

③你谈了两年的女(男)朋友因为某种原因提出和你分手，并且决心已定。

学生任务：思考并在纸上写下自己在面对上述情况发生后可能会有的不合理的想法与合理的想法，并将 6 种想法撕下来，卷成签状，放入信念筒中。然后每位学生按顺序从签筒中抽一个信念，表演情绪，请其他学生分辨其为合理的想法或不合理的想法，并说明原因。根据日常生活经历，举出因不适当的情绪反应造成不良后果的情形，想想有没有更好的表达方式。

活动目的：引导学生体验感悟，一个相同的事件出现两种截然不同的结果，其中原因就是态度的不同。人生不幸之事犹如一把刀，它既可以为我们所用，也可以割伤我们，这就要看我们究竟抓住了刀刃还是握住了刀柄。

补充说明：思考如何应对自己和他人在解决问题时会出现的不合理信念。

分享交流

不同的态度，不同的结果

若干年前，罗伯特博士在哈佛大学主持过一项为期 6 周的老鼠通过迷阵吃奶酪的实验。实验的对象是三组学生和三组老鼠。

他对第一组学生说：你们太幸运了，因为你们将跟一群天才老鼠在一起。这种老鼠非常聪明，它们将迅速通过迷阵抵达终点，然后吃许多干酪，所以你们必须多买一些干酪放在终点喂它们。

他对第二组学生说：你们和一群普通的老鼠在一起。这群老鼠虽不太聪明，但也不太愚笨，最后还是会通过迷阵抵达终点，然后吃掉一些干酪，因为它们智能平平，所以不要对它们期望太高。

他对第三组学生说：很抱歉，你们将跟一群愚笨的老鼠在一起。这群老鼠笨极了，它们的表现会很差，如果它们能通过迷阵到达终点，那是意外，所以你们根本不用准备干酪。

6 个星期后，实验结果出来了。第一组的老鼠迅速通过迷阵，很快就抵达终点；第二组的老鼠也到达终点，不过速度很慢；第三组的老鼠，只有一只通过迷阵到达终点。

有趣的是，在这项实验中，根本没有所谓的天才老鼠与愚笨老鼠，它们通通都是一窝普通的老鼠。

受这个实验的启发，哈佛大学心理学教授罗森塔尔在对一所学校一至六年级 18 个班的学生进行了“未来发展趋势测验”。

将一份占总数 20％的“最有发展前途”的学生名单交给了校长和课任教师，并叮嘱他们务必要保密，否则会影响到实验的准确性。8 个月之后，教授和他的助手们再次来到这所小学，对那 18 个班的学生进行复试，发现凡是上了名单的学生个个成绩都有了较大的进步，且活泼开朗，自信心强，求知欲旺盛。

同样的，当初所谓的“最有发展前途”者名单，只是罗森塔尔教授随机挑选出来的，根本不是“未来发展趋势测验”的结果。不过这个谎言对教师产生了心理暗示，从而使教师在教育教学过程中把这种积极的期望用语言、行为和情感在潜移默化中传达给了学生，使学生强烈地感受到了来自教师的热爱和期望，从而取得了异乎寻常的进步。

学生当然不懂老鼠的语言，然而老鼠却知道学生对它们的态度，同样，教师还是那些教师，学生也还是那些学生，唯一变化的是教师对学生的期望态度，也就是说：教师对学生的期望态度，能够深刻改变学生的方方面面。这项实验证明了态度的神奇力量。既然态度能产生神奇的力量，那么我们应当对人生、事业、工作采取什么态度呢？

积极心态的力量

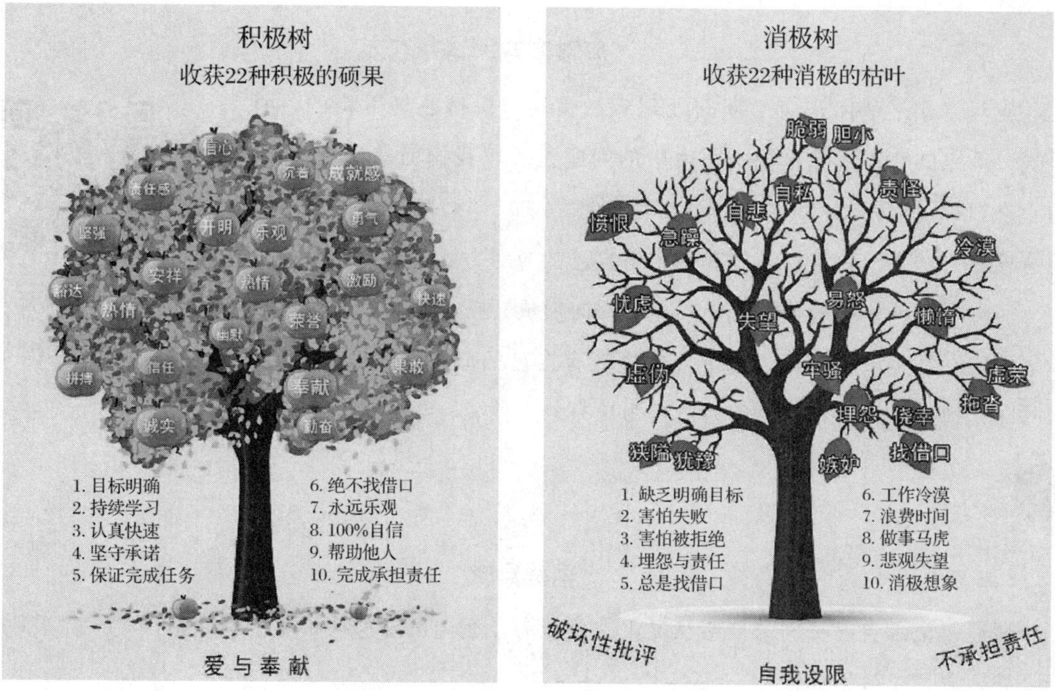

图 4-3 积极的人和消极的人的思维图表对比

生气的爱地巴

在古老的村子里有一个奇怪的人叫爱地巴，他每次与别人生气，都会用很快的速度跑回家，绕着自己的房子和土地跑三圈，然后坐在田边喘气。爱地巴非常勤劳努力，房子越来越大、土地越来越广，逐渐成为方圆百里最富有的人，但是只要与人争论生气，他还是会绕着房子和土地跑三圈。

爱地巴越来越老，他已经跑不动了，可是生气时，仍会拄着拐杖绕着土地和房子走三圈，走完之后独自坐在田边喘气。他的孙子在旁边问他："阿公，这附近没有人的土地比您的更大，您可不可以告诉我，为什么您一生气就要绕着土地走三圈呢？"

"年轻时，我绕着房地跑三圈，边跑边想，我的房子这么小，土地这么少，我哪有时间跟人家去生气？一想到这里，气就消了，我现在还是会生气，但绕着房地走三圈，边走边想，我的房子这么大，土地这么多，我又何必跟人计较呢，想到这些气就消了。"

【心悦成长】

测一测

应对方式测试

应对方式是个体在应激期间处理应激情境、保持心理平衡的一种手段，反映一个人的心理成熟水平。下表中的问题是关于我们面对压力的直接反应和心态，每个问题都有两个答案："是"(打"√")、"否"(打"×")，根据自己的情况做出选择。它可以帮助我们了解自己的应对方式类型和应对行为特点。

扫一扫查看
应对方式测试

压抑、否认、投射，退化、隔离、反向形成、抵消转化、合理化、补偿、升华、幽默都是应对方式。每个人天生就有自己的应对方式。你的方式是怎样的呢？换个思维，让自己的应对行为更有效一些。

练一练

觉察自我

请连续记录自己一周的情绪状况，并分析为什么会出现这种状况？事件是什么？你采取了什么处理方式？效果如何？

日　期	事　件	情　绪	处理方式	结　果
星期一				
星期二				
星期三				
星期四				
星期五				
星期六				
星期日				

【心无止境】

拓展观影

《头脑特工队》

可爱的小女孩莱莉出生在一个平凡的家庭中，从小在父母的呵护下长大，脑海中保存着无数美好甜蜜的回忆。当然这些记忆还与几个莱莉未曾谋面的伙伴息息相关。这些小伙伴是乐乐、忧忧、怕怕、厌厌和怒怒(他们也代表人类的五种主要情绪)。乐乐作为团队的领导，她协同其他伙伴致力于为小主人营造更多美好的珍贵回忆。

某天，父亲因为工作原因举家搬迁，莱莉也只得和曾经熟悉的生活说再见。肮脏逼仄的公寓、陌生的校园环境、逐渐失落的友情都让莱莉无所适从，她的负面情绪逐渐累积，内心美好的世界渐次崩塌。为了保护这一切，乐乐只有行动起来，帮助莱利去应对在新的城市、家庭和学校的事情。

一句话影评：生命中那些最重要的经历，无论快乐或悲伤，每种情绪都在塑造我们，接纳它们，才能真正地接纳自己。

拓展阅读

最值得开心的30个生活细节

生活中常有诸事不顺的时候，让你觉得烦心、郁闷，甚至想大哭一场，这时，怎么才能用最简单的方法迅速找回快乐呢？加拿大《环球邮报》报道了一位叫尼尔·帕斯的人，他打算帮大家找1000个快乐的理由，目前已经找到了470个。

尼尔·帕斯曾经非常抑郁，妻子离他而去、好友又自杀了，这一系列“倒霉”的事儿让他极度绝望，闷在家里，大哭了一个星期。但哭过之后，他无奈地发现，日子还得过下去，于是决心创办“开心事”网站，每天写下一件快乐的事，一共坚持1000天。

《环球邮报》从中精选了30件最开心的事：

1. 摸摸口袋，竟然发现里面有钱。

2. 成功赶上将要出发的汽车或火车。

3. 别人为你按着电梯门的“开”键，等你进来。

4. 电话响了，你拿起听筒发现正是刚才在想的人。

5. 请别人为你挠背，他一下子挠到了最痒的部位。

6. 突然想起小时候最好的朋友的电话号码。

7. 你打算买的东西降价了。

8. 干净利落地撕下有黏性的价格标签。

9. 衣服上弄了污渍，但轻松洗掉了。

10. 把手指上的刺挑出来了。

11. 倾听烤肉在烤架上发出“嗞嗞”的声音。

12. 一下子将废物扔进了垃圾箱，太准了。

13. 想着今天是星期三，其实是星期五。

14. 和朋友一起聊明星八卦。

15. 把最后一块图案放进拼图里。

16. 从洗衣机里取出的两只袜子刚好是一双。

17. 完美地磕开一个鸡蛋。

18. 收到一封信，地址是手写的。

19. 清空电脑的回收站。

20. 终于解开一个死结。

21. 换了张干净的新床单。

22. 坐飞机时，一大排座位就你一个人。

23. 炎热天气喝下一杯冰水。

24. 下雪后，第一个踩出脚印。

25. 吃妈妈做的炒鸡蛋。

26. 开了半天车，一路都是绿灯。

27. 需要拥抱的时候，得到一个温暖的拥抱。

28. 排队时，你所在的队伍最快。

29. 广告时间换了频道，返回来的时候节目恰好开始。

30. 发现明年生日那天正好是星期六或星期天。

项目五　我们的爱——爱与性

爱情是什么？医学生说，爱情是一场化学反应，大脑皮层“认可”异性时，会大量分泌多巴胺，使人产生“爱”的感觉；体育生说，爱情是一场长跑，不要总想着加速，那样很容易摔倒，不如匀速前行，然后走到白发苍苍……歌德有诗云，“啊，姑娘，爱情首先是一面镜子。”的确，恋爱中的 Ta，就是一面镜子，能让你更全面、更真实地审视自己。学生时代的爱情，都是初生的芽，小心翼翼地呵护也不一定会开出花来。但在爱情里，从来不论输赢，不计成败，只要经历过的都是人生的收获。因为，也许爱情会修成正果，但也还需要用余生经营；也许爱情会半路结束，但因爱而获得完整的自我不会消失。

【“心”赏感悟】

《山楂树之恋》

静秋是个漂亮的城里姑娘，因为父亲是地主的后代，家庭成分不好，文化大革命时很受打击，一直很自卑。1974 年初春，还是高中生的静秋和一群学生去西坪村体验生活、编写教材，在村长家认识了勘探队员“老三”——孙建新。两人的爱恋因懵懂而愈见纯真。然而，他们忍受了清贫，克服了特殊时代所造成的种种困难，却仍无法迎来幸福的结局。1976 年，“老三”因白血病去世。

扫一扫了解

《山楂树之恋》

故事结束，观者感动于“张艺谋的电影所传达的那种令人刻骨铭心的纯真爱情”，惊异于发现主人公的初恋与现实每个人的初恋都非常相似，然而让很多人的心“经历了一次洗礼”的是“当迷茫的现代人为爱情是何物而辗转叹息时，30 多年前的孙建新给出了一个最清晰的答案：爱是穿越死亡的祝福和陪伴，是今生实现不了来生赔的诺言。”

精彩“心”赏

恋爱中的人都是“山楂树”

影片改编自艾米的同名纪实性长篇小说，以知青时代为背景，通过一个女人的追忆，讲述了一个被称为“史上最干净的爱情”。

某些人类与生俱来的最自然、最纯粹的需要和情感，包括肉体和精神，在社会严酷的压迫力之下、在自然无可抗拒的生离死别之中，苦苦追寻着可以孕育、生长、烂漫绽放的缝隙，虽然这样的孕育、生长、烂漫绽放始终逃脱不了宿命的结局。但是，在这个追寻的过程中，无论是朦朦胧胧的意识苏醒、青青涩涩的蓓蕾初放、轰轰烈烈的矢志相守，还是全身心的给予和呵护之下的舍得和放手，自始至终都让读者感受到了生命自然之美丽、人性自然之美丽、爱情自然之美丽。

我的感悟：

____

____

____

____

____

____

爱情故事里，人人都是“山楂树”，树上结了很多果子，每一个“果子”都会被当事人赋予不同的意义，积极的或是消极的。被赋予了积极意义的“果子”，每次摘下来吃，都是甜的；被赋予了消极意义的“果子”，不要说吃了，就是抬头看一眼，都会觉得内心酸楚。有的人总是觉得自己的爱情不如意，其实是自己经常抬头看树上的“苦果”，看在眼里，苦在心里。有的人生活在阳光春风里，是因为树上的果子都被转换成“甜果”了。

我们看一段爱情是不是“干净”，只在于在你爱上他的时候，是否仅仅是他这个人本身，而不是他身后的物质和光环。一句“宁愿坐在宝马车里哭，也不愿坐在自行车上笑”的话折射出某种爱情的价值观，也引来了各种热评。当男人总是埋怨女人的拜金，当女人总是埋怨男人的花心，不妨想想看，在现实中有哪个人不希望自己拥有纯洁美好的情感呢？虽然我们和老三、静秋所处的年代隔着一条无法跨越的鸿沟，但对绝对爱恋的向往，对100%的幸福追求从未停止过。希望大家有爱、会爱，拥有爱。

“心”闻视窗

白皮书：80%的中国大学生有过恋爱经历

中国校园恋爱成长平台“我想认识你”采用定性研究和定量研究的方法，从956741名用户中，按照地区、学校、年级、性别等维度，抽取36741名大学生进行系统调研，联合中国高校青年领袖峰会、北京大学燕园博思心理咨询中心共同发布《2016中国大学生恋爱白皮书》。

1. 80%的在校大学生谈过恋爱，其中40%的大学生谈恋爱是因为“课业压力小，空闲时间多，无聊”，35%的大学生谈恋爱是因为“想要在校园体验一份纯粹的爱情”，60%

学生恋爱看重对方的“人品”和“性格”，其中“品行”占比 33%，“性格”占比 27%，“外貌”占比 16%，希望能够找到人品端正和性格好的另一半。

2. 在性别差异方面，大学期间，男生平均谈恋爱次数 2.3 次，女生 1.6 次；男生比女生更主动地表白，53%的男生会选择表白，而只有 17%的女生会在预测成功率较高时表白；在恋爱消费方面，随着男女平等观念的深入及女性经济的独立，“AA 制”逐渐流行，32%的恋爱消费双方“AA 制”，而完全由男生买单的比例仅为 18%。

3. 57%的大学生情侣发生性关系，其中 65%的情侣在发生性关系时会采取避孕措施。在地域方面，经济发达地区恋爱比例高、恋爱观念也越开放、对恋爱的包容度也更高，抽样中，北京高校学生正在恋爱比例达 20%，居第一；南京高校学生恋爱比例为 19%，居第二；广州高校学生恋爱比例为 16%，居第三。

4. 91%的大学生恋爱受“四难”困扰。“相遇难”，33%的大学生受限于自己狭小的社交圈子，难以遇见合适的另一半；“脱单难”，28%的大学生难以有机会在心仪的对象面前表露心声；“恋爱难”，19%的大学生不知道如何升级自己的恋爱关系；“维持难”，9%的大学生不懂得处理双方的关系，而导致双方矛盾激化或分手。

专家观点

我们为了什么而爱

爱情是人类永恒的话题，古老而常新。很多人可以快乐地承受生活中的各种苦难，却没有人可以忍受缺少爱的生命。“谈恋爱”对大学生而言，不再是朦胧的月光，若隐若现，它已真真切切地步入了他们的青春，成了大学天空中一道永不消逝的彩虹。身边大学生恋爱，总有这样和那样的共性和特点，反映出大学生恋爱的心理发展规律和差异，这些对于一个人来说都是重要的人生体验，有着重要的心理学意义。

在恋爱中，学习与另一个人建立亲密关系、逐步培养发展爱的能力、不断自我认识和成长。文学家莫里哀说，恋爱是一所学校，教我们重新做人。健康的恋爱是美好的，这种美好的情感使人乐于承担责任、改变人的趣味、升华人的品格、开发人的潜能，促进人的新生。

专家观点

性是可以等的

陈一筠教授在一次百场巡讲中谈及“大学生在恋爱中的性”时，有这样一段：曾在咨询中遇到一些学生，为了证明自己爱他，所以就“献身”于他。也有的学生说是试婚，为了让婚姻更保险，他们两个已经承诺了爱情，但还没有试过。据说是试生的上合不合适。但是，国内外的医生都说，99.9%男女在生理上都没毛病。那么试的就是感情。然而，事实上试的结果却恰恰得到了相反的结论。

陈教授说起自己在美国读书的时候，看到年轻人同居，看他们分手这么频繁，同居伙伴更换得这么频繁，原因是什么？他们说“如果我能喝到免费的牛奶，我为什么养奶牛？”。如果我不结婚就能跟你睡觉，我为什么跟你结婚？跟你试了一年半载，新娘都变成旧娘了，我娶你干什么？这不仅仅是男人的心理而且也是女人的心理。就是“我跟你已经睡觉半年了，没什么意思，没什么新鲜感了，我何不换一个有新鲜感的。”所以，陈教授希望大学生们在走这一步的时候，一定要非常慎重。

【心有灵卷】

一、 爱的面面观

（一）我们身边的爱

1. 动物的爱

一百年前，人们在亚马孙河两岸砍伐树木时，发现一种十分奇怪的现象。在电锯的轰鸣声中，所有的动物都逃离了，唯有一种叫作树虎的动物没有逃走。而树虎是非常怕人的，工人们深感奇怪，不明白这些树虎为什么不走。他们找来动物学家桑普。桑普的话让工人们吃惊，他说一定有一只树虎被树胶黏在树上了，所以其他的树虎才不走。大家仔细搜寻，果然发现树干上有一只树虎。原来，一千只树虎里，总会有一两只被树胶黏住，从此再不能动弹，但是，一动不动的树虎仍然能活很多年，因为周围的树虎都会来轮番喂它。伐木工人听了这个被深深感动，他们将整棵树移到森林的深处。于是，所有的树虎也都跟着迁移了。

2. 人类的爱

人类的语言从不吝啬对于爱的歌颂。在中国文化中，一首孟郊的《游子吟》，将饱满的母爱、亲情体现得淋漓尽致。然而，亲情之爱，并不局限在有血缘关系的亲人之间，“亲情”重在“情”字，这种情是渴求为“亲人”付出一些或所有的思想，是感情最久、最大，也是最真心的。离我们最近的亲情存在于父母与孩子之间，然而这种亲情有时候很无奈，尽管父母永远是最爱自己儿女的，但是儿女长大后却不一定选择自己的父亲或母亲作为自己至亲的人，因为爱情出现了。

在爱的路上，每个人的历程不一样，结果也不一样。是什么决定了我们的爱？弗洛伊德甚至认为，婴儿对母亲的依赖是最初和最持久的关系，是以后成人关系的模板，也是所有未来爱情事件的原型。因此可说，人类的爱起源于生命的早期，来自依恋的需要，从中汲取了爱的养分。美国心理学家米尔形象地用“心”来解释个体自幼从父母处得到的爱，提出“储爱槽”理论。

（二）爱的属性

爱情一直是哲学、宗教、心理学、美学、文学与社会学中引起激烈争论的话题。然而，任何一种观点都不能否认爱情的生物性与社会性。正如马克思与恩格斯所说：“任何一个人类历史的第一个前提无疑是有生命的个体的存在，因此第一个需要确定的具体的事实就是这些个人的肉体组织，以及受肉体组织制约的他们与自然界的关系……生命的生产，无论是自己生命的生产(通过劳动)，或他人生命的生产(通过生育)，表现为双重关系，一方面是自然关系，另一方面是社会关系。”

1. 爱情的生物性

人的精神活动取决于他的器官的生理机能，两方面的健康是紧紧相连的。远古时代的人们对性的要求坦率、单纯而自然，甚至出现过生殖器崇拜，把它看成永世长存的神赐，古代人在膜拜生殖器时并不面红耳赤。然而，人的心理现象是一种复杂的、细腻的而又自相矛盾的东西，它具有相对的、内在的自我评价的性质。异性之间相互的欲求本身不是内在本能的简单的、初级的生命冲动。但是，性欲是一种强大的力量，如果失去控制，它就可能变成灾难，所以，不能把爱情的性欲基础绝对化。爱情中性的吸引力和精神的吸引力之间的关系有其内在的辩证法，爱情中的精神成分具有相对独立性。因此，爱情基于生物学基础，但爱情中的精神基础占有绝对优势。

2. 爱情的社会性

人类的爱情之所以被讴歌，而且成为人类永恒的情结，是因为爱情的社会性。作为万物之灵的人类，爱情的社会性的内涵非常丰富，主要表现在七个方面。

(1)爱情包含着理性而有目的的交往。动物身上只有条件反射，而人具有在劳动和社会关系中合乎规律地发展起来的意识，能够根据一定的原则和准则来权衡并且调整自己的行为，这就使复杂的性关系具有高尚的精神。人类的爱情是有意识的。这一点表现为预见、认识和按一定目的调整自己的行动，而且表现为富有幻想和殷切地渴望获得个人幸福。爱情从来既是令人激动的回忆，又是明确的期待。

(2)爱情是同一社会结构中人的道德意识，与人的善恶观、对道德和不道德的认识联系在一起。只有人才能把道德带进两性关系，一旦爱上一个人，就承担了尊重这种亲昵的义务，并且把爱看作最大的幸福而倍加珍惜。当一个人体会到真正的爱情时，就会表现出自我牺牲精神与巨大的道德力量。

(3)爱情作为在男女关系上的一种特殊的审美感而发展起来的，爱情创造了美，使人对美有了新的领悟。爱情创造的美丽带着永恒性，“情人眼里出西施”正是爱情特殊的审美趋向。在恋人眼中，对方身上所折射出的美丽是其他人无法理解也无法感受的，而这种美不仅表现在外表的吸引，更是心灵深处持久地对美的鉴赏力的迷醉。

(4)爱情作为一种社会现象，其力量包括生理的力量与精神的力量，引导一对男女去建立牢固的共同生活，去建立婚姻和家庭形式的关系，并诞生新的生命。爱情以生理力量为基础，但其精神力量才是爱情中永恒与不竭的动力源，特别是当热恋的激情退却时，真正的爱情在平实生活中靠的是爱情双方精神力量的维系，使之在平凡的生活中依旧光彩照人。

(5)爱情的思想内容和社会心理内容决定于社会发展的水平，男女之间的相互作用不仅是生物作用，而且是精神作用。志同道合曾经是革命年代崇高爱情的代名词。当历史进入 21 世纪时，爱情价值观的多元化显然与我们社会文化的多元化紧密相关，如“不在乎天长地久，只在乎曾经拥有”，注重爱情的即时性而忽视其永恒性。

(6)爱情的社会成分自然也存在于选择性的欲求对象的过程中。选择和中意的标准不单是生物性的，而且是社会心理的。无论男女都不仅要注意到由遗传决定的生物特点(眼睛、头发、体形、气质等)，而且要考虑其他社会评价(社会地位、物质条件、教育程度、道德水准、志向等)。人类的爱情更多依靠理性的选择，如果说爱情最初的迷醉是从生物特点开始的话，那么持久的爱情靠的是社会评价，即在生物学基础之上的更多的社会标准的审视。

(7)调节两性关系的手段是动物所不具备的羞耻感。与美感相对应的是，人类爱情的社会性有其特有的羞耻感，既表现在爱情表达方式与性行为的选择上，也表现在爱情受挫后引起的心理反应。特别是单相思与失恋，羞耻感经常是爱情的伴生物。

(三) 爱情的心理结构

人是社会性动物，需要克服分离、摆脱孤独。弗洛姆认为，爱恰恰是人类克服分离、摆脱孤独的最主要的方法。异性之间的人际影响和吸引、亲密关系等发展到顶峰就是爱情。从有记载的人类历史来看，爱还是人类奋斗的最强有力的动力，是最重要的人生目标。

美国社会心理学家鲁宾(1970)认为，爱情是一个人对另外一个人的某种特殊的想法与态度，是各种人际关系中最深层次的情感维系。他还在对大学生的研究基础上，提出了爱的三大主题：依恋，一种强烈需要对方的感觉；关心，爱上他人时会培养出一种能发现爱人身上许多别人觉察不到的优点的洞察力；信任及自我展露，乐意把自己的秘密告诉对方。

美国心理学家斯滕伯格(1986)提出了著名的爱情三元论。他认为，所有爱情体验都由三大要素构成：激情(passion)，一种情绪上的着迷，外表吸引和性吸引是最重要的因素；亲密(intimacy)，心理上喜欢的感觉，感到亲近、相互关联，包括对爱人的赞赏、照顾爱人的愿望、自我展露和内心的沟通；承诺(commitment)，个人内心或口头对爱的预期。他把这三个要素形象地比作三角形的三个边。三个要素不同的组合方式产生不同的爱情类型，不同的爱情类型可以表示为不同的三角形，其中，三角形的面积代表的是爱情的多少，三角形的形状说明的是爱情三要素之间的关系。

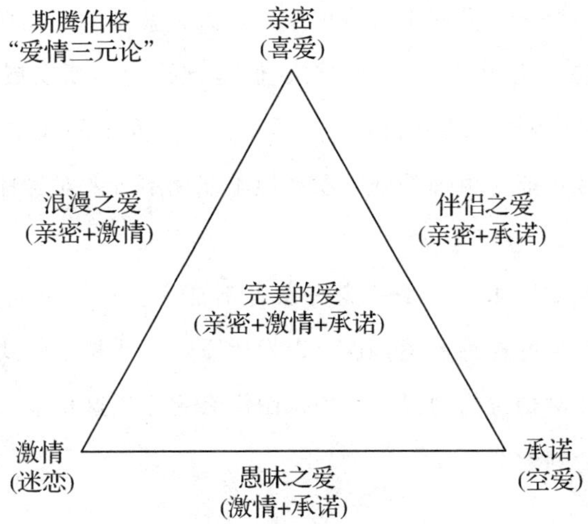

图 5-1 斯滕伯格的爱情三元论

社会心理学家沃尔斯特夫妇通过大量实例分析发现，爱情有两种基本形式：一是情欲支配的浪漫爱，它是“热切倾心于另一个人的一种状态。有时，爱人是那些能够为着自己的伴侣，为着满足自己的需要长时间交往的人。有时，爱人则是一些着迷于最终得到其伴侣的爱情，并为着满足自己的情欲冲动奋斗的人”。这种强烈的爱情表现为紧张的生理唤起状态。二是伴侣爱，它指“我们为那些与我们的生活密不可分的人体验到的一种钟爱之情”。伴侣爱与短暂的浪漫爱相比更牢固持久。在爱情关系中，任何一方的行为往往都建立在双方利益的考虑上，伴侣爱使人们把伴侣利益置于自己之上。

此外，沃尔斯特还用沙赫特的情绪唤醒理论来解释浪漫爱所伴随的强烈的生理唤醒状态，并指出爱情会因对生理的唤醒而增强。

凡此种种，爱情是一个具有复杂心理结构的统一体。不仅包含审美、激情等心理因素，而且还包括生理唤起与共同生活的愿望等复杂的因素，不仅是生理上的冲动(身体上的接触)，更包括美感、亲密感、羡慕与尊敬、赞许、提高自尊(独特性和尊重感)、占有欲、行动自由和深厚的同情心等深厚的体验。其基本结构就是由性爱和情爱组成的。性爱是关于性征、性欲、性行为等方面复杂的性心理的表现，使男女双方自然吸引，从而释放性能量、发展性意识，爱因此具有排他性、冲动性和直觉性。但是，人类深知性的失控可能导致灾难，因此人类的爱更具有独立性，并逐渐占有绝对优势。人类的爱情之所以被讴歌，而且成为人类永恒的情结，恰恰在于此——情爱。

（四）爱的节奏

爱是由于被爱对象的存在而得到的快乐感受，是由于亲昵而得到的快乐感受，是由于相互交往或眷恋而得到的快乐感受。爱就是喜欢你所爱之人，就是由于在那人面前而感到满足，由于与那人交往而感到愉快。爱源于依恋的需要，但是支持爱不断发展的动力源却不完全是依恋。著名性学家霭理士的“爱情的动力和内在本质是男子与女子的性欲”虽然片面，但是不可否认、不容忽视，爱情以性本能为生理基础，没有性本能就不可能对异性感兴趣，就谈不上会发展成爱情。

然而，疑惑也恰恰从此而来：一是究竟有没有不是产生在性欲基础之上的男女之间的爱情？有的人说两个人就是没有这种欲望，也可以发生爱情，是柏拉图式的爱情，完全是精神上的爱情，其实这种说法是对柏拉图的误解，柏拉图没有主张过这种爱情。二是一个人在没有尝到禁果之前，能不能体会到爱情？

1. 爱情三部曲

有人把恋爱的发展划分为选择求爱、热恋、家庭角色扮演三个阶段。但在现代人的生活中，这种划分方法已经被“牵手、亲吻、做爱”的“爱情三部曲”所取代。

如果你新交了一个女朋友或男朋友，你的朋友常常会问你发展到哪一步了，以了解你们爱情的进度。于是，很多人为了赶上爱情的进度，加快了这三部曲的节奏。当然，也有反面的例子。其结果，多半是戛然而止。

人是有目标感的动物，有值得奋斗的未来，是最大的动力。感情亦是如此，也有一个心理目标。恋人之间有一些行为，是亲密的象征，是爱情的表达。但如果不是恰到好处的自然流露，就很容易因人为的“提速”或“拖延”打乱亲密的节奏，不能继续“发展”的爱自然也就“到此结束”了。当爱情的三部曲一下子走到头，没有了目标，爱自然也停止了。

2. 亲密的节奏

恋爱心理学家通过对最佳亲密节奏的调查发现：从相遇到牵手的最佳节奏是相处 3～15 天时；从牵手到亲吻的最佳节奏是相处 2～3 个月时；从亲吻到做爱的最佳节奏是相处半年到 1 年时。（这里说的时间，是你和 Ta 实际面对面相处的时间总和，如果你们只是认识，网聊、打电话，却没有四目相对地待在一起，这不算相处。)

当然，并非所有不按亲密节奏进行的爱情都会结束，有的可能只是出现一些波动，最终依然会修成正果。比如很快发展到做爱阶段的两个人，可能最终还是结婚了。与之前双方的惶恐不安不同的是，此时，女生发现对方似乎没有之前那么在乎自己了，男生发现女生也不再小鸟依人了，那种“一日不见如隔三秋”的感觉顿时消失了，取而代之的是“男人发现爱情的时光机把身边的女人，从小白兔变成大灰狼；女人发现爱情的摩天轮把温暖的男子，从热鸡汤变成冷汤圆。”

3. 让爱走得更远

爱情需要保温，冷了加热点，热了放凉点；爱情也需要节奏感，快了跳慢点，慢了跳快点。亲密需要随着心理对爱情的感知度，配合前进。你喜欢一个人，总想一起待久一点，想亲近；逐渐熟悉之后，发现对方说话有趣，那蠕动的嘴唇吸引你，想感受一下；感情如胶似漆，分开就会焦虑，总想表达更强烈的感情，牵手、拥抱、亲吻、爱抚似乎都不足够时，想用更进一步的行为表达爱……

这些都是自然的情感流露，它们让爱有节奏、有目标、能发展。所以有句忠告说：“请尽量延长‘只是亲吻’的时间”，当你发现你能给对方的，不仅仅限于身体行为，已经可以渗透至心灵的层面，比如安全感、归属感和幸福感……用经济学的话来说，爱是投资，小额且逐渐增加的付出，配合稳定平衡的回报，在合适的时间，找到正确的对象，在美好的环境中慢慢地开花结果。

二、 大学生的爱

（一）爱之初体验

恋爱现象在大学校园里已十分普遍。虽然许多人因各种理由不去恋爱，但他们对别人的恋爱大都持肯定态度，不再是像以前那样以恋爱为羞耻或将谈情说爱当作见不得人的事。

1. 影响因素

影响大学生恋爱活动的因素有很多，生理、环境、心理……很难把它们一一列出，在此仅选取几个影响较大的因素。

(1)生理因素

生理需要对恋爱中的青年十分重要。满足性冲动是促使青年投入恋爱活动的重要诱因。在性意识发展到热恋阶段，性欲需求日益强烈，前阶段弥散化的性冲动集中投射到选定的特殊对象上。出于性冲动的驱使，青年开始脱离群体化的两性活动而单独约会，这就是恋爱。

性意识的发展要经过崇拜长者的阶段。此时，个体把某个异性长者当作终生恋人而理想化、偶像化，只敢远远地看而不敢真正接近。此时的相思是一种纯粹精神的向往，性成分被压抑。崇拜长者阶段在个体身上留下深刻印象，直到以后的正常恋爱，往往也要经过这么一段理想化的相思。在恋爱的开始，许多青年不追求性欲的满足而着重于精神的向往。在对方面前觉得自己渺小，不敢用生理的低级需要去亵渎恋人的神圣伟大。这本来是一个正常阶段。但如果长久陷在这个阶段，以至于用精神去压抑性冲动就不正常了。有些人在整个恋爱阶段坚持认为爱情是神圣纯洁的，从而不愿意承认自己对恋人的性要求，这是有害的。性冲动是正常的生理现象，它不会随压抑而消除，只会在压抑中积蓄力量发动下一次冲锋，长久的压抑会造成剧烈的心理紧张焦虑。

社会文化在两方面有意无意地加深恋情理性的倾向。一是文学作品的影响。许多人投入恋爱的目的是为了尝试一下早已向往的被诗歌、小说吟诵的甜蜜爱情。文学作品经常渲染爱情的纯洁神圣，加强了青年把爱情理想化的倾向。他们从诗歌、小说中得出，纯粹的精神追求比低级的肉欲重要百倍，于是追求高尚神圣之物、贬低肮脏的肉欲。二是社会道德规范、教育方式的作用。禁欲主义性教育的一个重要特点是提供精神力量压抑肉欲：宗教提供的是原罪和上帝，哲学提供理性……成人社会又总是向青年灌输性有罪的观念。这些都不可避免地影响到青年的恋爱观。

(2)社会情感需要

羁留荒岛的鲁宾孙，为什么要培养出一个忠实仆人“星期五”？亲密关系对每个人来说都是不可缺少的，完全没有与自己关系密切的人交流往来，所带来的孤独是一般人很难忍受的。鲁宾孙培养一个忠实仆人“星期五”就是为了满足自己交往的需要。

亲密关系的需要在青年前期开始显露。这时的个体不再像儿童那样满足于血缘带来的亲近，而是有意识地结交一些个人密友，倾诉不能也不愿向长辈倾诉的烦恼。于是大多数人发现，如果没有一个可以互相吐露心声的亲密知己，日子将很难过。到了青年中、晚期，亲密关系的需要进一步发展，此时的朋友已不仅仅是倾诉对象，人格的交流、背景的融汇，这些对青年的交友影响都很大。进入大学校园，对大多数人来说意味着脱离以前的群体进入新的环境，重新建立各种关系成为必须。当然，烦恼、寂寞、通过交流完善自我等多重目的也使青年对亲密关系的需求空前强烈。

亲密关系发展的顶点就是爱情。除了父母，青年恐怕不会承认有比恋人更加亲密的人，而且恋人之间的亲密在某些方面是父母与子女之间关系比不上的。因此，对亲密关系的追求把孤独的青年引向恋爱是极其自然的事。心理学家沙利文指出，亲密关系和性冲动最终结合成人类的情爱，“所有这些重要的相互联系的倾向……在青年早期变成对亲密关系、友谊、认可、私下交流的相同需要，以及以更精细的形式与一个异性建立恋爱关系的需要。现在这是一个最终联合起来并具有意义的大结构。”

不过，由亲密关系需要导致情爱可能会出现一种危险：把亲密关系需求与爱情混为一谈。青年(尤其是刚进大学的新生)对亲密关系的需要很强烈。当Ta极其缺乏亲密关系时，与某个异性的交往便满足了Ta的愿望。这时，不一定能分清亲密关系与爱情的区别。友谊一类的亲密关系表现为亲近、信任和互惠，爱情亦如是。虽然心理学家发现友情量表和爱情量表得分的相关度并不高且两者确有差别，但清楚地分辨它们并不容易。尤其是当一方有强烈错觉时，更可能把另一方的友谊信号误为爱情。把爱情与友情混淆是造成单相思的一个重要原因。

亲密关系的需要吸引青年恋爱，但有时青年不去恋爱却是由于对亲密关系的恐惧。为什么会产生这种双重而相互抵触的作用呢?

亲密关系是成熟的表现，它要求亲近、信任和互惠，而且只有在双方具有处理这些需求的力量和成熟时才能实现。当真正的亲密关系培养起来之时，会将双方中的一位或两位的弱点带进这种关系。这些弱点在以前单独或假亲密时不会被注意到。这些已有的弱点绷紧双方的关系，有时甚至毁掉它。因此，即使在青年最有意义的体验中，亲密关系也会暴露出成长中的个性的最弱和最不想看到的一些方面。对于那些自我概念发展不成熟的青年，暴露自己的弱点是致命的。他们宁愿蜷缩在自己的圈子里，出于暴露缺点的恐惧不去涉足亲密关系的较高层次。

因为对亲密关系的惧怕而不去恋爱给青年的正常心理成长带来很大缺陷。因为亲密关系体验在自我力量形成方面是必不可少的。自我同一性需经过与人深层接触交流才能建立；自我概念的完善需要接受另一个自我的评价干预。对于那些自我发展还不成熟的青年来说，恋爱对他们的影响利大于弊。当青年为了爱情的甜蜜而解除对亲密关系的恐惧时，他们的自我就在恋爱中得到有益的锻炼而成熟起来。

(3)个性因素

影响恋爱的最重要个性因素是归属与服从。归属和服从的需要是人作为社会存在物的最重要的需要之一。人从属于社会，总要归于某个群体，得到他人的承认。完全脱离社会，一段时间内不能与社会交流的人也在自我认识中保持某种归属感。鲁宾孙的十年荒岛生涯就是在把自己看作拓荒的白人社会英雄中度过的，他甚至在那儿建立起模拟白人社会的小天地。马斯洛把归属感和爱摆在一起，认为它是在安全需要之后的需要层次，由此可知其重要性。

归属需要促使青年向群体认同。群体活动增强了男女青年的交往机会，对群体的共同归属(尤其是一些很小的群体)又增强了两人之间的人际吸引力，进一步的发展便可能导致恋爱。归属和服从也会使青年直接导向恋爱。因为恋爱双方同处于一个亲密关系极强的小圈子。在恋爱中，恋人能感觉到自己属于另一个人以及被另一个人爱抚、关心的滋味；两人共同分享彼此所有：财产、感情、秘密。恋爱能直接满足归属和服从的需要。

有时候，对群体的归属需要也会破坏恋爱。因为归属需要要求青年得到群体的认同。仅仅在恋爱的二人世界里不一定能满足它，于是青年投入各种群体活动。但恋爱具有排他性，恋人要求对方只属于自己。如果双方归属的群体不一样(这在男女之间很容易出现，两人的爱好不可能完全一致)，就可能造成矛盾，引起一方的不满而影响两人的关系。

2. 爱的小秘密

《男人来自火星，女人来自金星》一书中列出了男人和女人各有六种不同爱的需要。女人需要关心、理解、尊重、专一、认同、许诺，男人需要信任、接受、感激、崇拜、赞许、鼓励。六种爱中每一种对男人和女人都是同等重要的。当然每个人最终都需要全部十二种爱，但只有这六种爱满足了，对方才会感受其他六种的爱。

在谈情说爱中，多一点了解对方的心理特点，就可以少一点不必要的烦恼与痛苦。

(1)男性比女性更容易一见钟情。男性的择偶条件较少且较宽松，比较注重对方的外貌，而女性的择偶条件比较具体、苛刻，注重对方的内心世界，选择对象时较为慎重，所以男性比女性更容易一见钟情，甚至有的男生只要一见到对方漂亮的外貌就不顾一切地追求对方。

(2)在求爱表达上，男性比女性主动、外露、大胆、热烈，显得英姿勃勃。他们常常会对自己爱慕的异性投去大胆的目光和微笑，在自己喜欢的异性面前表露自己的才华，注意她们的反应，显得极为多情。女性对异性的追求相对来说更内向、深沉，显得羞涩和执拗，常常喜欢在异性不注意的时候深情地注视他。她们喜欢打扮和修饰自己，喜欢在自己爱慕的异性面前展示自己的风采，以博得对方的好感。

(3)女性更喜欢考验男性。在恋爱的初期，女性抱有较重的戒备心理，显得冷静，常以审慎的态度观察对方是否出自真心实意，唯恐上当受骗，她们或是用恶作剧的方式，或是用忽冷忽热、若即若离的态度考验对方。尽管在恋爱的初期男性也十分警惕那些朝三暮四、对爱情不真诚的女子，但不少男性在与女性开始接触时，几乎没有怀疑对方的心理因素，爱占据了他们的整个内心世界，更不会用恶作剧的方式去考验对方。

(4)男性在恋爱中的情感表现为急切的肉体满足的需要，他们的“爱”很容易转化为“性”的需求，将性看作是爱的表现。女性偏重于感情方面，心理上的亲密需求大于男性。他们更多地渴求性以外的接触，更注重情趣、心理接近。她们的“爱”是通过寻找归宿并希望能用婚姻等手段固定下来，有了爱才乐意献身于对方。

（二）爱之种种

《大话西游》中有段流传较广的台词：曾经有一份真挚的爱情摆在我面前，我没有珍惜，等它失去时我才追悔莫及，人世间最痛苦的事莫过于此。如果上天能够给我一个再来一次的机会，我一定要对你说“我爱你!”如果非要在这份爱情上加一个期限，我希望是一万年！这是大学生心中的理想的爱情。

理想并不等于现实，在追求爱情的漫漫长路上，蕴含着无奈和惋惜，掺杂着期盼与失落，还有一些不和谐的音符。错位的爱、不堪重负的爱、爱到不能爱……当心中的理想之爱最终注定只能是空想时，当身边的不舍之爱执意离开不再回头时，留给当事人的只能是无尽的遗憾、懊恼与失落。也许不是路已走到尽头，而是该转弯了！

三、 提高爱的能力

（一）恋≠爱

对爱，许多人强调激情的重要性，期望爱情是“天长地久，海枯石烂”的。然而却忽略了一个事实，即如胶似漆的热恋阶段是有限的，长不过 30 个月，短不到 6 个月，甚至只有 3 个月，之后就是长长的冲突、矛盾，说不定还未等两个人的价值磨合好就已经分手了……

都以为恋爱，恋就是爱，但其实两者并不是一回事，有机会相恋，不等于有能力相爱，恋≠爱。依恋是一种需要，与生俱来，爱是一种能力，需要不断学习，才能将爱的能力发展出来。美国诗人惠特曼说“爱，不是一种单纯的行为，是我们生活中的一种气候，一种需要我们终身学习、发现和不断前进的活动。”

（二）理性地爱

1. 爱之象形

“恋”字未被简化前，写作“孌”“戀”，两个绞丝加一个言，充分诠释了恋的意义：恋是缠绕的语言。而“爱”繁体为“愛”，是用手抓住的友。一个语言，一个行动，一个仅仅是瞬间的表达，另一个却是一种持久的把握。这就是恋和爱的区别。

2. 爱的这边和那边

爱不是生活在自我的世界里，而是倾听对方的声音，理解对方的感受并给予回应；爱不是得到，而是感谢彼此的付出并给予表达；爱不是代替别人生活，而是尊重彼此的需要并给予关怀；爱不仅是欣赏对方的优点，还要能够宽容对方的缺点并给予理解……双方在爱中学习、在爱中成长。

3. 爱自己

一个自爱的人是自知的，一个心理成熟的人是自然而坦然地表达自我的。自爱是要成为你自己，而非通过爱情变成他人。自己若是世界上最好的李树，而你所爱的人却不喜欢李子，那时你可以选择变成杏树，不过经过选择变成的杏树，只能结出次等品质的杏子，只有做原来的李树，才能结出好的果子，如果你甘愿变成次等的杏树，而你爱的人喜欢上等的杏树，你就可能被抛弃，于是只有倾心全力地使自己变成最好的杏树或者找回做李树的感觉。

(1)拥有正确的自我认知

因为爱了，有的人失去了自我，有的人更加自恋，有的人愈加成熟，特别是女性。有人说"恋爱损伤女性的大脑，降低判断力"。事实上恋爱特别是热恋的人都会将对方"理想化"，放大其中的快乐与痛苦的心理感受。热恋时，认为自己是世界上最幸福的人，失恋后认为自己是世界上最痛苦的人。固然，恋爱双方强烈而丰富、敏感而不稳定的感情并非异常，但如果陷入情感的幻想中，自我判断、自我评价与自我意识都会发生偏差。

(2)珍惜自己的感情，尊重自己的感情

大学生时期的感情纯洁、真诚，这也是将来幸福生活的基础。有的同学因为恋爱而放纵自己的感情，甚至本不是爱情，仅仅为了满足自己生理与心理甚至物质的需求，用青春与爱情赌明天，都不是珍惜感情的体现。

(3)学会说"不"

在热恋时，要控制爱情的温度。1994 年，美国青年发表了"真爱要等待"的宣言——本着真爱要等待的信念，我愿意对我自己，我的家庭，我的异性朋友，我未来的伴侣及我未来的子女，有一个誓约：保证我的贞洁，一直到我进入婚约的那天为止。这昭示着美国青年个人生活更加严谨，这也是爱自己的重要方面。

(4)爱自己也包含对自己负责

恋爱不是为了让我们放弃自我，而是学会更加负责地生活。这当然也包括失恋后的自爱。一个人只有本着对自己高度负责的态度学习、生活，才能处理好恋爱中的自我与他人、现在与未来、学业与爱情等关系。

4. 爱他人

爱自己和爱他人是密不可分的。人们只有认识对方，了解对方才能尊重对方。我们只有用他人的目光看待他人，把对自己的兴趣退居二位，才能了解对方。爱他人不是无我状态，按照对方塑造自己，也不是将你爱的人塑造成你所喜欢的人。爱他人，除了最基本的彼此沟通、真诚相待等，还包括以下几个方面。

(1)尊重你爱的人

恋爱既是两个人心灵的共鸣，又是自我成长的过程，是使双方积极的潜能发挥而非按照某种愿望或标准塑造对方，使其成为你希望的那样。事实上，每一份爱情中，都包含着期待效应，对方都在向着彼此喜欢的方向发展。这就要求更加尊重你所爱的人，让对方在爱的港湾中自由发展，以他自己喜欢的方式发展自我。

(2)帮助对方积极发展自我

恋爱唤醒沉睡的心灵，积极的恋爱使个体潜在的心理能量得以释放，为所爱的人努力，爱也是积极向上的精神力量，催促着相爱的两个人向着更好的自我发展，更加努力地自我完善，自我发展，把爱情引向积极的有利于双方发展的方向，而非自我束缚，自我放纵。

(3)共同创造美好未来

真正的爱是内在创造力的表现，不是一种消极的冲动，而是积极追求被爱人的发展和幸福，这种追求的基础是爱的能力。正如埃克哈特·托利所说的："你若爱自己，那就会如同爱自己一般爱所有的人"。爱他人共同创造美好生活的能力。

5. 建立并维持与异性之间的亲密关系

亲密关系是指两人之间亲近而又密切的关系。亲密的人彼此之间是互相开放、了解、平等、不逃避冲突的，能把自己的思想、感觉和对方共享，并一起成长。亲密关系是由恋爱落实到婚姻所必须面对的一个课题。

如何建立并维持与异性之间的亲密关系呢？具体的做法可参考下面所列出的。

(1)创造机会，与对方常有信息分享与情感上的互动。

(2)珍惜对彼此的付出与接受，有来有往，不是全然的付出者，也不是全然的接受者。

(3)面对彼此的冲突与不一致，用不伤害对方但又坦诚的方式沟通，达成协议。

(4)用自己能够且对方也喜欢的方式与对方接触。

(5)尊重对方，保持礼节。

(6)坦然地向对方表达自己的情感和想法(包括负面的)。

(7)欣赏对方的兴趣，发现对方的长处，鼓励对方施展个人的抱负。

(8)在不过分委屈自己的前提下，关怀并维护对方。

(9)互相以对方为自己生活中最重要的人，但不是无理嫉妒和占有，占有欲也不能太强，也不勉强地顺应对方不正当的要求。

【心空翱翔】

活动1：心目中的Ta

道具：每人准备纸和笔，悠扬的背景音乐

分组：相同性别分为5～8人/组

过程：8～10分钟

教师：让学生用3个词描绘自己心目中理想的Ta。

学生：根据教师的指引填写表格。

教师：组织学生进行组内讨论分享交流，每组讨论出最具有代表性的3个词。

学生：小组讨论，得出3个词，派一名代表上台分享。

教师：引导学生总结男女生分别看重对方的哪些特质，并思考这对男生有什么启示，对女生有什么启示。

我心目中的Ta
Ta最吸引你的三项特质：
____
____
____
其他重要的特质：
____
____
____

分享交流

国王亚瑟被俘，本应被处死，但对方国王见他年轻乐观，十分欣赏。他要求亚瑟回答一个十分难回答的问题，回答出来就可以得到自由。这个问题就是："女人真正想要的是什么？"

亚瑟开始向身边的每个人征求答案：公主、牧师、智者……但没有一个人能给他满意的回答。

有人告诉亚瑟，郊外的城堡里住着一个老女巫，据说她无所不知，但收费高昂，而且要求离奇。期限马上就到了，亚瑟别无选择，只好去找女巫，女巫答应回答他的问题，条件是要与亚瑟最高贵的圆桌武士、最亲近的朋友加温结婚。

亚瑟惊骇极了，面前的女巫只有一颗牙齿，驼背、丑陋不堪、身上散发着难闻的臭水沟的气味，而加温高大英俊、诚实善良，是最勇敢的武士。

亚瑟说："不，我不能为了自由强迫朋友娶你这样的女人！否则我一辈子都不会原谅自己。"

加温知道这个消息后，对亚瑟说："我愿意娶她，为了你和我们的国家。"于是婚礼被公之于众。

女巫遵守承诺，回答了亚瑟带来的问题，"女人真正想要的，是主宰自己的命运。"

每个人都知道女巫说出了一条伟大的真理，亚瑟自由了。

活动 2：两性拼盘

道具：每人准备纸和笔，悠扬的背景音乐

分组：8 人/组，男生女生各四名

过程：15 分钟

1. 每组男生、女生围成圆圈间隔入座，圆中间放一个盘子。

2. 每个人在纸条上匿名写出自己关于爱与性、两性差别等的疑惑，尤其是关于异性的，男生用蓝色的纸，女生用粉红色的纸。

3. 组员将写好的纸条对折后放入中间的盘子，组长打乱后，组员随机抽取一张异性的纸条，并在纸条上为 Ta 解疑释惑，针对抽到的疑惑写上一两点看法或解决办法后，将纸条放回拼盘。

4. 小组长在拼盘上转动一支笔，笔尖指向的同学，抽取任意一张纸条，站在圆圈中央，将疑惑和“答案”分享给组员，并谈谈自己的一些看法。

5. 根据课堂时间实际安排活动时长，时间允许，可让每一位组员都能站在圆中间分享。

教师引导学生思考：两性对待日常生活、爱、性等的差异，进而提升两性的相处能力。

分享交流

是问题，也是选择

婚礼上，女巫用手抓东西吃、打嗝、说脏话，令所有的人都感到恶心，亚瑟也在极度痛苦中哭泣，加温却一如既往的谦和。

新婚之夜，加温不顾众人劝阻坚持走进新房，准备面对一切，然而一个他从没见过面的绝世美女却躺在他的床上，她说：“我在一天的时间里，一半是丑陋的女巫，一半是倾城的美女，加温，你想我白天、夜晚分别是哪一面呢？”

如果你是加温，你怎样选择？如果你是女巫，你喜欢怎样的回答？

活动 3：大学生的爱 VS 性——畅所欲言

道具：能实现匿名发言的线上平台

分组：无

过程：10～15 分钟

1. 教师以提问题的方式引导同学们思考大学校园的爱与性，积极发动同学们畅所欲言，投屏展示“话语现场”。

2. 同学们在手机端匿名发送自己的想法和看法，并查看和思考别人的想法和看法。

3. 教师适时做出正确的引导，启发性地提问引导同学们思考和讨论。

说明：该活动的关键是教师提前做好充足的准备，尽可能准备多一些能引发同学们思考讨论的小问题，准备多一些正向的观点和证据引导学生在春天做春天该做的事，并适时传授性健康和性保护的相关知识。

分享交流

下面的信是一个女大学生写给她男友的。

春天要做春天的事

很多事情，合乎时宜更重要。就像在春天里谈秋天的收获，是对春天的一种摧残；在秋天里谈春天的浪漫，是对秋天的一种伤害。工作如此，生活如此，恋爱也如此。

我对于你的意义是：我的出现，抹掉了你许多和空虚有关的坏习惯……

我要你上课时不再挂着QQ，自习时不再插着耳机，我愿意你找回高三时那种能甘寂寞、清苦但平静的心境。经过这么久，我们不是都不约而同地怀念起高三的种种吗？那时的笑容和充实感，都是源于一颗平静的心……我更愿意你在睡前收拾一下乱了一天的书桌和衣橱，明天醒来有个清清爽爽的开头，然后看看课程表或从图书馆借来的书。因为你的精神寄托不应该是个并不渊博并不深邃的我，而应该是那些我们从前没时间现在没心情关心的各种知识。还有，我也不希望你每晚举着电话影响了室友的睡眠，让他们对你有一点小小的不满，让他们认为你是个被爱情冲昏头脑的小男人，因为我知道，在你的大学生活中，他们的尊重和支持，会比我睡前的甜言蜜语更重要。

我要你不再翘掉“不太重要”的课，来补各种实验报告和作业，或是陪我出游，因为每翘一节课你的进程链就比别人松了一扣，知道吗？空虚和堕落就是在这种松懈中累积起来的。

我要你不再从周五就打算着带我去哪里玩，看什么电影，我愿意你去找一份规律的兼职工作，或者学一门外语。这样，在有一天你面临择业问题时，不会突然发现我占用了你太多的时间，我们都可以作为一个有竞争力的求职者，坦然地说起我们很充实的大学生活。

我要你不再对学校组织的各种活动一味反感和怀疑，因为这些活动无论组织得好与坏，都会使参与的人得到锻炼。没有活动的大学不是完整的大学，没有参与活动的大学生也不是完整的大学生，我愿意你参与其中，渐渐在竞争中树立自信、拓宽胸襟。

我想我不再是一个你空虚时亲亲抱抱的对象，而是你疲惫时的倾听者。

我想你在以后记起我们的恋情时，不会是夹杂着负担和后悔的，而是溢着阳光的味道。

我想你的母亲看到你恋爱中的变化时，不再是对我心存怀疑和埋怨，而是为她的儿子有了更规律更有目标的大学生活而感到欣慰……儿子的生命里出现了另一个女人，她难免会有这样那样的担心，所以我会更努力地影响你向一个优秀大学生的方向发展，因为我知道，她的祝福永远是你心中最柔软的地方……

我宁愿在这四年里与你聚少离多，也不愿在四年后面临生活时和你做一对苦命鸳鸯。

不管你说的那句“你是我唯一的女孩”是不是真的，我都会按照跟定你一辈子去规划。

或许某天我们都不再固执地坚持那青涩的誓言，在你回头查点时，会发现背包里满满的，有许多有用的工具。而这些，是在这个你曾经的女孩的陪伴下累积的……而不是空空如也。

亲爱的，别说我不想你，我会把你发来的短信看很多遍……

别说我不够浪漫，我何尝不喜欢被你抱着的味道和温度。

别说我对你要求太多，我是最不想让你全部做到的人，因为我也怕孤单……

别问我为什么不当面告诉你这些，因为见到你后，我总不忍心拒绝你的要求。

我知道我们之间的感情还谈不上“爱”，因为爱需要很长时间的积淀。只是喜欢，有好感，有默契，想和你一起拼搏，想在你年少轻狂的时光里扮演一个角色……亲爱的，我多想和你走得更远些，再远些……只有一起经历过，各自战斗过，彼此鼓励过，很久很久之后，才敢说我爱你……

【心悦成长】

测一测

大学生恋爱观测试

爱情、友情、亲情这三者是紧密联系的，有时友情深了就是亲情，爱情久了以后能彼此携手最终也会变成亲情。

大学生里充斥着各种各样的爱情观，你可以做一做下面的测验题，看看自己持怎样的恋爱观。每题只选一个答案。根据实际情况选择一个最符合自己的，不要在一道题上花费太多时间，第一反应的答案最准确。

扫一扫查看
大学生恋爱观测试

练一练

恋爱择偶观小调查

请以小组为单位，采用调查法，设计一些问题，对学生恋爱择偶观进行调查研究并形成调查报告。

【心无止境】

拓展观影

《栀子花开》

校内闻名的栀子花乐队主唱许诺和芭蕾舞专业的言蹊是大学校园里一对幸福热恋的情侣。二人为各自的梦想而奋斗着：怀揣芭蕾梦想的言蹊和三位室友兼好友，一同申请去巴黎深造；许诺和队友们也在不懈努力着，希望能在“梦想之夜”得到唱片公司的青睐，出道成为职业乐队。

然而，就在言蹊以为巴黎之梦马上成真的时候，她却遭遇了现实中的巨大障碍。看着言蹊处于崩溃边缘，许诺一直陪伴她左右。为了让她重新振作燃起希望，许诺决定和乐队成员一起，为她准备一个意想不到的大惊喜。但是，这个决定却让他付出了不小的代价。这些处于青春迷茫期的年轻人，究竟何去何从……

一句话影评：青春不留白，一切都来得及。

拓展阅读

致橡树

我如果爱你——
绝不像攀缘的凌霄花，
借你的高枝炫耀自己；
我如果爱你——
绝不学痴情的鸟儿，
为绿荫重复单调的歌曲；
也不止像泉源，

常年送来清凉的慰藉；
也不止像险峰，
增加你的高度，衬托你的威仪。
甚至日光，
甚至春雨。
不，这些都还不够！
我必须是你近旁的一株木棉，
作为树的形象和你站在一起。
根，紧握在地下；
叶，相触在云里。
每一阵风过，
我们都互相致意，
但没有人，
听懂我们的言语。
你有你的铜枝铁干，
像刀，像剑，也像戟；
我有我红硕的花朵，
像沉重的叹息，
又像英勇的火炬。
我们分担寒潮、风雷、霹雳；
我们共享雾霭、流岚、虹霓。
仿佛永远分离，
却又终身相依。
这才是伟大的爱情，
坚贞就在这里：
爱——
不仅爱你伟岸的身躯，
也爱你坚持的位置，
足下的土地。

诗人舒婷以橡树为对象表达了爱情的热烈、诚挚和坚贞。《致橡树》通过拟物化的艺术手法，用木棉树的内心独白，热情而坦诚地歌唱自己的人格理想以及要求比肩而立、各自独立又深情相对的爱情观。

项目六　智慧生活——生与死

关于万物之始，我们总是心存浪漫，然而，对于死亡，世人总是避而不谈。生与死，就如花开花落的春夏秋冬一样自然而然，也如日出日落的白昼更替那样无法改变。死不是生的对立面，而是作为生的一部分永存。直面生死，我们才能智慧地生活。在生与死之间，什么才是生命的意义？杨绛先生在《走到人生边缘上》一书中回答：“是探索人生的价值。”探索并实现人生价值，才能不辜负生命中每个起舞的日子。我们这代人，生来与民族复兴、国家富强命运相连。毫无疑问，我们的人生价值应在努力和奉献中实现，应在社会主义建设中实现，应在为人民服务中实现，应在报效祖国中实现。人生就像一场难得的修行，记得永远不要急着交卷，让我们给生命以时间，给时间以生命，活出自己的意义，活出自己的价值。

【“心”赏感悟】

《美丽人生》

圭多是一个外表看似笨拙，但心地善良憨厚而且生性乐观的犹太青年，他对生活充满了美好的向往。一天他邂逅了美丽的意大利姑娘朵拉，彼此相爱，进入婚姻的礼堂。两人婚后生下儿子乔舒亚，生活平静而美好。

扫一扫了解《美丽人生》

然而到了1939年，第二次世界大战的阴云笼罩着整个意大利，不久后，法西斯占领了他们所在的城市，将所有居民抓进集中营做苦役。年幼的孩子并不知道自己处于这样的环境之中，慈爱的父亲为了不让孩子幼小的心灵存有战争的阴影，便谎称他们是在做一个能赢取积分获得真正坦克作为奖励的游戏，但最终他为了保护孩子而牺牲了自己的生命。盟军的到来使居民们重获自由，孩子乘坐在盟军的坦克上寻找人群中的母亲，重新投入母亲怀抱的孩子只当是做了一场规则严格的游戏。很多年后他才明白原来当时是父亲用自己的生命换来了他的美丽人生。

精彩“心”赏

你在我心中

描写第二次世界大战时残酷黑暗的纳粹统治和集中营生活的影片很多，《美丽人生》出人意料地用喜剧的手法、从全新的视角来反映战争的残酷和那段不堪回首的岁月。

我的感悟：

从一开始圭多的搞笑出场就可以看出导演想营造一种喜剧的氛围，而圭多在追求朵拉时种种绞尽脑汁的离谱举动，特别是冒充从罗马来的督学在课桌上跳起脱衣舞的情节更是将喜剧的元素加强到了闹剧的程度。有趣的场面贯穿整部电影。圭多为了不让小儿子面对人生的悲剧，一直以超乎寻常的意志力控制自己，说服儿子，也说服自己，这个集中营只是人生的一个荒谬游戏。看着圭多站在德国人旁边冒充翻译，把集中营规则变成游戏规则的段落，我们一边爆笑着，一边抹去眼角的泪珠。就是圭多最后被押走处死时，出现在躲在垃圾箱里的乔舒亚面前的也是一个扮着小丑夸张模样的爸爸。而观众则在笑声中领悟，虽然纳粹试图通过集中营毁灭种族，也毁灭人性，但人类毕竟有超越死亡的情感和品质。以荒谬的态度对待人生的荒谬，以乐观的精神对待人生的丑恶，生活是美好的，哪怕一时被黑暗所笼罩，我们依然能够找到美之所在。

“意义疗法”的创始人心理学家弗兰克，第二次世界大战期间由于是犹太人，全家被投入奥斯威辛集中营。三年里，父母、哥哥、妻子陆续死于非命，自己也几次险遭毒气和其他酷刑的杀害。在身心遭受极度摧残且随时都有死亡之虞的环境中，他仍不由自主地思考人生的意义与解脱苦难之道，并以睿智和悲悯的眼光来盱衡人类的处境。

“在集中营中我所见到的人，完全不同。虽然所有的囚徒都被抛入完全相同的环境，但有的人消沉颓废下去，有的人却如同圣人一般越站越高。”有一天，当他赤身独处囚室时，忽然顿悟了一种“人类终极自由”，这种心灵的自由是纳粹无论如何也无法剥夺的。也就是说，他可以自行决定外界的刺激对本身的影响程度。因此“什么样的饥饿和拷打都能忍受”。“在任何特定的环境中，人们还有一种最后的自由，就是选择自己的态度。”据他的观察研究，从奥斯威辛集中营活下来的人不到5%，幸存者几乎毫无例外，都是深知生命的积极意义的人，而且心里都有一个明确的目标。

“心”闻视窗

疫情中一夜长大的少年①

对于刚刚年满18岁的少年小雨来说，2020年1月25日，大年初一晚上，是他生命

① 来源于微信公众号，在人间，https://mp.weixin.qq.com/s/9Li－0f3IjRsWVr6rwcT37A。

中最漫长的一夜。

武汉下着雨。第一人民医院发热门诊急救室外的走廊上，小雨和他母亲相偎在没有温度的椅子上，等待殡仪馆的灵柩车。急救室里面的台子上，是已经变冷的奶奶的遗体，去世原因是新型冠状肺炎病毒引发高血压致脑血管破裂，终年62岁。殡仪馆的人告诉他们，汉口当晚有40多具病人尸体等待清运，需要到次日上午11点才轮到奶奶。

一直哭泣的妈妈在椅子上坐不住，靠着小雨。她的悲伤里带着歉疚，内疚自己没能替小雨爸爸把婆婆照顾好。爸爸因为刚做了心血管再造手术被送到黄陂大姨家休养，听说小雨奶奶去世，血压一度蹿升到180，一番急救才控制住；她也在歉疚没能替小雨爷爷留住奶奶，患有严重脑梗的爷爷在医院守到晚上十一点多，被她送到了自行隔离观察的宾馆；妈妈的哭泣里还含有小雨三个姑姑的悲伤，她们来武汉探望兄长的病情，在春节前夕才回到安陆的家乡，各自活在感染疫情的阴影里，没能见到亲生母亲最后一面，以后两个姑姑被确诊为新型冠状病毒肺炎；妈妈的哭泣带着颤动的咳嗽，每一次类似早期症状的咳嗽都让小雨心跳。忽然她的咳嗽变得剧烈起来，扯下了口罩要吐出什么，小雨连忙拿餐巾纸给她接着。

一口血，一口鲜红的血。

小雨的脑子里霎时一片空白。从疫情开始，这个本来完整的家庭正在一步步变成剩下他一个健康的人。眼下他整个人被悲伤浸透，却又不能听凭悲伤，需要自己把这片空白填补起来，把夜晚熬过去。这个进程才刚刚开始。

确实，从那个夜晚开始一周，短暂而漫长，他经历了更多，似乎超过了此前18年的全部长度，就和这座城市经历的一样。

专家观点

新冠肺炎疫情期间对于生与死的思考

截至2020年3月，这场突如其来的新冠肺炎疫情中，仅中国的死亡人数就已达到三千多人，由于疫情还在全球范围内传播，最终会导致多少人死亡，还是个未知数。有人戏说，终于到了“乖乖躺在家”就能为社会做贡献的时候。但是，由于新冠肺炎疫情的高度传染性和死亡人数与日增加，这次疫情给我们以强烈的心理影响，同时也带来了对死亡的恐惧。

所谓死亡恐惧，指的是我们在面对死亡威胁时所产生的无助感以及恐慌、害怕、想要逃避的心理和情绪反应。法国哲学家卢梭说过：“谁要是自称面对死亡无所畏惧，他便是撒谎。人皆怕死，这是有感觉的生物的重要生存规律，没有这个规律，整个人类很快毁灭。”对死亡的恐惧并非毫无意义的，完全属于黑暗的负面情绪反应，而是对我们生命和生活具有重要积极意义的求生心理反应。

生命不可重来，死亡不可避免。这场疫情不仅带给我们对生命的启发，也带给我们如何更好地活着的思考。司马迁说：“人固有一死，或重于泰山，或轻于鸿毛，用之所趋异也。”史铁生说：“死是一件不必急于求成的事，死是一个必然会降临的节日。”保尔·柯察金说：“人的一生应当这样度过：当他回首往事的时候，不会因为碌碌无为、虚度年华而悔恨，也不会因为为人卑劣、生活庸俗而愧疚。”面对生与死，你的看法呢？

新冠肺炎疫情期间，无数的医护人员、警务人员、防疫志愿者等最美逆行者替我们负重前行。第一“吹哨人”李文亮医生不幸感染新冠肺炎，抢救无效死亡，带着对世界的留恋走了，留下怀孕的妻子、年幼的儿子和年迈的双亲；曾 3 日不眠不休、协调收治 500 个确诊病人的武昌医院院长刘智明在通宵达旦连续多日作战后，被病毒击倒，感染新冠肺炎去世；那个爱笑的女孩山东援鄂医疗队员张静静在按规定集中隔离医学观察期满，即将返家休息时，突发心脏骤停，离回家只有一步之遥……为山河无恙、你我安康，他们牺牲在抗疫战场。

2003 年打赢非典战“疫”的 80 多岁老人钟南山再次挂帅出征，他每一次发言，都宛如一颗定心丸；24 岁的姑娘甘如意硬是用自行车骑行了三百多千米路，赶回武汉夏江金口医院救死扶伤，让我们看到了生命的闪亮；那位已患有新冠肺炎，却依旧安然躺在方舱医院病床上看书的“淡定读书哥”，像一股清流一样给人以希望与振奋……

新冠肺炎病毒，无视我们的悲痛，藐视我们对生命的留恋，吞噬了一个又一个宝贵的生命，给我们带来无数惨烈和痛苦的死亡，给许多家庭带来沉重的打击。但同时我们又看到了许许多多英勇冲锋的“战士”，他们冒着被感染的高危险，坚决勇敢地与新冠肺炎病毒做斗争，为我们的生命安全做出巨大的贡献。

当从这次疫情的灾难中走出来后，我们相信很多人会对生命存在的意义有了不同的认知。虽然我们未必能做到生如夏花之灿烂，但我们可以认认真真过好每一天，不辜负勇敢冲锋在最危险战场上为我们披荆斩棘的逆行英雄们。虽然我们每个人的生命在前进的同时，也是在走向死亡，但生命一场，人间一回，值得每一个人好好努力活着，因为活着就是希望，活着就是幸福！

【心有灵卷】

一、 生命的思考

（一）生之有限，死之必然

1. 世界上最长寿的人

2008 年 9 月 5 日，南非前领导人纳尔逊·曼德拉在位于约翰内斯堡市郊的办公室举行了一个“南非老人论坛”。席间，来自林波波省 134 岁的莫哈迪·加·曼沙塔村的莫洛科·泰莫即兴为刚满 90 岁的曼德拉唱了一首由她本人创作的生日歌，当场赢得满堂喝彩。

这位被称作全世界“最长寿的老人”的官方身份证记录显示，她出生于 1874 年 7 月 4 日，与英国前首相丘吉尔同年出生。然而遗憾的是，2009 年 6 月 3 日，就在莫洛科即将正式获得吉尼斯总部颁发的“世界最长寿老人”头衔之际，她却不幸因病身亡。

我国有一句古话：“人生七十古来稀。”70 岁被认为是长寿的。随着科学的进步，科学家已经能比较准确地测算出人类的自然寿命。也有研究成果证明，人类自然寿命至少可以活到 100～150 岁。人类生存历史也证明，人类自然寿命在 100 岁以上。科学家们的调查统计发现，人类的寿命年年在增长。过去人们说的“人生七十古来稀”，已经变成了现在的“人生七十方开始”。七十岁以上的老人非常普遍，百岁以上的长寿老人，大约比一百年前增加了二十倍。

测算人类自然寿命的方法

生长期测算法：哺乳动物的寿命相当于生长期的 5～7 倍。人的生长期为 20～25 年，则人的自然寿命应为 100～175 岁。

性成熟期测算法：哺乳动物的寿命一般应为性成熟期的 8～10 倍。人的性成熟期为 13～15 岁。则人的自然寿命应为 100～150 岁。

细胞分裂测算法：人体细胞分裂次数为 50 次，分裂周期为 2.4～3 年，则人的自然寿命应在 120～150 岁。

其他测算法：人的怀孕期平均 266 天，以自然界在发展过程中的结构或组织的变异时间推算，人的自然寿命的最高点为 167 岁。

2. 死在人一生中的地位

自古以来，人们就梦寐以求能长命百岁。秦始皇曾派遣五百童男、五百童女寻找长生不老药。2000 年 6 月 26 日，美国总统克林顿在白宫宣布了“人类基因图谱”，多数科学家认为人类寿命可延至一两百岁，全世界都在憧憬着健康长寿逾百岁。然而，自然的规律是不以人的意志为转移的。生命的生老病死犹如花开花落的春夏秋冬一样，自然而然，平静从容。

毕淑敏说“生命和死亡，是我们人生的两个翅膀，你只有都思索了，才能飞翔。”一如尼采所讲的“参透为何，定能接受任何”。与其将“不可避免的死亡”列为人生中十件最无奈的事之首，不如想一想如何让这种必然遭遇的"不可避免"在"人生最无奈"中的程度能够减轻一些、再减轻一些。

托尔斯泰的小说《伊凡·伊里奇之死》中，伊凡是一个品行卑劣的地主，在痛苦中面临死亡，但是在生命结束之前，他突然意识到他的死亡是如此糟糕正是因为他一直生活得如此糟糕。他的这种洞见给他的生命带来巨大的变化，在他最后的日子里，他活得平静而又富有意义，这是他从未体验过的状态。托尔斯泰的另外一部小说《战争与和平》中，皮埃尔在枪队第二次暂缓死刑后发生了重大变化。狄更斯的小说《圣诞颂歌》中，守财奴没有因为圣诞欢呼而突然变成一个新人，他的改变发生在当未来的灵魂使他可以看到自己的死亡，看到陌生人争夺他的财产的时候。许多名著中都包含类似简单而深刻的信息：虽然肉体的死亡可以摧毁我们，但是对于死亡的观念可能会拯救我们。

身处集中营三年之久的弗兰克所悟出的"人类终极自由"——"在任何特定的环境中，人们还有一种最后的自由，就是选择自己的态度"，"死亡的逼近提醒我们生命的有限，提醒我们可供利用的时间是非常之少的。这一启示不是不幸而是希望，因为有限本身必定建立起某种能够赋予人类生存意义的东西，而不是某种剥夺其意义的东西。"

（二）生与死的思考

1. 对死的恐惧

对于活着的人来说，死意味着消失，意味着不可捉摸的黑暗世界，充满了不可知与恐惧的压力感，悲伤与丧失、复杂和恐怖交织在一起。

《西游记》的第一回有这样一段：美猴王享乐天真，何期有三五百载。一日，与群猴喜宴之间，忽然忧恼，堕下泪来。众猴慌忙罗拜道："大王何为烦恼?"猴王道："我虽在欢喜之时，却有一点儿远虑，故此烦恼。"众猴又笑道："大王好不知足！我等日日欢会，在仙山福地，古洞神州，不伏麒麟辖，不伏凤凰管，又不伏人间王位所拘束，自由自在，乃无量之福，为何远虑而忧也?"猴王道："今日虽不归人王法律，不惧禽兽威服，将来年老血衰，暗中有阎王老子管着，一旦身亡，可不枉生世界之中，不得久住天人之内?"众猴闻此言，一个个掩面悲啼，俱以无常为虑。

吴承恩在《西游记》的第一回就写了这样一段，绝不是偶然之笔。从某种角度说，反映着当时人们对于死亡这一世间无法回避的必然所普遍存在的复杂心情。小说最后，师徒四人经历九九八十一难终成正果，也是当时人们对于永生的美好向往。假如以孙悟空为小说情节的发展主线，不难看出正是由于美猴王意识到自己终有一天会死去，但却不愿一生碌碌无为，才有了后面的拜师学艺求取长生不老之术、大闹天宫自封齐天大圣、五行山下伏法被囚、拜唐僧为师随往西天取经，……一出出、一幕幕，惊天动地的西游记，引人入胜。其间，每一次蒙难，皆因妖怪要吃唐僧肉以求长生不老。最终师徒取得真经、修得正果(不死之身)。

如果说人的一生对自己的经历和作为，都能有一个自我判别的阶段，唯有对自己的死没有自我判别的权利，因而人会对死亡存在恐惧。心理学研究表明，儿童从五六岁就能够开始思考死亡，并表现出对死亡的不安，比如死亡的过程、死后的自己、自己死后那些依然活着的他人，等等，这种恐惧和不安经常会冲破生活的表层，追随人的一生。尽管我们经常会用设立防御甚至否定来帮助自己应付对死亡的知觉，但我们无法把对死的恐惧排除在脑外，它会进入我们的潜意识。然而，当人越是衰老，越是感觉死亡的临近，对死亡的恐惧感就越少。也许，感觉到死的蛰伏能让人更好地品味生的从容，没有对死亡做过认真思考的人，对生也不会有真正透彻的理解。不舍生命却又必然死亡，一种源自内心的恐惧和焦虑、痛苦与彷徨，会让人在自我否定、否定之否定中积累生命发展的动力。死亡不再是一种威胁，而迸发成我们利用生命时间达到最大极限的推动力。

2. 对生的追问

相比较爱情是人类永恒的话题，生死是人类永恒的追问。在我们的一生中，我们可能无数次思考过生与死的问题。但每一个有着不同经历的人，都有着自己的生死观。莎士比亚笔下的哈姆雷特面对父亲的猝然离世、母亲的改嫁、叔父的篡位，内心充满猜疑、矛盾、犹豫、痛苦，于是说出这么一句话：To be or not to be，that's a question。这句话反映出当时他的痛苦、疑惑，对人生充满怀疑，觉得人活着没有意义，自杀更好，可又很恐惧死亡，不知死后会否下地狱。所以在这段独白里，他非常犹豫，思考着“生存还是毁灭”，是应该“默然忍受命运暴虐的毒箭”，也就是活着，忍受生老病死和人世的不公，还是“挺身反抗人世无涯的苦难，通过斗争把它们清扫”。

如果说莎士比亚的《李尔王》是以主人公重复多次的反问提醒大家“我要弄明白我是谁”，那么《哈姆雷特》便是以一句“To be or not to be，that's a question”的追问将人类内心深处的关于人与人以及理智、信念与情感、欲望之间的冲突爆发出来。

《相约星期二》中，米奇·阿尔博姆问患有肌萎缩侧索硬化症①(ALS)的老师“如果你有完全健康的一天，你会怎么做?”老师的回答是“早晨起床，进行晨练；吃一顿可口的、有甜面包圈和茶的早餐；然后去游泳；请朋友共进午餐，我一次只请一两个，于是我们可以谈他们的家庭，谈他们的问题，谈彼此的友情。然后我会去公园散步，看自然的色彩，看美丽的小鸟，尽

① 肌萎缩侧索硬化症是一种运动神经元疾病，又称“渐冻人症”“葛雷克氏症”。

情地享受久违的大自然。晚上，我们一起去饭店享用上好的意大利面食，也可能是鸭子——我最喜欢吃鸭子——剩下的时间就用来跳舞。我会跟所有的人跳，直到跳得筋疲力尽。然后回家，美美地睡上一个好觉。”对于一个已经卧床数月、连脚都无法动弹的人，这样的回答真的是“太普通了，毫不奢侈！我听了真有些失望。我猜想他会飞去意大利与总统共进午餐，或去海边，或想方设法去享受奇异、奢侈的生活。……他竟然在极普通的一天里找到了那份完美。但随后我意识到了这就是一切问题的答案所在。”

活着，是一种状态，但是我们对它有所期许——最希望拥有的和最不希望遇到的。在这个时刻因为最希望拥有的和最不希望遇到的而喜怒哀乐中，活着实际上成为一个积累过程——积累成功、积累失败，积累快乐、积累痛苦，积累顺利、积累挫折……最后我们再看这种“活着”的状态，发现它们的不同。有的生命只是一个苍白的流程，即使活上一百年，也只是徒有生命的躯壳而并无丰富的内涵。有的人总以灰暗或忧郁的眼光看待生活，总有生不完的闷气、发不完的牢骚、说不尽的怨恨，总以为生活亏待了自己、世界亏待了自己，自己是世界上最不幸的人，认为生命没有给自己带来色彩、光泽、歌声和阳光，只带来了无尽的厌倦与烦躁。因此，一个真正懂得生命内涵的人，就一定会珍惜自己的生命，并以豁达宽广的胸怀接纳生活中的一切，把酸甜苦辣都融入生命的过程之中，从而使生命坚实而有光泽，如同一棵生机勃发的树。

二、 生命的意义

（一）生命的存在

德国哲学家齐美尔指出：“我们如何理解生命？如何理解死亡？这是同一基本态度的两个方面。”臧克家在为纪念鲁迅而作的《有的人——纪念鲁迅有感》中的“有的人活着，他已经死了；有的人死了，他还活着”，成为流传甚广、深入人心的经典的原因之一也是其道出了生命的存在是复合的。

1. 生命存在的形态

(1)生命的生物性存在——人是生物性的存在，生物性是人的生命最基本的特性，是人的生命社会性、精神性存在的基础和前提。人的生命作为一个自然生理性的肉体生命而存在，人的生长和发展就必须服从生物界的法则和规律。所以，衣食住行、生老病死是每个人都必须经历，也是每个人无法逃避的。

(2)生命的精神性存在——人之所以为人，就在于人不仅仅是为了满足自己的自然生命而活着，还要追求超越生物性存在的精神性存在。人要规划自己的人生，创造自己的价值，指导和提升生物性的存在。正是有了生命的精神性存在，才使人的生命有了人文意义和价值，有了理性的意蕴和道德的升华。

(3)生命的社会性存在——一个人要想生存下去，就必须参与和融入社会活动中，在与人的沟通、交往和互动中保护自己的生命，追求自己生命的意义，实现自己生命的价值。正是这种社会性存在，使人们面对千差万别、千变万化的社会生活时，有一种生命的智慧和坚定的信念，使人们面对有生有死、有爱有恨、有聚有散、有得有失的无奈人生和坎坷命运时，有一种豁达的胸怀和安然的态度。

2. 生命存在的特征

(1)生命的不可逆性——生命的宝贵，就在于它的不可重复性。人的生命只有一次，失去了就永远不会回来。从胚胎起，生命便一直生长、发育、发展，直到衰亡。它绝不会"倒行逆施"，返老还童。正是生命的这种特征，才使得人们更加关注、珍惜和呵护自己的生命。因为生命一旦走过，是不可能回去的，生活中懊恼、悔恨的事情也不可能推翻重来。

(2)生命的有限性——人的生命有限性表现在三个方面：第一，生命存在时间的有限性。人的寿命一般七八十岁，最多百十来岁。第二，生命的无常性。生老病死、旦夕祸福等的不可预测，任何人都逃脱不了，都必然会走向死亡。第三，个体生命的存在不能离群索居，不食人间烟火，每个人都需要别人的帮助、支持和关怀。正是生命的有限性，才促使人去努力思考，发奋创造，积极生活，以实现自己生命的意义。

(3)生命的不可换性——生命为个体所私有，相互不能交换，彼此不可替代。生命对每个人来说只有一次，任何人都是无法复制的孤本。每个人都有自己的需要、兴趣、特长和认知思维方式，人总是赋予自己的生命以不同的内涵，从而形成个人化的精神世界，使生命展现出不同的特色。

(4)生命的双重性——在人的生命体中存在着两种生命：一是人作为肉体的存在物，它是自然界的一部分，受自然规律的决定和制约，具有自然性。二是人作为精神的存在，要受到道德规则的决定和支配。每个时代、每个人都必须面对这种矛盾。人的这种双重性、矛盾性及其之间的相互作用，是人的生命存在的最根本的动力。人就是在生命的双重性中寻求生命的意义，实现生命的价值。

(5)生命的完整性——人的生命也是完整的。人是生理、心理和社会性的统一体，是自然生命和价值生命的统一体，人的生命是一个不可分裂的整体，人通过实践活动在认识世界和改造世界的同时，也发展人自身，使人不断超越自我。

(6)生命的创造性——人的生命本身就是一个不断成长、发展、生生不息的过程，生命是创造的、超越的。生命就是不间断的运动，但生命比单纯的持续运动更为丰富，生命乃是在此基础上不断产生新内容的创造性运动。人通过创造去把握生活的变化，通过创造去发现生命的意义，通过创造去实现对自己生命的认识与超越。生命的过程就是超越自我、追求意义的过程。

（二）生命的质量

党的十九大报告一开篇，就号召全党要“永远把人民对美好生活的向往作为奋斗目标”。字字掷地有声，实实在在，温暖人心。向往美好生活，是人类社会的普遍追求。而尊严和幸福是美好生活的基本保障，是任何一个普通人一生都在追求的。

1. 尊严

心理学家马斯洛将人的需求由低至高分成生理需求、安全需求、社交需求、尊重需求和自我实现需求五类。

图 6-1　马斯洛需要层次金字塔

尊严，属于第四层次，即尊重需求。人们都希望有尊严地来到这个世上，有尊严地活在这个世界，然后有尊严地离开这个世界。

2007 年 4 月 16 日，美国弗吉尼亚理工大学发生了据说是“美国历史上最大的校园枪击案”，32 人遇难，枪手赵承熙也自杀身亡。在学校停课的一周里，学校举办了多场悼念活动，枪手赵承熙和 32 名遇难者一起被列为悼念的对象，放飞了 33 个气球、敲响了 33 声丧钟、安放了 33 块悼念碑。在一块写着“2007 年 4 月 16 日赵承熙”的悼念碑旁边，除了放着鲜花和蜡烛，还有一些人留下的纸条：

希望你知道我并没有太生你的气，不憎恨你。你没有得到任何帮助和安慰，对此我感到非常心痛。所有的爱都包含在这里。

——劳拉

赵，你大大低估了我们的力量、勇气与关爱。你已伤了我们的心，但你并未伤了我们的灵魂。我们变得比从前更坚强更骄傲。我从未如此因身为弗吉尼亚理工大学的学生而感到骄傲。

最后，爱，是永远流传的。

——艾琳

在枪击案发生之后的10天内，美国媒体从多角度对此进行了充分的报道，但关于凶手赵承熙父母的信息几乎没有，直到赵承熙的姐姐赵善敬在事发后第5天主动出面道歉，人们才有机会了解赵家人的想法。一位网民在赵善敬的道歉信后回帖说："这不是你或你家人的错误。你也失去了你心爱的人。"这使人们不由得想起1991年就读于美国艾奥瓦大学的中国博士留学生卢刚开枪杀死包括自己导师在内的5名教师和同学，最后饮弹自尽的事情。

在枪击事件发生后的第3天，受害人之一副校长安妮·克黎利女士的家人也曾通过媒体发表了一封给卢刚家人的公开信，称卢的家人同样是受害者，希望以宽容的态度分担彼此的哀伤。

一名在这次枪击事件中死里逃生的中国女留学生参加了当地华人教会的祷告活动。"当牧师提议为33个遇难者和他们的家属祷告时，我深有感触。因为在美国人看来，凶手孤僻、性格扭曲，却没有被关怀和治疗，社会是有责任的，同时凶手的家属也是受害者。"

对凶手的宽容意味着什么？不是简单的人性关怀，而是对"人人都有生的权利"的敬畏，对生命的尊重。

2. 幸福

2006年，哈佛大学开设塔尔博士的课程《积极心理学》和《领袖心理学》，被誉为"摸得着幸福"的心理课程。"来到这个世上，到底追求什么才是最重要的?"他坚定地认为：幸福感是衡量人生的唯一标准，是所有目标的最终目标。

2009年，就在全世界为GDP你追我赶的时候，有这么一个地方却推行GNH(国民幸福总值，Gross National Happiness)长达30多年，那就是不丹王国。这个人均GDP仅一千多美元的国家，在世界幸福指数排行榜上排名第八。这个国家认为：如果单纯追求GDP的增长，环境污染、工作压力增大、犯罪率增高、失业危机加重、贫富差距拉大等一系列的问题也会随之出现。也就是说，物质丰富了，收入提高了，人却没有相应地感到幸福。

信息和科技的高速发展曾经让人们沉浸在物质带来的方便快捷之中，而忽略了内心对于真实"幸福感"的追求。近几年来，越来越多的国家、社会和个人，逐渐开始重视"幸福"所带来的益处：对于个人，幸福是安全感、归属感，让人从内心涌动出对生命的珍爱和体验；对于社会，个人的幸福感提高，犯罪率下降、社会安定、人们总体工作压力降低；对于国家更是如此，国民的幸福指数增加，国家同样也能体会到"幸福"。

而对于个人增加幸福感的方式方法，哈佛积极心理学与不丹研究院的观点不谋而合：把每天做的事情、花的时间，带来的内心感受全部记录下来。有了这样一份清单，你能很清晰地看到，自己一天的时间，做了哪些事情是拥有幸福感的，又有哪些事，是不得不做但是并不是那么有价值的，看了这份清单，你对于一切都了然于心。所以，你可以坚定地对一些事说“不”，同时也可以把自己的时间和精力投入到更值得的事情中。

一对年轻夫妇，刚刚结婚时经济条件不太好，可是两个人每天晚上回家相互倾诉、相互鼓励，彼此的“幸福感”很高；可是几年过去了，夫妻俩的物质条件越来越好，工作越来越忙，钱赚得越来越多，可拥有的幸福感却随着时间的流逝越来越少……这样的故事比比皆是，这并不是表示，幸福感和经济是相互对立的，我们从小受到过太多“非此即彼”的教育观念，这样的观念会使我们思维有太大的局限。可是，更多的人会认为经济是幸福的基石，而事实证明，对未来生活的担忧是现代人产生焦虑的来源，使我们不得不去相信，似乎幸福和经济密切相关，然而，发生在我们身边的故事，往往是两者的关系负相关的多于正相关的。

所以，关于幸福和经济，可以得出这样的结论：经济不好也许会带来幸福感的缺失，但是，拥有了良好的经济条件，并不能百分之百地拥有幸福感。可见，金钱也许能带来幸福，但是，拥有幸福感的条件还包括很多，例如：感恩、同情、坦率、健康、宁静、生活方式、生活品质、你对内心感觉的感知度……

三、 生命的价值

（一）生命的历程

人的一生总会遇到这样那样的问题。一般来说，这些问题总是存在于个人需要和社会要求之间，针对每个人在某个年龄阶段的技能、知识和态度、观念等提出。

1. 幼儿期

学习走路；学习吃饭；学习说话；学习大小便的方法；懂得脾气的好坏，学习控制自己的脾气；获得生理上的安定；形成有关社会与事物的简单概念；与父母、兄弟姐妹及他人建立情感；学习区分善恶。

2. 儿童期

学习一般性游戏中必要的动作技能；培养对自己身体健康的态度；和同伴建立良好关系；学习男孩或女孩角色；发展读、写、算的基础能力；发展日常生活必要的概念；发展道德性及价值判断的标准；发展人格的独立性；发展对社会和各个团体的态度。

3. 青年期

学习与同龄异性男女的新的交往行为；学习男性与女性的社会角色；认识自己的生理结构，以有效地保护自己的身体；体验从父母或其他成人那里独立出来的情绪及感受；有信心实现经济独立；准备选择职业；做结婚与组织家庭的准备；发展作为一个公民的必要知识与态度；追求并实现社会性行为；学习作为行动指南的价值与伦理体系。

4. 壮年初期

选择配偶；学会与配偶一起生活；生儿；育儿；管理家庭；就职；担负起公民的责任；寻找合适的社会团体。

5. 中年期

形成作为公民的社会责任；建立一定的经济生活水平，并且维护这种水平；帮助自己的孩子，成为一个能被人信赖的幸福的成人；充实业余生活；接受并适应中年期生理方面的变化；照顾年老的双亲。

6. 老年期

适应体力与健康方面的衰退；适应退休和收入的减少；适应配偶的死亡；与自己年龄相近的人建立快乐而亲密的关系；承担公民的社会义务；降低对物质生活满足的要求。

（二）给生命以时间， 给时间以生命

人生有两出悲剧：一是踌躇满志，一是万念俱灰。或许，从踌躇满志到万念俱灰才是最大的悲剧。之所以说它们是“人生的两出悲剧”是因为往往人们由开始的“踌躇满志”转为后来的“万念俱灰”，终其一生也无所作为。

人生最害怕的不是身处黑暗之中，而是处在黑暗之中再也没有希望看到光明；人生最重要的不是生命没有缺憾，而是有了缺憾之后能够坚守生命的价值。人生可以没有很多东西，却唯独不能没有希望，有希望之处，生命就生生不息！

1. 关于爱情

对于爱情，越单纯越幸福。一生只谈一次恋爱是最好的，经历得太多了，会麻木；分离多了，会习惯；换恋人多了，会比较；到最后，你不会再相信爱情；你会自暴自弃；你会成为行尸走肉；你会与你不爱的人结婚，就这样过一辈子。

放弃一个爱你的人并不痛苦，放弃一个你爱的人那才痛苦。若是有缘，时间、空间都不是距离，若是无缘，总是相聚也无法合意；凡事不必太在意，更不需去强求，就让一切随缘。逃避，不一定躲得过；面对，不一定最难过；孤独，不一定不快乐；得到，不一定长久；失去，

不一定不再拥有。爱是一种享受，即使痛苦也会觉得幸福；爱是一种体会，即使心碎也会觉得甜蜜；爱是一种经历，即使破碎也会觉得美丽；不要因为寂寞而错爱，不要因为错爱而寂寞一生。

2. 关于承诺

在古希腊传说中，情侣都将戒指套在对方的中指上，因为他们相信那里有一根血管直通心脏。所以戒指的意思就是用心承诺！但是人世间有多少爱能生死白头？又有多少的情可以天长地久？所以你选择共度一生的未必是你最爱的，你最爱的未必能和你共度一生。多少的有情人走不进彼此的今生，只能苦苦地相约于来世；而多少的男男女女走过爱情走进婚姻却不会再珍惜彼此的付出。所以记得珍惜你爱的人，把每一个平淡的今天当成是彼此相依的最后一刻，好好握紧爱人的手，即使容颜已老，即使满面沧桑，那也是你记忆中永恒的温馨。

3. 关于人生

“曾经拥有的不要忘记；已经得到的更加珍惜；属于自己的不要放弃；已经失去的留作回忆；想要得到的一定要努力；累了把心靠岸；选择了就不要后悔；苦了才懂得满足；痛了才享受生活；伤了才明白坚强；总有起风的清晨；总有绚烂的黄昏；总有流星的夜晚。”人生就像一张有去无回的单程车票，没有彩排，每一场都是现场直播。不管昨天、今天、明天，能豁然开朗就是美好的一天。不管亲情、友情、爱情，能永远珍惜就是好心情。

4. 关于友情

有一天，友情和爱情碰见。爱情问友情：世上有我了，为什么还要有你的存在？友情笑着说：爱情会让人们流泪，而友情的存在就是帮人们擦干眼泪。朋友就是：偶尔会为你担心、对你关心、替你操心、想你开心、逗你开心、请你放心。朋友之间，懂得关怀才是难得……伤心时不妨和我说；痛苦时别忘了跟我讲；生病时别忘了通知我；困难时记得要请教我；失望时要想起还有我；开心时更不要忘记我。朋友的定义就在于此。

5. 关于微笑

被人误解的时候能微微地一笑，这是一种素养；受委屈的时候能坦然地一笑，这是一种大度；吃亏的时候能开心地一笑，这是一种豁达；处窘境的时候能自嘲地一笑，这是一种智慧；无奈的时候能达观地一笑，这是一种境界；危难的时候能泰然一笑，这是一种大气；被轻蔑的时候能平静地一笑，这是一种自信；失恋的时候能轻轻地一笑，这是一种洒脱。不管有什么事情、为了什么原因，我们每天都要开心一笑。

6. 关于生活

日出东海落西山，愁也一天，喜也一天；遇事不钻牛角尖，人也舒坦，心也舒坦；每天领取谋生钱，多也喜欢，少也喜欢；少荤多素日三餐，粗也香甜，细也香甜；新旧衣服不挑拣，好也御寒，赖也御寒；常与知己聊聊天，古也谈谈，今也谈谈；全家老少互慰勉，贫也相安，富也相安。

7. 关于幸福

幸福是个美丽的玻璃球，跌碎散落在世间的每个角落。有的人捡得多些，有的人捡得少些。却没有人能拥有全部。爱你所爱选你所选，珍惜现在你所拥有的一切。人活着就是一种心情，把握今天，设置明天，储存永远。只要用心感受，幸福就会永远存在。

人总是对自己拥有的东西不珍惜，直到不再拥有时才会加倍怀念，而在得知自己快失去自己所拥有的东西而又无能为力时，就寻死觅活地不肯放手，歇斯底里往往发生在这个时候，而对于生命的执着确实是到死才放手。

人生总是要我们在遗憾中领略圆满，从分离的思念中领略相聚的幸福，从背叛的痛苦中领略忠诚的可贵，从失恋的悲伤中领略长相厮守的深情。

【心空翱翔】

活动 1：我的生命五样

道具：每人准备纸和笔，悠扬的背景音乐

分组：5～8 人/组

过程：10～15 分钟

第一阶段

______的生命五样
1. ______
2. ______
3. ______
4. ______
5. ______

教师任务：请学生回忆自己生命中重视的、重要的、不可或缺的一些人、事、物、有形的或者无形的东西，然后在纸上认真写下其中最重要的五样。引导学生不必从科学逻辑角度考虑，只需要遵从自己内心的想法，也就是不必从逻辑上思索推敲是否成立，只需是情感上感觉最重要即可。组内相互交流分享各自最重要的五样东西。

学生任务：思考、写出并分享自己的生命五样。

舍弃顺序：
1. ______
2. ______
3. ______
4. ______
最后留下：
______

补充说明：教师可先与学生分享自己的生命五样，与学生共情，引导学生打开心扉。

第二阶段

教师任务：带领同学们模拟生活中依次出现四场不可避免的变故，五样中依次有一样保不住了，引导学生必须依次舍弃一样。到最后只剩下了最宝贵的一样。

学生任务：根据教师的引导，依次“舍弃”一样。舍弃了的必须用黑色的签字笔将它彻底盖住。或一个方块，或一个洞，总之再也看不到它，同时，它在生命中，也将不复存在。

补充说明：教师可先与同学们分享自己割舍生命五样的心路历程，与学生共情，引导学生打开心扉。

分享交流

1. 纸上最后剩下的一样是不是自己最先写出的那一样？(如果不是，说明什么？)
2. 自己依次舍弃的都是什么？谈谈自己的想法。
3. 自己最终保留了什么？它为什么对你如此重要？

《我的五样》(节选)

——毕淑敏

好了，现在再划去一样，只剩下最后一样。教师的音调很温和，但执着坚定充满决绝。对已是万般无奈之中的我们，此语不啻惊雷。

教室内已经有轻轻的哭泣声。人啊，面临丧失，多么软弱苦楚。即使只是一种模拟，已使人肝肠寸断。

笔和阳光。它们在纸上势不两立地注视着我，陷我于深深的两难。

留下阳光吧——心灵深处在反复呼唤。妩媚温暖明亮洁净，天地一派光明。玫瑰花会重新开放，空气和水将濡养而出，百禽鸣唱，欢歌笑语。曾经失去的一切，都会在不知不觉中悄然归来。纵使除了阳光什么也没有，也可以在沙滩上直直地晒太阳哇。

想到这里，心的每一个犄角，都金光灿灿起来。

只是，我在哪里？在干什么？我扬起头来问天。

我看到自己孤独的身影，在海边寂寞地拉长缩短，百无聊赖，看日出日落，听潮涨潮落。

那生命的存在，于我还有怎样的意义?!

自问至此，水落石出。我慢而稳定地拿起笔，将纸上的“太阳”划掉了。

偌大一张纸，在反复勾勒的斑驳墨迹中，只残存下来一个字——“笔”。

这种充满痛苦和抉择的测验，像一个渐渐缩窄的闸孔，将激越的水流聚成最后的能量，冲刷着我们纷繁的取向。当那通道变得一夫当关，万夫莫开之时，生命的重中之重，就简洁而挺拔地凸显了。

感谢这一过程，让我清晰地得知什么是我生命中的真爱——就是我手中的这支笔啊。它噗噗跳动着，击打着我的掌心，犹如我的另一颗心脏，推动我的四肢百骸。

我安静下来，突然发现周围此时也很安静。人们在清醒地选择之后，明白了自己意志的支点，便像婴儿一般，单纯而明朗了。

我细心收起自己的那张白纸，一如收起一张既定的船票。知道了航向和终点，剩下的就是帆起桨落战胜风暴的努力了。

活动 2：如果生命有"如果"

道具：每人准备纸和笔，每小组一个"如果"答案箱

分组：5～8 人/组

过程：10～15 分钟

教师任务：引导学生思考以下四个问题，并在纸上作答。作答结束后将纸对折，投入小组答案箱集中，摇匀箱子后每个人再从中拿回一张，在组内分享交流。

学生任务：认真思考、作答、抽纸条，并在小组内分享交流。

补充说明：该活动在周边环境安静轻松、同学们心绪心平气和的状态下开展能达到更好的效果。

> **"如果"**
>
> 如果我的生命剩下最后一天，我打算________________
> ____________________
>
> 如果我的生命剩下最后一周，我打算________________
> ____________________
>
> 如果我的生命剩下最后一年，我打算________________
> ____________________
>
> 如果我的生命剩下最后十年，我打算________________
> ____________________

分享交流

1. 请学生分享纸上的答案以及自己的感想。

2. 目前自己的生活态度比较接近哪一种情况？这对自己目前的影响是什么？

活动 3：生涯大拍卖

道具：拍卖品和钱币(打印)、拍卖锤

分组：无

过程：15～20 分钟

教师任务：当拍卖师(也可邀请学生当拍卖师)。

1. 准备拍卖品(投影和打印)：

(1)豪宅

(2)巨富

(3)一张取之不尽、用之不竭的信用卡

(4)美貌贤惠的妻子或英俊博学的丈夫

(5)一门精湛的技艺

(6)一个小岛

(7)一座宏大的图书馆

(8)长命百岁

(9)一个勤劳的仆人

(10)三五个知心朋友

(11)一份价值50万美元并每年可获得25%纯利收入的股票

(12)名垂青史

(13)一张免费环游世界的机票

(14)和家人共度周末

(15)直言不讳的勇敢和百折不挠的真诚

……

2. 给每位学生发1000元(游戏代币)，代表每位学生一生的时间和精力。

3. 将15项人生美事和优良品质逐一进行拍卖，100元起价，欢迎竞价。

4. 连喊三遍统一价格，无人再出更高价的时候，敲落锤子，价高者得到拍卖品(领取“拍卖品”并上交手上相应的“钱”)。

学生任务：根据“拍卖师”的指示，对15项人生美事和优良品质逐一进行拍卖。

补充说明：活动需要较大的空间，教师需要掌控好时间。

分享交流

1. 你为什么要用全场最高价得到此样东西？你现在后悔了吗？为什么？

2. 有的同学什么都没有买，为什么？

3. 在拍卖过程中，你有什么感受？

4. 假如现在已经是生命的终点，你是否后悔刚才你所争取的东西？而这东西是否是你最想要的？

5. 金钱是否就会带来幸福和欢乐？有没有一些东西比金钱更重要？

15项人生美事和优良品质当中，我们最想得到的映射出你将会愿意花时间、花精力去追求的人生目标，但是并不代表我们在生命的尽头就一定会得到。

人生本来是没有意义的，我们活着就是为了寻找意义。我们人生的意义，是我们自己赋予的。请给生命以时间，给时间以生命，活出生命的意义，活出自己的价值。

【心悦成长】

测一测

积极心理资本测试

积极心理资本是指人的积极心理状态，主要包括自信或自我效能感、希望、乐观和坚韧四个方面，讲的是“你是谁”，你是有自信心的人吗？你是充满希望和乐观的人吗？当面临困难和危机时，你会持续保持韧劲、迅速恢复吗？你是面对挫折和困境却有很强的反弹能力的人吗？这些都是积极心理资本的表现，想知道自己可发展的积极心理状态，就来测一测吧！

扫一扫查看

积极心理资本测试问卷

练一练

心理公益广告

公益广告与其他广告相比，具有强烈的劝说责任，在影响社会舆论和文化传播中，对人们的社会行为起了导向作用。作品可以围绕成长过程中的心理困扰与自我发展、调节情绪、直面挫折等进行心理公益广告的创作，要求思想积极向上，形象生动。

1. 平面广告类：作品电子文件必须为 JPEG 格式，色彩模式 RGB，尺寸为 1024 mm×1024 mm，系列作品不超过 3 幅，文件大小不超过 10MB。

2. 视频广告类：作品须为 AVI、MOV、MP4 格式，分辨率不小于 1920px×1080px。作品时长原则上在 5 分钟以内，画面清晰、声音清楚，可以标注字幕。

【心无止境】

拓展观影

《钢琴师》

史标曼是一家电台的钢琴师，第二次世界大战时全家被赶进华沙的犹太区。颠沛流离中，家人和亲戚陆续被纳粹杀害，而史标曼本人也受尽种种羞辱和折磨。战争愈加猛烈，史标曼恶病缠身，却还要在搜捕中逃亡。在废墟的阁楼找寻食物时，他遇见了一名德国军官，本以为无望的他，在军官的要求下弹奏了肖邦的钢琴曲，美妙的琴声将两个人短暂地带回了和平年代，德国军官萌发了恻隐之心，暗暗帮助史标曼直到波兰解放。

影片根据波兰钢琴家瓦拉迪斯罗·斯皮曼的自传体小说《死亡城市》改编。

一句话影评：艺术不分国界，和平是人类共同的向往，哪怕人性有黑暗，仍需坚强、勇敢、不放弃希望 。

拓展阅读

《此生未完成》(选段)

2009 年 12 月于娟确诊患乳腺癌，被判只有一年半的生命。在与病魔抗争的过程中，于娟通过“复旦教师抗癌记录”的微博和“活着就是王道”的博客，记录她生命最后的旅程。在她的生命日记中，反省自己不良的生活习惯和生活细节，以生死经历总结出许多富有哲理的人生观点，以乐观、豁达的生活态度鼓励更多人感恩生活，善待生命。

——人越是长大，越是不知道自己要的是什么，越是不知道想要什么就越是会去拼命想自己到底要什么。

——也许任何东西，得到之前，不要轻言珍贵，失去之前，不要轻言轻贱。

——二十几岁的时候，觉得人生冗长，善待自己最重要，于是爱自己甚至爱别人。如今想来，善待自己不是给自己多买几盒价格不菲的化妆品那么简单，宽容他人才是最好的善待自己的方式。既然上善若水，那么自心间流出的大爱大善，自会延绵回转到自己。

——世上很多事，经历之前你会认为非常可怕惊骇，而确确实实落在你头上，需要你迎头赶上，你会知道，万事无非如此。世上万事并不可怕，你认为可怕的次数多了，也就成了可怕。对过程的定见，需要智慧；对必来的世事人情，则需要勇气。

——有时候，夜深人静独自一人，或者喧嚣人群烦琐关系中，会不禁感到四周孤冷而顾自抱肩，往往情不自禁地想，这个世界，真正无私爱你疼你对你好的人，有几个？或者，这个要求太高，退一步说，这个世间真正将心比心平等相待你对他好他对你好不以怨报德自私自利的又有几个？好人纵有，却藏于茫茫伪君劣物里，需得大浪淘沙机缘竭尽。得此好人真友前又有多少明朗暗礁吃亏上当被骗欺负，哪里有至亲家人来得容易，来得贴己，来得鞠躬尽瘁死而后已。

——生固欣然，死亦无憾。花落还开，水流不断。

——三十岁之前的努力更多是因为自己有着太多的欲望和执著，从没有“只要活着就好”的简单。我不是高僧，若不是这病患，自然放不下尘世。这场癌症却让我不得不放下一切。如此一来，索性简单了，索性真的很容易快乐。若天有定数，我过好我的每一天便是。若天不绝我，那么癌症却真是个警钟：我何苦像之前的三十年那样辛勤地做蚍蜉。名利权情，没有一样是不辛苦的，却没有一样可以带去。我一直在想执着和执著的区别。

——有人选择沉默着腐烂，有人选择愤世嫉俗发牢骚，有人真正怀着良知慈悲去做事。

——鲁迅说：真的猛士，敢于直面惨淡的人生，敢于正视淋漓的鲜血。这是怎样的哀痛者和幸福者？然而造化又常常为庸人设计，以时间的流逝，来洗涤旧迹，仅使留下淡红的血色和微漠的悲哀。在这淡红的血色和微漠的悲哀中，又给人暂得偷生，维持着这似人非人的世界。我不知道这样的世界何时是一个尽头。

——生与死，前者的路对我来说，犹如残风蚕丝；而死却是太过简单的事。不仅简单，而且痛快舒畅，不用承受日夜蚀骨之痛。但是死，却是让这个世界上我最爱的亲人们承受幼年丧母、中年丧妻和老年丧子之痛。虽然能不能苟活，由不得我，至少我要为自己的亲人抗争与挣扎过。自戕是万万不能的，因为我是个母亲，虽然，我这个母亲做得很无力，我现在唯一能给孩子的，只有微笑，能为孩子做到的，也只有坚强。

——女人之于爱情战场，也是狭路相逢勇者胜，不要说什么男人喜欢温良大度善解人意，其实三角恋里每一次都是那个主动泼悍苦苦纠缠步步相逼的获胜。哪怕你有那么一点点心软，不忍看着男人左右为难腹背受敌，那么兵败的终归是你。换句话说，三角恋里，最先放弃或者被动的那个女人更爱那个男人，可惜男人们都不明白。

——透过生死，你会觉得名利权情都很虚无，尤其是首当其冲的名。说穿了，无非是别人茶余饭后的谈资。即便你名声四海皆知响彻云天，也无非是一时猎奇，各种各样的人揣着各种各样的心态唾沫四溅后，你仍然是你，其实，你一直是你，只是别人在谈论你的时候，你忘记了你是谁而已。人名和名人的刹那转换，那是压在心口的一块大石，让人喘不过气来。

——感情永远是见异思迁的，所谓感情，大概就是人孤寂时刚好两个人可以做伴，由是所谓日久生情。但是思想共鸣，却是真正可以产生互相吸引，通常不会受到时间和距离的影响。没错，我也是这样认为的。所以我不相信日久生情。我对自己另一半的全部要求也正是“思想共鸣”。

——有段时间我甚至一直在自嘲是黑暗里于五百米高空走钢丝的孩子，更可怕的是，我不知道什么是正确的方向，然而错一步就是万丈深渊，粉身碎骨，没有人给我再来一次的机会。我不想任何一个人像我那样手提着脑袋摸黑探索。

——有些事情，电影也好，BBS也好，K歌也好，想想无非感官享受，过了那一刻，都是浮云。唯一踩在地上的，是你健康的身体。以后熬夜之前多想想这段话。

——如果不做苦力，我想我一辈子都不能明白苦力的辛劳，不懂得真正体力劳动者的辛苦与辛酸，错失掉理解另一个世界的机会，我可能依旧在上海做所谓的知性都市女，在公车里对汗臭的民工掩鼻，不懂得对送水送奶师傅说“谢谢”，在餐厅催促早已手脚并用，忙得不可开交的服务员快点，诸如此类。

——名利权情，没有一样是不辛苦的，却没有一样可以带走。

——有太多的计划要完成，有太多的事情要应付，总是觉得先做好手头的事情，再陪父母也是来得及的。反正人生很长，时间很多。现在想想并不尽然，只有一天天地过，才是一年年，才是一辈子。无头绪的追逐与奔忙，一旦站定思考，发现半辈子已经过去，自己手里的成败并无多少意义，然后转身，才发现陪伴父母亲人的时间已然无多，发现最重要的幸福已然没有时间享用，人生最大的悲哀莫过如此。

——为了一个不知道是不是自己人生目标的事情拼了性命扑上去，不能不说是一个智力障碍者干的傻事。得了病我才知道，人应该把快乐建立在可持续的长久人生目标上，而不应该只是去看短暂的名利权情。

——我甚至想，哪怕就让我那般痛，痛得不能动，每日像个瘫痪的人，污衣垢面趴在国泰路和政立路的十字路口上，任千人唾骂万人践踏，只要能看着爸妈牵着土豆的手蹦蹦跳跳去幼儿园上学，我也是愿意的。

——晚上照例在莲蓬头下冲淋，看着自己日渐隆起愈加变形的身体哑然失笑，怀孕真是一件神奇的事情，可以如此彻底改观我的生活和身体，若不是亲身经历，实在想不出十余年前可以笑傲世界标准三围的身材，怎么会变得如此荒唐可笑，无锡大阿福都比我身材好。低头看去，除了球弧线就是球弧线，整个一个大小球体组合，颇有点像高中的立体几何。正看着这堆大小球不知怅然还是感慨，突然腹中的宝贝使劲踢了踢腿，刹那心里涌出一股暖流。

项目七　书山有路巧为径，学海无涯乐作舟——学习规划与潜能开发

当学生有大量作业未完成时，一部动画片就能打败他“认真学习”的决心；当上班族有大量工作待做时，一部手机就能把一天悄无声息地吞噬；当健身爱好者制订了满满当当的计划时，一盘红烧肉就能使他屈服。所有人都有着殷实的计划预备着去实现，但隔在梦想与现实之间的，往往不是高不可逾的大山，而是缺乏自律的烂泥，让你深陷其中，只能看着时间悄悄溜走，却无计可施。大学生对这种感觉的体悟尤为深刻，大学的生活和相对宽松的学习环境与高中的高强度快节奏大相径庭，在缺乏外部监管的条件下，几乎近九成的学生都心甘情愿地跳入那一摊烂泥。大学之道，在明明德，更在于自律。大学怎样度过决定我们毕业之后的路怎么走，大学的时光里藏着我们以后要做的事、要遇见的人和要过的生活。好好珍惜并规划好时间，今后在回首这一段时光时，才能问心无愧地说一句：一切如我所愿。

【“心”赏感悟】

《中国合伙人》

20 世纪 80 年代，三个怀有热情和梦想的年轻人在高等学府燕京大学的校园内相遇，从此展开了他们长达三十年的友谊和梦想征途。出生于留学世家的孟晓骏渴望站在美国的土地上改变世界；浪漫自由的王阳尽情享受改革开放初期那蓬勃激昂的青春气息；曾两次高考落榜的农村青年成冬青以晓骏为目标努力求学，并收获了美好的爱情。然而三个好友最终只有晓骏获得美国签证，现实和梦想的巨大差距让冬青和王阳备受打击。偶然机缘，被开除公职的冬青在王阳的帮助下办起了英语培训学校，开始品尝到成功的喜悦。在美国发展不顺的晓骏回国，也加入了学校，三个好友朝着梦想迈进着。

扫一扫了解《中国合伙人》

精彩“心”赏

梦想就在不远处

这是一部毁誉参半的青春片，尽管如此，其衔接全片的亲情、友情、爱情、成长、人生观、价值观、理想及困惑，却是值得我们深思的。本片最大的精华在于三个主人公对于人生意义以及如何倾听自己内心声音的探讨与指引，提出了引人深思的问题——我们为什么而学习？

我的感悟：

____

____

____

____

____

____

不少大学生都抱着当好孩子、上好大学、找好工作、娶(嫁)好老婆(公)，达成理想的人生状态的美好“愿景”开始大学生涯的。为此，有些人为了争取高分而选择了“死记硬背式”的学习；有的同学迫于父母压力，勉强就读自己根本不喜欢的专业，学会了在“伪装”中痛苦学习；有的同学虽然喜欢所学专业，但每天都害怕因自己成绩差而没法毕业，最后会导致无法改变拮据的家庭生活，从而开始慢慢以逃避敷衍的方式应付各种考试。真正喜欢学习的同学往往能够从中获得乐趣，思考如何才能更好地学习，并能朝着人生的目标奋发前进，成功的人生也就随之而来。

“心”闻视窗

大学里，学什么

新学期伊始，穿梭于宏阔温馨的校园，看到的大多是稚嫩陌生的新面孔。不经意间就想到去年这个时候的自己，初来乍到，对学校、大学生活都一无所知，只知道心中的梦想，为梦想奋斗拼搏，因梦想而背井离乡，更是持梦想而无所畏惧。一路走来，走过荆棘、走过泥泞，走进这现实理想的殿堂——大学校园。那时候在我的心里，大学生活是无限美好的，兴奋和好奇战胜一切，一路飙升，遥遥领先，把高中三年以来的压力和积怨统统释放出来，淋漓尽致。

九月的天空下，怀着满腔的热情开始了大学生活的第一课——军训。军训中痛苦与快乐共存，漫天骄阳，压不倒飒爽英姿；矫健脚步足以踏平千山万水。与同学之间、与教官之间，那种患难与共、真心相待，给生命增添了一线风采。

军训刚一结束，铺天盖地而来的是各个社团的纳新活动，让人眼花缭乱。参加社团活动是大学生活的一大特色，是以往的学习生活过程中没有的，它是一个自我展现的平台，也是一种自我实现的方式。同学们可以从中学到许多知识和做人的道理。每一个有理想、有斗志的学子都曾想大刀阔斧地大干一番来寻求自己存在的价值。

当这些都结束后，就进入了真正的大学生活了。大学生活确实美好，比高中要轻松很多，有更多的时间让自己去支配。在宽敞且藏书万册以上的图书馆可以博览群书。但是，大学生活也处处充满了诱惑，稍不注意就会脱离原来生活的轨道，以至无聊、孤独，甚至迷失自己。在此，我想对大一的学弟学妹们说："我们要学会享受大学生活；珍惜大学生活；利用大学生活，为以后的人生充满备用的电；不要浪费大学生活，荒芜自己的青春，暗淡自己的人生。"

我们的青春要我们自己做主！

专家观点

告别迷茫，从给自己订计划开始

中小学，每一个阶段的学习目标都是既定的，学生只要按部就班完成学习任务就可以了，大学就不同了。大学期间的专业学习贯穿于整个大学期间、整个教学过程，第一次自己订计划，难免会不切实际、好高骛远、贪多求快，一旦出现学习动力不足，又总会从客观方面找原因，当发现客观现实无法改变时，就会觉得很迷茫。

自我调适：

1. 学校不是决定个人成就的必然因素："英雄莫问出处"，能够进入一所名牌大学当然好，如果不能，也没有什么，假以时日，自己功成名就了，让学校以自己为荣耀不是更好吗？

2. 多角度看专业：喜欢与不喜欢是相对的、可变的，即便是当初自己的选择，入学后也有人不满意。如果对专业实在不满意，通过各种努力依然不适应，在深思熟虑、科学调研后可申请调换专业。

3. 不要让别人来决定自己：每个人都有自己的生活方式、学习习惯，找到最适合自己的方式。

4. 修订学习计划：学习目标定得太大等于没有目标，把它分解为短期的小目标，更有利于实现大目标。

【心有灵卷】

一、 学会学习

（一）关于学习

学习是人类区别于其他动物最重要的一种活动，也是有机体适应环境的一个必要条件。有机体生活在不断变化的复杂环境中，只有通过学习经常调节自己的行为，才能与环境保持平衡。学习贯穿于个体生命的全过程。当个体孕育于母体中时，学习就已经开始了。婴儿在母亲的怀里牙牙学语，这是学习；小学生听了教师讲课以后，知道如何解答一道数学问题，这是学习；哥哥逃学受到父母的批评，改正了错误，而妹妹看到哥哥挨了批评，一开始就按时去学校，在这种情况下，兄妹两人同时都从父母的批评中学到了东西。生命不息，学习就不会真正停止。

1. 学习的内涵

(1)广义的学习是指有机体经验的获得和行为变化的过程。由于在学习过程中，行为的变化是由经验的获得而引起的，所以，经验的获得在学习活动中占主导地位。广义的学习既包括动物行为的习得，又包括人从学习走路、说话，到在学校里学习知识、技能、道德规范和行为习惯，以及在社会中获取社会生活经验。

(2)狭义的学习是指人对客观现实的认知过程。它主要指的是学生按照一定的学习目标，有系统、有组织地掌握知识、技能和行为规范，发展能力的活动。因此，可以说“狭义的学习”与“学生的学习”是同义的。

2. 对求知，应该系统、广博、精深、务实

关于求知，培根先生早就有所论述了，到今天也是值得我们借鉴的。求知的目的不是为了吹嘘、炫耀，而应该是为了寻找真理，启迪智慧，增长才干。有的书只要读其中一部分，有的书只需要知道其中梗概即可。而对于少数好书，则应精读。掌握良好的学习方法，在学习、巩固专业知识的同时，培养生存和回报社会的能力。涉猎与本学科相关的知识，渊博的专业知识和广泛的课外知识是从业所必需的。

随着科技的发展，知识的更新发展会越来越快，如果我们还停留在传统的以装知识为主的学习方法上，是无法适应新的发展趋势的。对大学生来说，当务之急，不只是啃书本、装知识，而是培养独立工作的能力。我们要学习知识，因为知识是生产力量的重要手段，但只有当知识转化为能力时，知识才是力量。

3. 对成才：应该适应、有实力、有特长、会创新

大学生应有符合当今社会需要的才能。信息化时代(IT 时代)的人才竞争显得空前的激烈，那么作为 IT 时代的人，应该需要培养哪些能力、挖掘哪些方面的潜力才能适应现在的社会环境，并最终走向成功呢?

IT 时代获取成功需要的十种能力：较强的应变能力；交流和发挥想象的能力；观察分析的能力；开拓创新的能力；一定的组织和表达能力；承担责任和承受压力的能力；独特的业务专长能力；非凡的工作能力；与他人团结协作的能力；较强的可转移能力。要培养如此多的能力，单靠我们现有的水平还不行，必须挖掘我们大脑的潜在能力。

（二）大学的学习

1. 大学的学习特点

(1)学习内容的专业性

专业课程精简到必需和实用的程度，一般要在 2～3 年内完成所有的专业培训，所以引导进入专业学习的基础教育部分的时间较少，学生会比较快地进入到实用性较强的专业领域。

(2)学习过程的自觉性

中学阶段的学习强调升学，所有的学习活动都围绕高考的指挥棒，学生的学习活动也主要是由教师和校方安排，学生没有多少选择余地。进入大学，学生要自觉管理课堂以外的时间，根据自己的实际情况合理安排自己的学习时间。

(3)学习方式的多样性

重点培养实际操作能力。一般采用多媒体教学，以大班为单位上理论课，以小班为单位上实验课，学生的学习就更需要主动自觉。除了课堂的授课外，还有不少的见习和实习。

(4)学习方向的多元性

现阶段的高等教育，仍然处于探索和多元发展阶段。一部分学生可以走学术路线，进一步深造；一部分学生可以走就业路线，取得多种职业资格证书，直接参与职业活动；还有一部分学生可以自主创业，获得相关领域的执业资格证书，发展实业。

(5)学习的实用性和技能性

过去的大学教育是精英教育，而现在是大众化教育，所接受的各种基础技能知识，往往可以在生活中得到应用，有效将理论与实践相结合。因此，很多学生通过对专业的学习与应用，掌握该专业的理论与技能。

2. 大学学习的几个细节

传统观念中学习是一个漫长而痛苦的过程，所谓“书山有路勤为径，学海无涯苦作舟”，苦到要“头悬梁、锥刺股”。但是，“刻苦不等于痛苦，成绩不等于成功”。大学学习中的一些细节稍微注意，就能大大地提高学习质量。

(1)在哪里学习

能在自习室或图书馆学习，就别在寝室学习。(寝室里诱惑太多了)

能坐直了学习，就别躺在床上学习。(不然，很快就会被瞌睡虫打败)

能坐在教室前排听课，就别坐在后排，尤其是在上大课的时候。(坐前排，注意力更容易集中，教师也更容易记住你；坐后排，往往容易受到其他因素的干扰，从而影响学习效果)

(2)了解教学计划

新学期开始，教师一般会向学生公布自己的教学计划。清楚地了解教学计划会对你非常有帮助。

基本信息：教师的姓名、办公地址、答疑时间、联系方式等。(以后有问题就可以方便地找到教师)

课程简介：让自己在一开始就对课程有一个概括性的了解，并且知道自己能从这些课程中学到什么。

评分方法：看清楚平时分占多少，日常测验、期中考试、期末考试的分数所占的比例。如果该课程没有考试，了解清楚所需要完成的独立作业和小组作业。(大学成绩的评估方式往往不拘泥于一种)

课程安排：日期、课题、课堂活动等，通常是表格形式。(课程安排可以帮助同学们了解某一堂课的内容，但不排除教师会临时对课程进行调整)

(3)遵守教室礼仪

如果你想在大学里多学点东西，那么就应该首先学会创造一个好的学习环境，让教师讲课发挥得更好。所有的教师都会因为学生认真听讲、积极反应而开心，进而发挥得更好。

别迟到——学生最好提前15分钟到教室，讨论上节课所学的知识，等待老师授课。

在课堂上，应当遵守一个简单原则：绝不影响他人——上课时难免会遇到犯困的时候，想办法快速让自己清醒过来，但别跟其他同学说悄悄话，因为这样会影响别人听课，也会影响教师讲课的情绪。

关掉手机——课堂上响起手机声，会分散教师和同学们的注意力，严重影响课堂教学。

与教师保持眼神的交流——没有什么比学生渴望的眼神更能激励一个教师了。有了眼神的交流，对教师来说，讲课就成了一种双向沟通，不再是千篇一律的工作，而成了一种享受。

别提早收拾书包——千万不要没下课就开始收拾书包。如果大家都这样做的话，会严重影响教师的情绪。你可能是因为饿了，但是请忍一下，在教师说“下课”之前，坐好别动，这是对教师最起码的尊重。

3. 大学生常见的学习问题

(1)学习动力缺乏

学习动力缺乏，是指学习没有内在的驱动力量，主要表现为：学习目标不明确，学习无计划，无成就感、无理想抱负、无求知欲、无上进心、无压力、无紧迫感，厌倦学习、逃避学习。

(2)学习动机过强

学习动机固然对学习活动起着维护、促进的作用，但并不意味着学习动机强度越大，学习效果越好。学习动机与学习效果成“倒 U 型”曲线的关系。学习动机过强的主要表现：成就动机过强；奖惩动机过强；学习强度过度以至于进入疲劳状态。

(3)记忆力减退

记忆力减退是许多大学生感到头疼的问题，它不仅直接影响学习的效率，而且还会影响大学生的学习兴趣和情绪。记忆力减退的主要原因有：身体健康方面的原因(如疾病、体质下降等)；不良的生活和学习习惯(如大量吸烟、酗酒、熬夜、过度疲劳等)；学习动机和情绪方面的原因(如严重的学习焦虑、过度紧张、烦恼等)；记忆方法不当。

(4)注意力不集中

注意力集中是大学生学习的基本心理条件之一。注意力不集中，会严重影响学习效果。如上课思想开小差、自习时易受环境的干扰等，都是注意力不集中的表现。

二、 学习的技巧和方法

1. 有效地学习

学习有苦有乐，通向愉快学习的有效途径就是把被动的学习转变为积极、有目标的学习。

(1)确立目标

在每一个学习阶段，如每学年、每学期、每周都要为自己确立现实且合理的学习目标，包括需要掌握的知识、技能和学习进度。

(2)制订计划

尽量具体地制订出每天、每周和每月的学习计划，然后付诸行动。

(3)自我指导和强化

每天对自己的学习计划完成情况做梳理，我的计划是什么？我是怎样做的？明天该怎样做？还可以写个备忘录作为线索。

当完成了每天、每周、每月的学习计划时，要对自己进行奖励，使学习充满自我满足感和成就感。

(4)自我评价和调整

经常对自己的成绩和目标进行评价，检查自己在学习中还有哪些需要提高的地方。

如果觉得自己在完成长期任务方面没有什么进展，那么可以把长期任务分解为若干小的子任务，通过完成若干子任务，既能提高自信心，又能保证总任务的完成，把自我评价融入学习之中会使学习更有成效。

一旦发现了没有达到目标的问题在哪里，你应及时切实地加以解决。如果是时间安排不当，你应调整自己的时间安排；如果是环境干扰，如因看电视或与朋友聊天等导致不能完成学习计划，你应设法尽快改变自己的行为或学习环境；如果是自己缺乏必要的知识和技能，你应设法加以补救，如选修有关课程或阅读教学参考书以获取必要的知识。不要把没有完成学习计划归因于自己的能力，这样做会挫伤你的自信心和学习积极性。

2. 有效地复习

学习过的知识很可能被遗忘，想要将知识精确牢固地保持在记忆中，最有效的方法就是及时而经常地复习。

复习不仅能巩固记忆，而且在复习中，通过思考和理解，可获得新的知识和体会，达到“温故而知新”的目的。复习应该有计划有组织地进行，不能像小和尚念经，有口无心，念几千遍“南无阿弥陀佛”，也不一定知道是什么意思。有的同学也只是念字而不动脑筋，这样做只能是学而无味，不仅无实际收获，还会产生厌倦感。要科学复习，遵循记忆的规律，掌握正确的复习策略。

(1)及时复习、经常复习

艾宾浩斯遗忘曲线(见图 7-1)表明，遗忘进程是先快后慢。遗忘在识记后就已开始，识记后 20 分钟即已遗忘 41.8%，如果间隔时间过长，遗忘得差不多了才复习，那就几乎等于重新学习，所以新学习的材料一定要注意及时复习。

随着记忆的不断巩固，复习次数可以逐渐减少，间隔时间也可以逐步拉长。从时间上安排，最好做到：每天有复习，即当天课程一定要复习一次；每周有小结，即每周对当周学的课程要有个小结性复习；每章有小结，即学完一章要进行总结性复习；期中及期末则进行大复习。

(2)合理分配复习时间

复习时间的分配对复习效果有很大影响。在复习时间的安排上，一般分为：集中复习，即

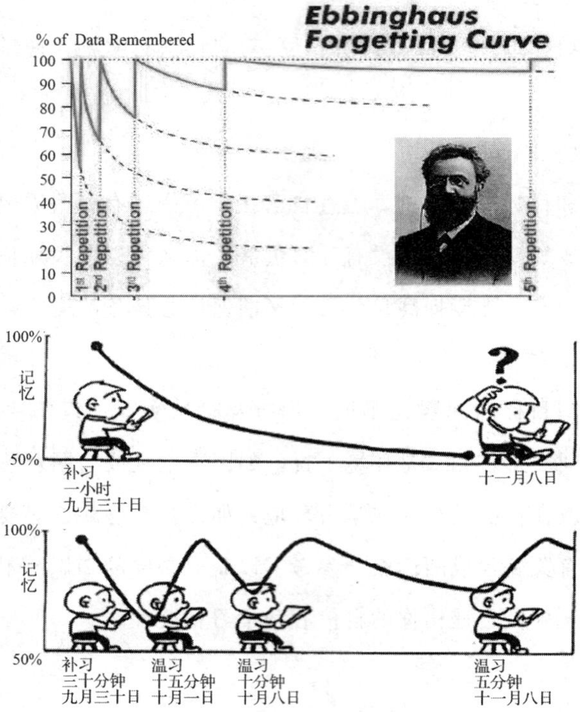

图 7-1　艾宾浩斯遗忘曲线与应用

将识记材料所需的时间集中使用，接连不断地反复识记材料；分散复习，即将识记材料的时间分散使用，识记、休息或其他活动交替进行。分散复习的效果要远远优于集中复习。

表 7-1　集中学习与分散学习的复习次数对比

	集中复习	分散复习
准确再现需要的平均复习次数	18	7
再现时发生错误的平均次数	9	4

分散复习的时间间隔可根据记忆材料的性质、数量及个人的知识水平、智力特点来决定。开始阶段间隔时间要短些，复习次数要多些，以后间隔时间可逐步长些，识记次数可减少。此外，分散也有一定限度，过短、过长都不好。研究发现：①间隔一天组平均需要复习 4 次就能达到熟记效果；间隔三天组平均需要复习 6 次；间隔七天组则平均需要复习 7 次；②间隔半小时，需要复习 11 次；间隔 2 小时，需要复习 7.5 次。而间隔 10 小时，则只需要复习 5 次就够了。由此可见，正确合理地分配复习时间是提高学习效率的重要策略和有效方法。

(3)积极复习、多种形式复习、重点复习

一次积极复习可胜过十次消极复习，而缺乏学习动机，重复次数再多也不能熟记。消极重复不能改变学习效果，反而会导致退步。如书写不按正确方法练习，字不仅写不好，而且会越写越固定化，纠正起来都十分困难。复习得当与否，关系到学习水平的提高或降低，所以必须认识到影响学习效果的关键不是复习的次数，而是复习的态度和动机，以及复习的策略和方法。

机械、单调地复习会使复习变得枯燥无味，并引起大脑神经的疲劳，大大影响复习的效果，因此一定要采取多种复习形式。如进行新旧知识对比，找出它们之间的异同点；对外语等教材，可以通过多种感觉通道协同活动，采取听、读、写、说、译等方式复习；有的材料可以用理论联系实际，多方面找例证，加深理解；有的课程如数学类可以将熟记公式与做习题相结合；有的课程如语文类则可以采用写纲要、概括中心思想与重点段落背诵相结合。多样化复习要比单调重复更有利于加深理解，巩固记忆。

(4)记忆自测

在保持的过程中，要注意经常对记忆进行自测，以检查记忆内容的精确程度。因为随着时间的推移，记忆内容往往会发生一定的变化。记忆一定的时间之后，人们往往只能记住材料的大致内容，对一些细节上的东西容易遗忘，所以保持阶段的一个重要工作就是巩固这些细节。

三、 大学生涯发展的规划

日本著名思想家田池大作说：“对于人类来说，没有比为使命而活着更可贵的了，同时，也没有比不知道为何而生存更空虚的了。”在大学这个全新的环境面前，目标困扰着大学生们，大学一、二年级是最茫然的。上大学目标实现了，那么下一个目标是什么？绝大多数同学回答不上来。“增长知识”太笼统，“成功就业”太遥远，难以激发人的热情和干劲，表现为虽有学习愿望但缺乏学习动机。详细的生涯发展规划能增强大学生学习的目的性和计划性，进而挖掘大学生的潜能和提高他们的实力。

（一）规划大学生活

大学生活规划是大学生通过对未来大学生活道路的预期设计，并采取相应的措施，谋求在大学生活中取得更大成功的一种新型的大学生活管理活动。

如果你是一个不思进取、安于现状或者是一个没有勇气改变自己的人，那么下面的步骤就无须再看了。如果你开始思考大学生活的意义是什么，感觉自己每天都在忙碌，却好像没有收获，你会有改变现状的冲动，那说明你已经产生了规划的意识，接下来就需要进行自我评估，从自己的兴趣、特长、性格、学识、技能、智商、情商、思维方式、思维方法、道德水准以及自己今后想从事的职业等，认识现在的我，剖析过去的我，设想将来的我，仔细考虑自己要什么、不要什么，什么适合自己、什么不适合自己，将来成为什么样的人，大学要达到什么目标，用倒推法把大目标分解成小目标，用一个具体计划，分配和管理时间、精力，监督自己，当然也可以根据情况调整计划。

（二）职业生涯发展的意义

工作是生命中的重大经历，以平均寿命75年来计算，自20岁开始工作至60岁退休，职业生涯就占据了生命的一半以上。

有人把职业生涯发展比作爬山，初入职场，我们仿佛站在一个四面环山的山谷中，不同方向的山代表着不同的职业生涯，当然也代表着不同的人生路。我们要做的，就是在爬山以前，花足够多的时间来考虑，自己究竟是应该爬哪座山，山上地形如何，是否适合自己爬，该准备什么爬山装备——怎样规划自己的职业生涯。只有这样我们才更容易爬到山顶，实现自己的职业目标，成就成功的事业，成就成功的人生。

美国职业生涯规划大师雷恩·吉尔森在他的经典著作《选对池塘钓大鱼》中，把找工作比喻为钓鱼：确定适合自己的职业——一片水域；找到一家有发展前途的公司——一口池塘；寻找一位能帮助自己的老板——一名钓鱼教练。而且“我们首先要发现自己内在的需求——究竟想钓什么鱼：梦想鱼、兴趣鱼、价值鱼还是天赋鱼？正如钓淡水鱼不能去大海一样，明确了自己的目标，才能选择正确的水域和池塘。”“公司的大小就如同池塘的深浅，对的池塘并不一定是大的池塘。重要的是：第一，这个池塘是否有你想钓的鱼；第二，这个池塘的鱼我们能否钓起来。”要充分认识到自己内心的需求、自我性格、天赋和兴趣，建立起职业生涯管理计划。“鱼是游动的，机会也是在变化的，我们必须不断变化位置来寻找大鱼。”对于一名垂钓者，只有选对了池塘才能钓到大鱼。

（三）选择职业， 选择未来

人的一生中，职业选择是极其重要的环节，正如哲学家罗素所说：“选择职业是人生大事，因为职业决定了一个人的未来。铁匠锤打铁砧，铁砧也锤打铁匠；海蛤的壳在棕黑深邃的海洋里变成，人的心灵也受到生命历程的染色，只是所受的影响奥妙复杂，不易为人觉察而已。所以说，选择职业，就是选择将来的自己。”正确选择职业需要进行以下择业心理调适。

1. 处理好专业、学业、职业与事业的关系

(1)学业包含专业，是职业与事业的基础

学业，是指学生在学习期间应该在德智体方面提升自己的诸多因素，不仅包括专业学习，也包括思想道德素质培养、文化知识技能掌握、个人综合素质提高等各方面。学业是职业、事业发展的基石。

(2)职业是学业的展现、事业的载体

只有在具体的职业、具体的工作岗位上，一个人才能真正地认识自己、调适自己、完善自己，找准自己的职业定位，实现自己的事业理想。如果职业不适合自己，没有关系，可以转行，可以从事多个职业，但是，无论你多么不喜欢这个职业，只要在岗，就要敬业，因为职业是你赖以生存和发展的载体。当然，如果通过就业指导，一下子就找到最适合自己发展的职业，一直干下去，取得巨大成就，这是学业、职业和事业相协调一致的理想境界。

(3)事业是实现自身价值的目标

追求成功的事业，实现自身的价值，是每个学生的人生理想。同学们实现自己的价值，也就会体现教育的价值，创造社会价值，达到学生、学校、社会协调发展的良好效果。这无疑是以自己优秀的学业、顺利的就业和适宜的职业为基础的。

工作可能很辛苦，事业一定很快乐；职业交换薪水，事业创造价值；努力适应职业，在就业中成就一番事业。

2. 调整好职业选择时的个性心理因素

职业选择是迈向职场的第一步，与其在一个无法完全胜任的岗位上苦苦支撑、无所适从，倒不如找一个自己能游刃有余的岗位好好发挥专长。一个人只有正确地了解自己、认识自己时，才能根据自身的条件和外界的环境处事办事，选择合适的目标、道路与方法。

(1)理想与兴趣

职业理想决定了努力的方向。职业生涯好比走路轨迹，理想是这段路的目的地，有目的地才知道该往什么方向走。但这个职业理想不是简单模糊的行业概念，如医生、军人、教师等，而是一个明确的目标，如院士、上将、教授、人力资源总监等。模糊的目标不是理想。理想是怎样影响一个人的择业的呢？明确了职业理想的话，择业时就要依据职业理想。如果你想成为人力资源总监，那么在择业时，你就要选择人力资源职业，因为这个职业是实现你职业理想的最直接职业。

职业兴趣决定的是这个职业你是否喜欢。理想在客观上确定了你要做什么(因为你要实现理想)，而兴趣是在主观上确定你喜欢什么，不喜欢什么。也就是理想和兴趣天生不是一致的，当理想和兴趣发生冲突时，要么你依兴趣而调整理想，要么你依理想而培养兴趣。兴趣是影响人择业最主观的因素，也是判别一个职业是否适合自己的关键因素，所以大学生在择业时一定要充分考虑自己的兴趣。职业兴趣是可以通过职业测评来认知的。

(2)职业能力

职业能力影响的是这个职业你是否能够做好。能力包括职业能力和非职业能力，职业能力特指影响你做好一份职业、影响你在职业上发展的能力，而非指个人的所有能力。从事任何一种职业，要求从业人员须具备相应的能力，既要有一般能力，又要有职业能力，如建筑师擅长空间想象力，律师要有很严密的思维能力和较强的语言表达能力等，因此，高职大学生在择业时，必须考虑自身能力与职业的吻合问题，“天生我材必有用”，要找到适合自己的职业，我们首先应该自问：“我究竟擅长什么?”然后找出发展自己能力的方向，并且有意识地补充自己不足的能力，具备相关的职业能力对大学生来说至关重要。

(3)气质类型

生活中，我们不难发现这样的现象：有人选择了教师的职业，却性情暴躁、缺乏耐心；有人选择了记者的职业，却生性沉稳、反应迟钝；有人选择了保险推销的职业，却生性羞涩、沟通乏术。于是，理想的职业失去了原有的色彩。究其原因，并不是这些人能力低下，而是因为他们的气质与所从事的职业不相适应。可见，气质不仅会影响一个人职业的选择，而且可能直接影响到他具体工作的成败。因此，高职大学生在择业时，要结合自己的气质类型，扬长避短，有针对性地选择与自己气质相称的职业。

多血质型——感受性低而耐受性高，举止敏捷、姿态活泼；情绪色彩鲜明，具有较大的可塑性和外向性；语言表达能力和感染能力强，善于交际，感情外露但又显得粗心浮躁；办事多凭兴趣，富于幻想，缺乏耐力和毅力。多血质的人工作能力强，容易适应新环境，适应面较广泛，适合做政府及企事业管理工作、外事工作、公关工作、驾驶员、医生、律师、运动员、新闻工作者、演员、公安侦察员、服务员等。多血质的人不适合做过细的工作，单调机械的工作也很难胜任。

胆汁质型——感受性低而耐受性高，情绪高涨、抑制性差，日常生活中表现为积极热情，精力旺盛，坚韧不拔，语言明确，富于表情，喜欢新的活动、热闹场面，处理问题迅速而坚决；性情直率，但易急躁，热情忽高忽低，办事粗心，有时会刚愎自用，傲慢不恭。胆汁质型的人适合做导游、勘探工作者、推销员、节目主持人、外事接待人员、演员等工作，他们适应于热闹、繁杂的工作环境，不擅长细致、琐碎的工作。

黏液质型——情感不易变化和暴露，平素心平气和，不易激动，但一引起波动就变得强烈、稳固而深刻；他们说话慢且言语少，遇事谨慎，善于克制忍让，对工作埋头苦干，有耐久力，注意力不易转移；但往往不够灵活，容易固执拘谨。黏液质型的人适合从事外科医生、法官、组织、财会、统计、播音员等工作。

抑郁质型——感受性高而耐受性低，沉静、易相处、人缘好，工作细心审慎、稳妥可靠，但遇事缺乏果断和信心，工作适应能力差、容易产生悲观情绪。抑郁质型的人可以较好地胜任胆汁质型的人难以胜任的工作，比如：人事、机要、秘书、编辑、档案、化验、保管等工作，也适合从事研究工作和艺术造型工作等。

(4)个性特征

约翰·霍兰德是美国约翰斯·霍普金斯大学的心理学教授，美国著名的职业指导专家。通过对自己和他人职业生涯的深入研究，他于1959年提出了具有广泛社会影响的职业兴趣理论，即“人职匹配理论”。他认为人格可分为现实型、研究型、艺术型、社会型、企业型和常规型六种类型。人的人格类型、兴趣与职业密切相关，兴趣是人们活动的巨大动力，凡是具有职业兴趣的职业，都可以提高人们的积极性，促使人们积极地、愉快地从事该职业，且职业兴趣与人格之间存在很高的相关性。

然而，大多数人都并非只有一种性向(比如，一个人的性向中很可能是同时包含着社会性向、实际性向和调研性向这三种)。霍兰德认为，这些性向越相似，相容性越强，则一个人在选择职业时所面临的内在冲突和犹豫就会越少。为了帮助描述这种情况，霍兰德建议将这六种性向分别放在一个正六三角形的每一角(详见第148页的“测一测”)。

人们通常倾向选择与自我兴趣类型匹配的职业环境，如具有现实型兴趣的人希望在现实型的职业环境中工作，可以最好地发挥个人的潜能。但职业选择中，个体并非一定要选择与自己兴趣完全对应的职业环境。一则因为个体本身常是多种兴趣类型的综合体，单一类型显著突出的情况不多，因此评价个体的兴趣类型时，也时常以其在六大类型中得分居前三位的类型组合而成，组合时根据分数的高低依次排列字母，构成其兴趣组型，如RCA、AIS等；二则因为影响职业选择的因素是多方面的，不能完全依据兴趣类型，还要参照社会的职业需求及获得职业的现实可能性。因此，职业选择时会不断妥协，寻求与相邻职业环境、甚至相隔职业环境，在这种环境中，个体需要逐渐适应工作环境。但如果个体寻找的是相对的职业环境，意味着所进入的是与自我兴趣完全不同的职业环境，则工作起来可能难以适应，或者难以做到愉快地工作。

【心空翱翔】

活动1：职业猜谜

分组进行，不能看书。每个职业有三个提示，这三个提示是与职业相关的。在提示一就猜出答案的加3分，在提示二猜出答案的加2分，在提示三猜出答案的加1分。每组只能抢答一次，猜错则换别的组。都猜不出，就换下一张提示。

表 7-2

序号	提示一	提示二	提示三	职　业
1	博学多才	谆谆教诲	蜡炬成灰	
2	辩才无碍	思维敏捷	起死回生	
3	妙手回春	仁心仁术	救死扶伤	
4	一望无际	惊涛骇浪	满载而归	
5	抬头挺胸	出生入死	投笔从戎	
6	五颜六色	惟妙惟肖	栩栩如生	
7	秀色可餐	身材修长	流行前线	
8	水深火热	烟雾弥漫	出生入死	
9	不辞劳苦	走街串巷	绿衣天使	
10	笑容可掬	热情周到	欢迎光临	
11	游山玩水	舟车劳顿	慧眼识才	
12	争先恐后	明察暗访	独家报道	
13	山珍海味	如法炮制	垂涎三尺	
14	高端科技	日新月异	优胜劣汰	
15	一日千里	纵横天下	轻车熟路	
16	活灵活现	入木三分	最佳角色	
17	千变万化	未卜先知	谈天说地	
18	百发百中	一针见血	白衣天使	
19	无中生有	尘土飞扬	万丈高楼平地起	
20	斤斤计较	锱铢必较	年关报税	
21	体态轻盈	摇曳生姿	手舞足蹈	
22	轻歌曼舞	黄莺出谷	余音绕梁	
23	除暴安良	明察秋毫	人民护卫	
24	任劳任怨	堆积如山	一尘不染	

（答案：1. 教师；2. 律师；3. 医生；4. 渔夫；5. 军人；6 画家；7. 模特；8. 消防人员；9. 邮递员；10. 服务员；11. 导演；12. 记者；13. 厨师；14. IT 从业人员；15. 司机；16. 演员；17. 气象播报员；18. 护士；19. 建筑工人；20. 会计师；21. 舞蹈家；22. 歌星；23. 警察；24. 清洁工）

分享交流

常说“三十六行，行行出状元”，“三十六行”指的是什么？据宋代《情波杂录》所载，我国唐代主要行业很多，但确有“三十六行”的记载。它们分别是：肉肆行、鲜鱼行、海味行、米行、酱料行、花果行、宫粉行、酒行、茶行、汤店行、药肆行、柴行、棺木行、丝绸行、成衣行、顾绣行、针线行、皮革行、扎作行、故旧行、仵作行、网罟行、鼓乐行、杂耍行、彩舆行、珠宝行、玉石行、文房行、纸行、用具行、竹木行、铁器行、陶土行、花纱行、驿传行、巫行。

上述行业随着时间的推移和社会的发展发生了翻天覆地的变化，有些已经不复存在，有些已经改头换面，有些已经改弦易张，有些已经退出市场……因此“三十六行”并非指哪个具体的行业，而是对各行各业的概称。

2020 年 5 月 11 日，受人力资源和社会保障部委托，中国就业培训技术指导中心发布《关于对拟发布新职业信息进行公示的公告》，拟新增 10 个新职业，包括区块链工程技术人员、社区网格员、互联网营销师、信息安全测试员、区块链应用操作员、核酸检测员、在线学习服务师、社群健康助理员、老年健康评估师、增材制造(3D 打印)设备操作员。

活动 2：画出我的生命线

教师：引导学生以时间为横轴，以成就为纵轴，画出自己从出生至今的生命线。

学生：可以分时间段，选择自己认为重要的事件画。

说明：“画出你的生命线”，让学生直观地看出自己的成长经历，有利于学生对自身成就和失败做全面评估，更加全面深刻地认识自我，呼应之前所学内容，有助于学生端正学习动机，提升对学习规划的认识，掌握制订学习规划的方法。

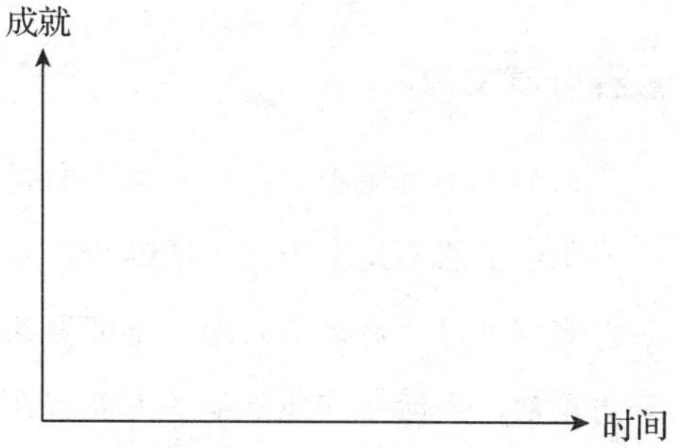

图 7-2 我的生命线

分享交流

有这么一则故事：三个泥瓦匠在砌墙，一个人走过来，问他们在干什么。第一个泥瓦匠没好气地说：“你没看见吗？我在辛苦地砌墙呢。”第二个回答：“我们正在建一座高楼。”第三个则洋溢着喜悦地说：“我们正在建一座美丽的城市。”10 年过去了，第一个人仍然在做泥瓦匠，第二个人成为一名建筑工地的管理者，而第三个人则成为这个城市的领导者。

思想有多远，我们就能走多远。在同一条起跑线上，态度决定一切。用长远的眼光、积极的心态看待事业，成功就离我们不远了。

学习是日积月累的过程，要树立远大的目标，要不断细化落实，既脚踏实地也仰望星空，不积跬步无以至千里。

活动 3：设计我的名片

道具：每人准备好纸和笔，悠扬的背景音乐

过程：15 分钟

教师：假如 15 年后，你选择了自己喜欢的职业，也有了自己的名片，动手设计属于你自己的名片吧！要求名片必须包括的内容：姓名、公司单位、联络方式……

我的名片：

学生：设计名片，写下向往的未来以及所从事的工作。

教师：分享名片的内容，并选出一张最特别的职业名片。

教师引导学生思考：如何使自己符合职业所需呢？需要经过哪些努力与过程才能从事向往的职业？想想若要从事向往的工作，现在应该怎么做？五年、十年后会怎样？如果几年后发现今天所设计的未来人生与现实不一致或者有差距，应该如何面对？

分享交流

每个人都有属于自己的未来蓝图，但是成功不能只靠想象，需要有具体的计划和行动。

职业虽然不是一个人生活的全部，但却是一个人生活的核心和重要保障，对人的一生有重大影响。可以说，每个人的一生都被深深地打上了“职业”的烙印。有人将一个人的职业比作轮子的轮轴，生活中其他重要的方面都在围绕着这个“轴”运转。

【心悦成长】

测一测

霍兰德职业兴趣测试

个人职业兴趣特性与职业之间应有一种内在的对应关系。霍兰德将职业倾向按照兴趣分为常规型 C、现实型 R、研究型 I、企业型 E、社会型 S、艺术型 A 六个维度，六个维度的组合反映了我们在职业选择上的优势。

请根据自己的情况回答“是”或“否”，计分之后，再将得分最高的三种类型从高到低排列，评分最高的是________；第二高的是________；第三高的是________。可以得出组合答案是________。

只有看到自己的优势也看到自己的不足，职业生涯才更有把握。

扫一扫查看霍兰德职业兴趣测试

练一练

心理知识竞赛

请以班级为单位，组织开展一次心理知识竞赛活动。

要求：

1. 全班同学参与，竞赛内容与心理知识相结合，积极向上。

2. 测试题目不少于100题，可增设时间限制或者奖品奖励，提高竞赛趣味性。

【心无止境】

拓展观影

《风雨哈佛路》

丽斯出生在一个贫民窟里，父母都是瘾君子，母亲还患有精神分裂症。在丽斯15岁时她的母亲死于艾滋病、父亲进了收容所。丽斯的生活颠沛流离，需要出去乞讨才能维持基本的温饱。

慢慢成长的丽斯知道，只有读书成才，方能改变自身的命运、走出泥潭般的现况。她用最真诚的态度感动了高中的校长，争取到了读书的机会。她一边打工一边上学，用两年时间学完了高中四年的课程，努力申请全额奖学金，完成了哈佛的学业。

一句话影评：贫困不能阻挠我们前进的决心，勇往直前的奋斗是人生永恒的主题。

拓展阅读

世界著名大学校长谈大学生应该怎样学习

北京大学、清华大学、耶鲁大学、牛津大学、早稻田大学……在这些蜚声世界的著名学府里，学校是如何培养学生的学习精神的？学生在这些著名学府里将会学到什么？在中外大学校长论坛上，记者就这些问题采访了一些著名高校的校长。

耶鲁大学校长莱温教授：参加课外活动培养领导能力

你想在今后的工作中成为领导者吗？美国耶鲁大学校长理查德·C. 莱温教授给在校大学生提出了最好的建议："参加课外活动，在课外活动中培养领导能力。"

耶鲁大学是美国最早成立的3所大学之一，有别于其他研究型大学的一个显著特点是非常注重培养领袖人物。

截至目前，耶鲁大学已经培养了5位美国总统。其中最近的3位，布什父子和克林顿均毕业于耶鲁大学。耶鲁大学不仅培养了站在政治舞台上的人物，还培养了美国金融帝国的基础，所培养的美国大公司的领袖人物比其他任何大学都多。

耶鲁大学为何能培养如此多的领袖人物呢？莱温教授微笑着道出了其中的秘诀："耶鲁大学特别鼓励学生参加课外活动，在课外活动中培养学生的领导能力。耶鲁大学有200多个课外文化小组活跃在校园中，包括辩论赛小组、撰写新闻小组、音乐小组、社区服务小组以及政治团体，等等。""课外活动小组是培养未来领导人素质的实验室，小布什当时就曾经积极参与社团的活动，这对他担任总统起到了很大作用。"莱温教授称。

耶鲁大学笃信教育重于教学，注重校园文化熏陶对于学生培养的不可替代作用。

耶鲁大学有一流的研究院，有馆藏丰富的图书馆，但莱温教授认为，教育重在思想的形成和品格的养成，教育不仅发生在课堂。如果大学生疲于奔波在教室之间，校园文化环境将无法发挥教育作用。

鉴于此，耶鲁大学从20世纪30年代开始模仿英国牛津大学和剑桥大学模式实行"住宿学院制"。每个"住宿学院"由来自不同院系不同专业的400～450名学生组成，配有院长和若干教授。学生在其中居住、进餐、社交，从事多种多样的学术和课外活动，12个学院有自己的报纸、歌咏队、运动队、兴趣俱乐部。

莱温教授坚信，耶鲁大学的住宿学院是教育的重要场所，大学的环境创造出的特有的文化氛围对于培养领袖具有不可替代的作用。

早稻田大学校长白井克彦教授：学习不能闭门造车

"大学生在校期间就要为本地区繁荣提供思路"，日本早稻田大学校长白井克彦教授认为，大学生学习不能闭门造车，要努力使自己成为对社会有贡献的个体，学生要深入本地企业、行政机构和其他的社会单位，创造有利于该地的知识和智力财富。

早稻田大学以"保全学术之独立，有效利用学术，造就模范国民"为建校宗旨，非常注重学生在大学阶段明确学习目标的培养。教师和学校会不断提醒学生要把为社会做贡献、为人类做贡献作为良好的学习动机，并把这个动机体现于实践之中。

白井克彦教授建议，青年学生要走进社区，为地区繁荣提供思路，进行知识实践。

他举例说，在距离早稻田大学50千米的土奇玉县本庄市，学校与当地政府共同建立了早稻田大学实验基地。在研究生课程阶段，学校派学生到此，与当地政府共同为地区环境、城市建设、信息领域进行设计和研究。

“这不仅推动了当地经济的发展，也让学生在实践中体会知识在实践中的运用，掌握基本的生存技巧，掌握处理人与人之间关系的技能，适应当地的文化、习俗和语言，从而达到学习的根本目的。”白井克彦教授说。

柏林工业大学校长库茨勒教授：理工科学生需要想象力和经济头脑

已经年逾花甲的德国柏林工业大学校长库特·赖纳·库茨勒教授足有1.85米的身高，身材高大的他在本次中外大学校长论坛中格外惹眼。在8月5日论坛茶叙的时候，记者请库茨勒教授为理工科学生如何学习支招。

“理工科固然需要缜密的思维，但千万不能制约学生大胆的想象力”，数学博士出身的库茨勒教授肯定地说。

库茨勒教授从1967年起就开始担任柏林工业大学数学科目讲师，后来担任数学系主任、副校长，2002年起担任柏林工业大学校长。

有着20余载教学经验的他，对理工科学生的思维发展有独特的看法。

库茨勒教授说，数理化是所有理工科的基础，理工科学生要对数理化有强烈的感觉、浓厚的兴趣。在本科低年级阶段，要夯实数理化基础知识，训练缜密的推理能力。但缜密的推理，并不妨碍学生大胆幻想的可能。“在头脑清醒和目标明确的前提下，理工科学生要充分发挥自己的想象力，假设所有的可能性，然后进行求证推理。鉴于这种想象力的需要，理工科学生在学习本专业以外，应该多学习文化、艺术和社会学方面的知识。”

库茨勒教授同时认为，没有经济头脑的人是无法进行理工科研究的。“比如说，你做一个研究项目，要充分考虑它对环境、人体健康等方面的不利影响，并预计能产生多大的正面效益。综合评价这两个指标，考虑付出与产出的比例关系，最终才能决定是否进行这项研究。”

此外，理工科的学生还要格外注意英语的学习。在库茨勒教授看来，熟练的英语阅读与表达是学好理工科的又一重要环节。“精准的英语能够使人直接阅读工科教材原文，而顺畅的表达可以帮助设计者推销自己的研发项目。”

哥伦比亚大学校长柏林格教授：大学生要有全球化眼光

“全球化产生的影响日益增大，大学要培养学生具备全球化眼光。”美国哥伦比亚大学校长李·C. 柏林格教授说。

柏林格教授回顾说，从20世纪40年代起，“全球化”一词尚未进入词汇库时，哥伦比亚大学已经有意识地走向外部世界，学者已开始考虑解决一些全球性的问题。例如，冷战时期开展俄罗斯、东亚等地区性研究；民权运动时期兴起宪法研究热以及对环保的关注等。

21世纪，全球变暖、艾滋病、饥饿、安全威胁、社会公正等诸多方面的新问题正在涌现，“大学教育不仅仅是简单地向学生传播知识，更要通过其广泛革新的跨学科领域认真探讨全球性难题，引导学生增强认识的深度和广度，以使其能够应对未来生活的挑战”。

在柏林格教授看来，“读万卷书，行万里路”的出国留学也是观察真实世界的一种方式。

此外，哥伦比亚大学特别重视学生的外语学习，全校开设的外语语种多达71种，是美国大学中外语语种最齐全的一个。“这也是我们培养学生具有国际视野的一个显著特点。”柏林格教授称。

莫斯科国立罗蒙诺索夫大学校长萨多夫尼奇教授：本科生学习宜博不宜专

产生过8位诺贝尔奖得主的俄罗斯莫斯科国立罗蒙诺索夫大学(简称莫大)，积淀了许多优秀的办学思想和理念。担任了14年该校校长的维·安·萨多夫尼奇教授主张：本科生早期学习宜广博不宜太专。“对大学本科生来说，广博地学习各个领域的知识很重要。”萨多夫尼奇说，大学本科阶段学校先要对学生进行通识教育，再进行专业教育。“先进科学技术的掌握需要以广泛的通识教育为基础，如果学生不了解各领域最基本原理的话，也很难专业化。”

在莫大，大学生前3年主要学习自然科学、人文科学领域的基础知识，不进行专业教育。例如数学、化学等学科只教授一般性的知识。到了第四年和第五年，开始进行专业化教育。如化学学科要分为有机化学、无机化学等。

在萨多夫尼奇看来，“培养具有宽泛知识面的专家比培养具有狭窄知识面的专家更重要。”他举例子说，莫大有土壤系，我们培养的土壤方面的专家应该了解物理、化学、生物、数学以及现代农业的问题，应该让专家在富饶的土壤中成长起来，这种土壤要比金子重要。“所有受过高等教育的人，都应该掌握自然科学的基础知识。”萨多夫尼奇认为，自然科学通过改变人的思维和生活方式而具有改变世界发展方向的能力。“学生了解最新的科学成果，加强科学学习尤为重要”。

萨多夫尼奇说，学生学习自然科学必须注意三个方面的问题：“一是纯粹理工科的学生，主要障碍是知识面过窄，对整个自然科学没有一个全面的理解；二是学习实用知识的学生，主要障碍是他们学的东西过于实用化、模式化；三是对人文科学学生来说，主要障碍是他们没有足够的动力，害怕学习自然科学。”

项目八　你是一张网更是一片海——网络生活与时间管理

伏尔泰曾经问：“世界上哪样东西最长又是最短的，最快又是最慢的，最能分割又是最广大的，最不受重视又是最受珍惜；没有它，什么事情都做不成；它使一切渺小的东西归于消灭，使一切伟大的东西生命不绝？”对的，是时间。时间是一张网，有些人在网中苦苦挣扎步步维艰，有些人在网中精打细算步步为营；时间更是一片海，有些人在海中随波逐流迷失方向，有些人在海中搏击风浪扬帆起航。人生不过三万日，等闲容易又一年。珍惜时间，才能让生命更加充实精彩。我们虽然无法决定生命的长度，但是却可以决定生命的宽度。你把时间之网撒在哪里，收获就在哪里。

【“心”赏感悟】

《岁月神偷》

20世纪60年代的香港，风云变幻。人们一面要忍受港英政府的压制，一面又受到内地运动的波及，更要面对不时登陆的台风暴雨。老字号的永利街就处在这样一个风暴的旋涡中心。鞋匠罗一家四口，在街尾以做鞋为生。罗先生虽然是一个优秀的鞋匠，但在那个混乱的年代也仅能勉强养家糊口；罗太太为人辛辣直率，人称“侠盗罗嫂”。罗先生的大儿子16岁，品学兼优，是学校运动会的冠军，全家人的希望，也是永利街的骄傲；小儿子8岁，在父母溺爱之下，天性顽劣，是出了名的捣蛋鬼……一家人虽艰难度日，但也算其乐融融。然而大儿子与富家小姐芳菲之间一段纯美的初恋、一场扫荡整个香港的飓风暴雨、一场潜伏已久的噩梦，让这个普通家庭的平安幸福在一夜之间陡生变故、支离破碎……面对岁月这个最大的“神偷”，顽强不屈的人该如何去抵抗？

扫一扫了解

《岁月神偷》

精彩“心”赏

偷走了岁月，却偷不走精彩的人生

《岁月神偷》自上映后，受到社会各界的广泛关注，荣获第60届柏林电影节新生代单元水晶熊最佳影片奖、第29届香港电影金像奖最佳编剧奖等重大奖项。乍看影片的名字，观众会以为这是一个讲江湖大盗的武侠片子，但实际上却是煽情的文艺片。这部片子从一个孩童的视角看待变化多端的世界，以一个朴实感人的鞋匠家的故事阐释了人生岁月的真谛——偷走了岁月却偷不走精彩的人生。

我的感悟：

这部电影片名出自导演罗启锐当年所著的文集名，根据自身童年经历创作，以20世纪60年代香港小市民家庭艰辛奋斗的感人事迹为线索，再现了那个风云岁月里港人顽强不屈的奋斗历程，堪称一幅“香港往事”的影像画卷，被誉为“近年来最美最感人的地道港片”。

《岁月神偷》真正感动人心的是无论岁月如何诡谲、人生如何困顿，那始终如一的信念及真情都无处不在。正如影片中的母亲常说鞋字半边难，但鞋字也有半边佳，所以一步佳、一步难，人生的道路就是得这么走来着。

人生时间有限，岁月在不知不觉中偷走我们的音容笑貌、健康体魄及亲人朋友等，面对残酷的人生规律，我们与其抱怨时间流逝，倒不如将人生信念与理想贯彻到每天的生活中，不管遇到人生的酸、甜、苦与辣，管理好属于自己的时间，用心经营每一天，我们也可以拥有精彩的人生！

“心”闻视窗

一个大学生的来信

我在整个大二和大三学年都是沉迷在网游的状态中，经常白天睡觉，晚上通宵游戏，在这种紊乱的作息状态中，吃不好、睡不好导致我体重减少10千克、上课时精力无法集中，挂科、班级活动参加得少。沉迷网游的原因我个人觉得有下面几点。

第一，没有目标，无所事事。大二的时候拿了英语四级和计算机二级证书，自己觉得毕业应该没有问题了，再加上没有考研的打算，所以在学习方面没有太大的目标了。

第二，课余生活不丰富。打球、打牌这样的活动确实没有网络游戏吸引人，没有网络游戏给人的成就感。

这段时间给我的学习生活造成了很大的危害。首先是浪费时间。有这样一张作息时间表：13：00起床，吃中饭；14：00去网吧，玩网络游戏；17：00吃晚饭，在网吧叫外卖，通宵练级；第二天早上9：00回宿舍休息。基本上，学习和交际的时间都被浪费了。

其次是浪费金钱。游戏的充卡和网吧会员的充卡，使我把有限的生活费全用在了网络上。大学生应以学习生活为主，我的生活费主要来自父母，拿着父母的血汗钱消费在网络上不仅是浪费金钱，更脱离了社会的基本道德。再次是荒废学业。大二、大三期间我共挂科4门。最后是人际交往能力减退。上网排遣心理困惑虽然可行，但过分依赖网络确实舍本求末。对游戏的依赖性越来越大，自己的人际交往能力因上网成瘾而萎缩，形成不切实际的自我意识，导致严重的社会交流障碍，对亲情和社会冷漠等。今后如何直面社会，参与各种交流、合作、竞争就成了问题。

我该这么办呢？

专家观点

为什么我们离不开手机

这是一个智能手机的时代。

因为智能手机，我们变得极其忙碌。工作学习空闲之余，我们总是迫不及待地打开手机，先查看与自己有关的信息，接着浏览所关注的公众号，最后发些自拍照和文字来刷一下存在感。其间穿插了无数个不知是否有用的“群”，或在群里插科打诨，或在群里潜水笑看他人嬉笑怒骂……我们的生活就存在于这些虚拟的时空中。为什么我们就离不开智能手机了呢？

你不是真正的自由——其实你早被手机绑架了！

移动互联网时代，人们愈发依赖智能科技产品带给自身的便利。智能科技产品融入社会生活，以自身特有的属性在社会互动中留下烙印。而智能手机作为智能科技的代表在更大程度上影响着人与人之间的交往方式。信息传递的范围和影响力得到延展，信息传递的速度不断提高，内容形式极大丰富。

人们在享受便利的同时，也愈发依赖于网络化智能手机主导下的新型社会互动模式。有了手机，我们可以来一场说走就走的旅行，可以足不出户万事搞定。这种状态就是吉登斯的“脱域”——可以随心所欲地超越时间空间，文艺一些就是“自由，我要风一样自由”。但你不是真正的自由，在社交工具互动中，早已形成新型的互动规则，比如你必须24小时在线，有信息要回等。这已经无时无刻地影响着我们的生活——你早已身不由己了。

所以在对新型社会互动模式的依赖，以及对不遵守如是互动规则而承担制裁的风险担忧的共同作用下，我们接受了这样的捆绑。所以我们无法离开智能手机。

我知道你懂我——个体在寻求社会认同

社会互动模式的革新对社交行为最突出的影响就是社交重心的转移——即从面对面的互动模式转移成为线上对线上的互动模式。需要强调的是此处并没有将二者区分为现实与虚拟世界，因为所谓“线上对线上”的社交模式仍然基于现实中构成一定关系的个体之间，其与面对面互动模式的区别仅仅在于使用媒介的不同。人际互动的出发点就是寻求一种社会认同。社交场所重心的转移将导致人们获取社会认同的场所转移。

交换理论社会学家布劳认为：社会赞同是社会报酬和社会影响的一种基本来源。某个人的观点得到社会赞同所具有的报酬性体验激励着人们更为自由地表达观点。也就是说，在社交工具中，自我价值的表露就是试图在获取社会赞同。那么我们就不难理解为什么很多人都喜欢在微信、微博等社交平台上发布自拍、收集点赞数等。无形中，智能手机成为个体寻求社会认同的入口之一。自然而然，我们无法离开手机。

我又错过了什么——信息集中化后的遗漏焦虑

智能手机一个重要的属性就是信息集中性。由于手机的智能化，各种功能的丰富使其成为各类信息汇聚的终端。信息通过智能手机集中，智能手机也成为当下人们获取信息的主要工具。

在信息终端手机化的趋势下，人们往往会产生一种基于社交媒体的遗漏焦虑(FOMO)——我们错过了社交平台上的一些讯息就意味着我们失去了一些与他人建立或加强联系的机会。与他人失去联系无疑是我们这种社会性动物最担心的事情了，极端而具体的例子就是曾经在加拿大做过的感觉剥夺试验。在感觉剥夺试验中，科学家把志愿受试者关在恒温密闭隔音的暗室内。7 天之后，受试者出现感觉剥夺的病理心理现象：出现视错觉、视幻觉，听错觉、听幻觉；对外界刺激过于敏感，情绪不稳定，紧张焦虑；主动注意涣散；思维迟钝；暗示性增高；神经症征象等。这是个体极力避免的情况，自然会引发焦虑感。

我们唯恐在手机上错过很多信息，所以对于智能手机产生了不可抗拒的依赖。也正是在这种本能的驱使下，很多人产生了类似“手机强迫症”的症候——有时明明知道多次地打开手机是没有意义的，但却无法控制自己，并感到十分痛苦。

大学一年的遗憾

一年前，我终于通过努力考入了一所自己心仪的高职院校，所有的期待都写在春风满面里。虽然不知道迎接自己的是什么，但我总觉得肯定要做些什么。从小到大我都是在规定的轨道上旋转，现在拥有自由的机会终于来了。然而，期待中全新的生活方式，一个崭新的自己迟迟没有出现。在最初对没有早自习和晚自习、没有那么多课、没有什么作业而产生的兴奋过后，我倒觉得自己的日子一下子空了。从来都是时间不够用，现在一抓一大把。上课以外的时间感到无所事事，不知干什么，于是经常打球、睡觉、打扑克、进行 QQ 聊天，玩游戏等，明知不该如此，却又控制不住。即便是上课，我也心不在焉，不是睡觉，就是玩手机，稀里糊涂地过了一个学期，感觉什么也没学到。

我终于明白，原来这么长时间以来，我们早就被高考、学校、家长和教师这些决定命运的元素拽得紧紧的，当这些元素突然消失后，我们自己这张弓根本没学会用力，不知道如何才能射出最远的箭。

后来，我加入学校最有规模的社团，从此开始了每周两次的例会，不定期的活动，起草策划书，被淹没在杂务的海洋里。我连去教室和图书馆的时间都没有了，将近一个学期都在忙于贴海报、借场地、搬运用具、招收新团员等。我慢慢有所醒悟，我花在学习上的时间太少了，做社会工作确实会耽误学习，但首先肯定是我的时间安排有问题。

有一种遗憾，是一种隐约又很具体的疼痛，想要倾诉却又无法倾诉。大学的第一年就带着这样的遗憾匆匆过去，蓦然回首的那一刹那间眼睛里空落落的，就是这种遗憾，仿佛在许愿池边，听到池底那些自己曾经投进去的一枚枚硬币在轻轻叹息。

专家观点

大学里的傻学生

也许，人生的话题还太沉重，但是大学的生活却已经开始了。大学生是令人羡慕的时代宠儿，是众望所归的天之骄子。大学生活本应是充实、幸福、美好的，但是有些大学生却对自己的生活并不满意，“沉闷、无聊、空虚、乏味”时常挂在他们的嘴边。大学里流行这样四句话：大一是理想主义，大二是自由主义，大三是浪漫主义，大四是现实主义。还有人用鲁迅先生的四部名著来概括大学四年：《呐喊》《彷徨》《伤逝》《朝花夕拾》。

大学往往被看作是进入社会前的准备，这里模拟生活的各种变化和规律，却又绝对不是社会。身处其中，大学生对于事业和道德的观点日渐长成，总会希望能将所学变成所用。但是学生的身份又将大学生限定在准生产者的阶段，开展社会性活动所能得到的社会认同度会比同龄的非大学生更少。大学生的社会活动总会被挂上儿戏和不负责任的标签。

在与大学生的相处中，总能听到一个词：“郁闷”。这个包含着一种对现实生活极端的不满和绝望般无奈的词语，居然那么“自然”地从一群“无忧无虑”的年轻人的口中说出来。这“郁闷”从何而来？一是超负荷的高中拼搏以及身心透支后的“真空”，二是高考后新的生活目标与理想缺失的茫然，三是学校、专业的理想落空以及不满足现状的失落，四是“陌生”环境下生活中无处不在的“抗拒”和自卑，五是生活环境变化后对熟悉生活的怀旧与依恋。

成长是一个漫长的过程，这个过程不会是一帆风顺的，总会遇到各种各样的挫折：刻苦学习却无法取得理想的成绩、屡屡奋战却总也通过不了英语四级考试、努力与同学沟通却无法拥有友情、家事变迁让人感觉身心疲惫、幸福的爱情成了如烟往事、经济困窘让生活举步维艰等。这一切都会让大学生在那段时间感受到冲突、失落、甚至痛苦。“不经历风雨，怎么见彩虹，没有人能够随随便便成功。”正是在与苦难挫折不断的斗争过程中，大学生们懂得了执着、奋斗和坚强，一次又一次地超越自我，慢慢地走向成熟。

过来人说，现在的大学，总是先学习郁闷，再学习知识。比如大一时学习面对各种的“不适应”，大二时学习面对一个个学习问题，大三时学习面对恋爱的困扰，大四时学习面对未来发展的问题。每一次面对都是一种从“心”的适应，一个从“傻”学生到“聪明”学生的过程。

第一种傻学生：课程不好就不上，白交学费了。

这种人在大学里不少，因为学校开的课程自己不喜欢学或者教师讲得不好，就逃课，以为“我走我的路”很酷，其实是在伤害自己，而且是以最傻的方式。一方面，学校开的课一定是有其用处的，当然不排除一部分过时的课程，可是作为第一次学习这门专业和课程的新鲜人来说，有什么资格说不喜欢呢？尤其是在连自己的专业是什么有什么用等都说不清的情况下，所以，当理解不了时还是先听学校的安排，认真去上课，其实，如果真的用心去听一门课，再去多看点相关书籍，你就会发现这门课还是有其用处的，只不过因为自己了解得不多和不深，还理解不了而已。另一方面，上的课是要花钱的，每上一节课就要在学费中扣除相应的费用，但是因为不是现场缴费所以大家没有强烈的感觉，也意识不到逃课就是浪费父母的钱。如果将教育看作投资的话，那花掉的钱、用去的时间、逝去的青春的回报在哪里呢？再者，即便真的是教师授课的方式方法的问题，也应该用正面沟通的方式去谋求教师的改变，而不是放弃这门课程。

第二种傻学生：没有目标地混，不知道为啥来大学。

短暂的迷茫有时是难免的，但是如果一直迷茫、缺乏目标，人是很容易随波逐流、放弃努力的，也更容易被外在的诱惑引入歧途。这正如在大海上航行，如果没有目标的话，那么什么方向来的风都可能是逆风。大学生应该搞清楚几个问题：首先，为什么要考大学？在人生发展中，是否非上大学不可呢？如果不上大学，自己的人生将会怎样？也就是说，要搞清楚大学对自己人生的作用和意义是什么，而不是仅仅因为父母要求上大学就上大学或者因为看到大家都上大学自己也上大学。其次，在大学里要得到什么？如果自己的人生目标必须要经历上大学的话，那么就要提出对大学的量化要求，要学到什么、得到什么，把这些目标都写下来，等毕业时再看看，就知道自己有多成功了。如果自己是属于没有目标就上了大学、上了大学也没有目标的那类人的话，那么现在就以自己毕业后要做什么工作、成为一个什么样的人为目标，看看自己现在与“那个人”的差距，那么大学也就有了奋斗的目标。总之，没有目标的大学是可怕的。树立一个目标，哪怕是一个遥不可及、连自己都不相信可以实现的目标，然后在大学努力、努力再努力为之准备，谁又能保证当坚持了五年、十年、二十年后，当初在大学里树立的目标不会实现呢？

第三种傻学生：希望舒服、追求享乐，千方百计向家里索要。

当中国的父母心甘情愿地为子女全力以赴的时候，也应该看到这种伟大的爱其实滋养出的并不都是甜美的果实。富裕起来的中国有这样一句话“再穷不能穷教育，再苦不能苦孩子”，孩子的教育成为一个家庭的重中之重，有求必应。当然，这里不是要否定这种伦理关系和真情实感，而是要提醒那些只顾自己享受而不考虑家庭环境如何的大学生，是否可以为了满足一己私欲、为了买可有可无的高档手机、为了买看碟玩游戏的电脑、为了自己的“伟大”爱情而慷慨解囊、为了所谓的面子而大肆挥霍……原本需要一个面包却想要一碗燕窝，当需要变成了想要的时候，一切都是那么“应该”。18 岁是法律赋予一个人公民权利的年龄，大学生常常以成人自诩，但却有选择地履行一个成人的责任和义务，而社会环境也习惯更多地用“学生”的标准衡量他们的言行。在这个尴尬的“准成人”身份下，如何从精神上和经济上脱离父母并走向独立，如何正确认识自己的社会成员角色并通过各种社会活动完善自己，树立作为社会一员所必须具备的人生观和价值观，掌握作为社会一员所必须具备的知识和技能并付诸社会实践等都非常重要。无论家庭经济实力是否雄厚，大学生应该是有承担的人，而不是让别人承担的人。

第四种傻学生：什么事都不请教过来人，全靠自己摸着石头过河。

有些人的个性很封闭，他们完全活在自己的圈子和世界里，不愿意和别人交流，不注重经历和经验对人成长的巨大作用，就完全靠自己的摸索，即使有捷径走他们也不听而非要自己去撞一下南墙才罢休，有时还是一而再、再而三。“大学之大，非大楼也，乃大师也。”“师者，传道授业解惑也。”大学是一个传承的机构，传承知识、方法、经验、文化、精神、信念，而且大学生在与身边人的交流、讨论中成长，是一个比较好的成长机会、也是一种比较好的成长方式。大学生最少要就以下几个方面的问题请教过来人：如何利用和规划大学的学习和生活；选择什么专业和什么样的学习方法；如何参加校园活动和社会实践；如何选择职业和实习；如何与人交往；如何与异性相处；如何应对压力以及进行自我管理；如何解决生理困惑等。

第五种傻学生：四年看的书没有一个月看的片多，不注重充实自己。

大学生有什么？大学生在大学时有的就是时间和年轻；那么大学生毕业时有什么呢？广博

的知识和过硬的能力应该是一个不错的答案。可是广博的知识和过硬的能力从哪里来？老人们总是以丰富的人生阅历和经验来教育年青一代，而年轻人却说经验不可以取代书本，但是这道理在自己身上却行不通了。广博的知识和过硬的能力从哪里来？书本和经验缺一不可。但就是这样一个很明显的问题，还是有很多大学生不明白。大学给所有大学生最公平的资源其实就是图书馆和自修室了。不去图书馆和自修室，只是不重视读书，更令人心寒的是不尊重知识。不满意自己的学校和环境，不满意自己的专业和教师，认为那些都已经是过去时，一句“活在当下”被巧妙地偷换了概念。在不多的经历里，总结出自己的经验，然后推而广之。这样所谓的经验，在今后的社会生活中很有可能会让你吃大亏，所以最大化地利用好大学的校本资源，积累足够多的知识和能力，才能最大限度地提升自己的核心竞争力。

一位刚刚从学生成长为教师的新人对大学生这样说：我觉得大学生活是否充实、是否有意义，完全取决于学生本身的思维和心态。大学阶段是一个人人格和价值观的重要塑造期，在这期间，你所遇到的教师、朋友和你周遭的环境对于你自身的成长来说非常重要。几乎每一个大学生都会经历一个莫名的低迷期，可能因为对未来无望的沮丧，可能因为家庭或长辈给自己的压力，也有可能是因为个人感情或人际交往方面的困惑。如何面对和处理这种情绪上的低迷，对自身的成长非常重要。几乎每一个大学都会安排这样一个讲座或是课程，旨在引导大学生对自己的人生做一个合理的规划、制定一个学习生活的目标。很多学生抱怨大学生活空洞、无聊，大多是缘于不知道自己来到大学是要干什么，在毕业时要收获什么。在大学，学习的绝不仅仅只有书本知识，很多有意义的东西其实是在书本、课堂之外。利用业余时间，通过正规的渠道去获得参与社会实践的机会，通过这些实际锻炼去成长去感悟，包括人际交往的技巧、待人接物的方式，这样在毕业时才能尽快地转换身份，由一个学生转变为社会人，才能更好地适应工作岗位，适应社会生活。

【心有灵卷】

一、 时间管理

（一）如何管理时间

1. 什么是时间管理

时间管理就是指在同样的时间消耗情况下，为提高时间的利用率和有效性而进行的一系列的控制工作，是由每个人在社会生产中所处的地位不同而赋予自己的一种内向管理素质。所谓时间浪费，是指对实现目标毫无贡献或较少贡献的时间消耗。所以，时间管理就是克服时间浪费，为时间的消耗而设计的一种系统程序，并选择一切可能利用的科学方法及手段，加以灵活的运用，以达到趋于预期的目标。

2. 四象限法

美国管理学家史蒂夫·科维提出，把事件按照重要性和紧急性两个维度，划分为重要、不重要和紧急和不紧急，形成四个“象限”事件，相应的工作顺序：先是既紧急又重要的，接着是重要但不紧急的，再到紧急但不重要的，最后是既不紧急也不重要的。

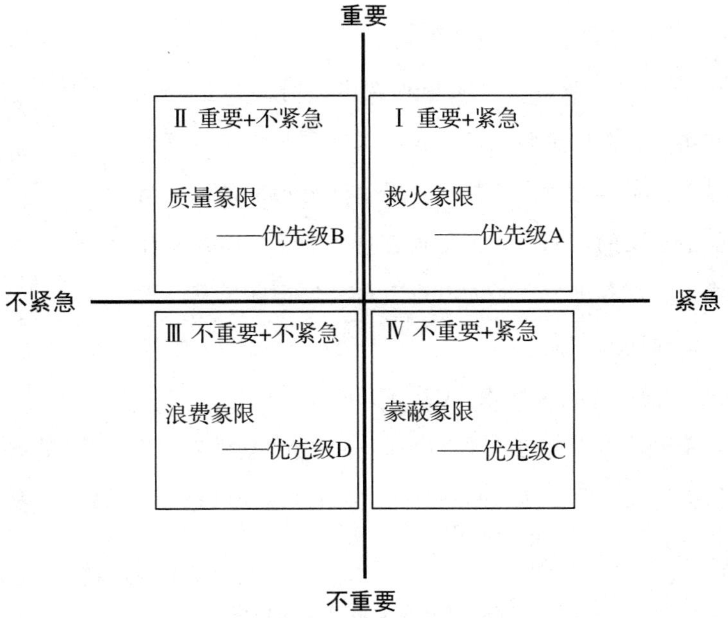

图 8-1　四象限事件

四象限法的关键在于第二、第三类的顺序问题，必须非常小心地区分。另外，也要注意划分好第一和第四类事件，都是紧急的，分别就在于前者能带来价值，实现某种重要目标，而后者不能。

(1)第一象限是重要又紧急的事

这是考验我们的经验、判断力的时刻，也是可以用心耕耘的园地。如果荒废了，我们很可能会变成行尸走肉。但我们也不能忘记，很多重要的事都是因为一拖再拖或事前准备不足，而变成迫在眉睫的。

该象限的本质是缺乏有效的工作计划导致本处于“重要但不紧急”第二象限的事情转变过来的，这也是传统思维状态下的管理者的通常状况，就是“忙”。

(2)第二象限是重要但不紧急的事

荒废这个领域将使第一象限日益扩大，使我们陷入更大的压力，在危机中疲于应付。反之，多投入一些时间在这个领域有利于提高实践能力，缩小第一象限的范围。做好事先的规划、准备与预防措施，很多急事将无从产生。这个领域的事情不会对我们造成催促力量，所以必须主动去做，这是发挥个人领导力的领域。这更是传统低效管理者与高效卓越管理者的重要区别标志，建议管理者要把80%的精力投入该象限的工作，以使第一象限的“急”事无限变少，不再瞎“忙”。

(3)第三象限属于不紧急也不重要的事

简言之就是浪费生命，所以根本不值得花半点时间在这个象限。但我们往往在第一、第四象限来回奔走，忙得焦头烂额，不得不到第三象限去疗养一番再出发。这部分范围倒不见得都是休闲活动，因为真正有创造意义的休闲活动也是很有价值的。然而像阅读令人上瘾的无聊小说、观看毫无意义的电视节目、进行办公室聊天等只是在浪费我们的时间和生命。

猴子法则：

(4)第四象限是紧急但不重要的事

表面看似第一象限，因为迫切的呼声会让我们产生“这件事很重要”的错觉——实际上就算重要也是对别人而言。我们花很多时间在这个里面打转，自以为是在第一象限，其实不过是在满足别人的期望与标准。

表 8-1 四象限事件的处理

		做 法	饱和后果	原 则
第一象限 重要×紧急	有期限压力的工作	立即去做	压力无限增大，甚至危机	越少越好
第二象限 重要×不紧急	制订规划，改进效能	有计划	忙碌但不盲目	集中精力处理，投资第二象限，做好计划，先急后松
第三象限 不重要×不紧急	无聊盲目	尽量不做	浪费时间	缓冲调节：仅当作休养生息，不沉溺
第四象限 不重要×紧急	意外事件	授权别人去做	忙碌且盲目	扔掉“猴子法则”

3. 番茄工作法

番茄工作法由弗朗西斯科·西里洛创立，强调专注于某一段时间并完整利用这一段时间，注重提高时间的感知和掌控，有效利用时间。

表 8-2 番茄工作法的全阶段

事 件	时 间	内 容
计划	一天的开始	计划一天要做的事
追踪	全天时间	记录一天之内要做的所有事情，作为原始数据
记录	一天的结束	每天建立一个工作档案，填写原始数据和工作时间
分析	一天的结束	由原始数据分析出有用的信息(能帮助你提高效率的信息)
可视化处理	一天的结束	把有用的信息用鲜明的方式表达出来，以便清楚地看到自己的进步

(1)每天开始的时候规划今天要完成的几项任务，将任务逐项写在列表里(或记在番茄工作法软件的清单里)。

(2)设定番茄钟(定时器、软件、闹钟等)，时间是 25 分钟。

(3)开始第一项任务，直到番茄钟响铃或提醒(25 分钟到)。

(4)停止工作，并在任务列表或任务清单里的该项任务后画个“×”。

(5)休息 5 分钟，活动、喝水、方便等。

(6)开始下一个番茄时间，继续该任务。一直循环下去，直到完成该任务，并在列表里将该任务划掉。

(7)每 4 个番茄时间后，休息 25 分钟。

(8)一天结束的时候，看任务列表或任务清单，评估一个番茄时间内任务完成情况，是否需要根据任务难度重新预估所需时间，以及意外事件发生的处理。

说明：①一个番茄时间(25 分钟)不可分割，不存在半个或一个半番茄时间；②一个番茄时间内如果做与任务无关的事情，那么这个番茄时间就作废；③永远不要在非工作时间内使用“番茄工作法”；④不要拿自己的番茄数据与其他人的番茄数据比较；⑤番茄的数量不可能决定任务最终的成败；⑥必须有一份适合自己的作息时间表。

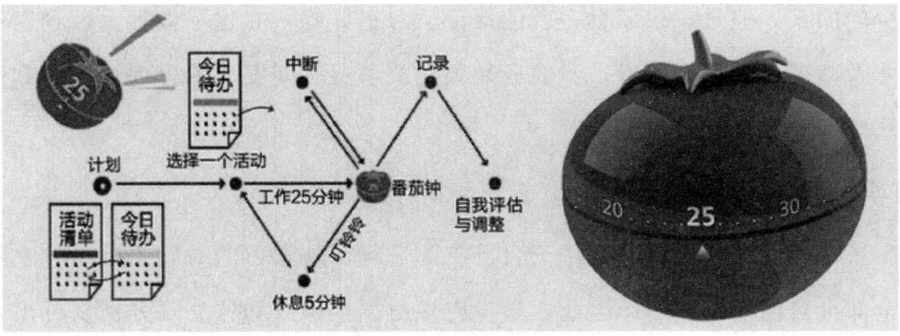

图 8-2 番茄工作法

一个番茄时间包括 25 分钟的工作时间+5 分钟的休息时间，4 个番茄时间为一轮，之后休息 25 分钟。在某个番茄时间的过程里，如果突然想起要做什么事情：①非得马上做不可的话，停止这个番茄钟并宣告它作废(哪怕还剩 5 分钟就结束了)，去完成这件事情，之后再重新开始同一个番茄时间；②不是必须马上去做的话，在列表里该项任务后面标记一个逗号(表示打扰)，并将这件事记在另一个列表里(比如叫“计划外事件”)，然后接着完成这个番茄时间。

二、 大学生的时间管理

（一）学习

1. 制订学习计划的原则

学习计划的制订，主要的内容是学习时间的安排。如何安排好有限的学习时间，方法很多，而且具体使用什么方法，还要根据实际情况而定。但是，不管采用什么方法，在考虑学习时间的安排时，要遵循以下几个基本原则。

(1)高效性原则——千方百计地提高单位时间的利用率，就是时间安排的高效性原则。提高单位时间利用率的最有效方法是在学习过程中专心致志，“用志不分，乃凝于神”，使注意力高度集中。

(2)整体性原则——把一定的时间作为一个整体来使用，争取运筹的最大效益。做好了对时间的整体安排工作，就可以使整个学习活动变得有条有理，一些具体的学习活动可在高时效、高效率的经纬中进行合理的组合。

(3)科学性原则——强调时间安排的合理性。学习时间的安排既要符合年龄特点，又要与学习的不同阶段有机联系在一起。

有些学生常常产生这样一个错觉，似乎科学家们要争取研究的成功，必须得天长地久连续奋斗。要学习好，就要“头悬梁”“锥刺股”“铁杵磨针”和“学海无边苦作舟”等。勤奋固然是取得成功不可缺少的因素，但是，仅靠勤奋就能保证学习得好吗？在这个世界上，勤奋和刻苦的人并不少，成才者却寥若晨星。所以，我们还是要强调学习时间安排的合理性，做到适时适地进行学习，并注意劳逸结合。

2. 制订学习计划的策略

对于学生来讲，周一到周五每天用于自己支配进行课外学习的时间主要是早上和晚上。周六和周日则全部由自己进行安排。因此，学生应该根据上课日和休息日分别制订出自己的课外学习计划。要有效地制订自己的学习计划，关键是解决以下两个问题。

(1)找出自己所能运用的时间——计划的第一步，是看自己到底有多少可用的时间？一天二十四个小时，扣掉吃饭、睡觉、上学及往返交通和必要的休闲活动所用的时间之外，自己可利用的时间几乎是屈指可数的。如果制订的是日常学习计划，一个晚上能有三四小时就够了，如果到了复习迎考的阶段，时间就得算得精确一些。找出可用的时间，说起来容易做起来难，我们往往不知道自己的时间是怎么用掉的。解决的办法是，先准备一个笔记本和一支笔，将其随身携带，以一周为期，视自己勤快的程度每隔半小时或一小时记录一次自己在这一段时间内做了什么事情，然后将其画在一张表格上，你必然会有重大的发现。

(2)明确自己所要完成的学习任务——“目标”是计划的基础。目标必须要具体和明确。例如日常计划的目标可能是“复习当天所教的课程内容，完成作业和预习下节课的学习内容”。当然，在复习迎考阶段，则可明确列出所需要复习的科目，并决定复习的次数和复习内容的深度情况。

（二）生活

相信不少人曾经听过这个故事：一个瓶子，一些大石头，一些沙子，一些水，如何装才能最大限度地利用瓶子的容积？

答案是先装大石头，等装不进后再装沙子，最后灌水。换个顺序往瓶子里放东西，水、沙子、石头，结果呢？再也不能全部放下了！设想，如果先装沙子的话，那大石头就没法装进去，因为大石头占空间大，没法挤进去。

> 思考：
> 1. 什么情况下适用四象限法？
> 2. 什么情况下适用番茄工作法？

其实，这是时间管理上的一个重要原则，也就是优先处理大事、重要的事，剩下的小事见缝插针补进来，填满剩下的时间。如果先处理小事的话，那大事则很难找到足够的时间来处理。一个人的高效与否，很大程度上取决于对“大石头”的处理上。这就是时间管理的优先次序法。

对于大学生来说，什么是“大石头”？又该如何处理“大石头”？那些大石头就是我们最大的事情或者是那个最终的目标，沙子则是除了终极目标以外的目标，而那些水或许就是零星的事情吧！至于瓶子，就是漫漫的人生路了。把大石头、沙子、水有次序地放下，那么人生就会饱满。

三、时间管理中常见问题及技巧

（一）拖延

拖延是该做的事和不应该延迟的行为之间的稳定连接，表现在人们行为的各个方面，是一种普遍存在的现象，有多达20%的正常成年人每天都出现拖延行为。拖延有三个特征：自愿、回避和非理性。首先，拖延是个体的自主决定，既不是胁迫的不得已行为，也不是因为突发事件而导致的客观延误。其次，拖延带有回避性，拖延者不愿意开始或完成已经打算做的事情。最后，拖延是个体的非理性行为，尽管没有适当的理由且会造成不利的后果，但还是选择了拖延。

1. 拖延的分类

(1)从拖延对象上来说，可分为学习拖延、生活次序拖延、迅速决策拖延、强迫性拖延。

(2)从拖延时间来看，可分为特殊情境拖延、长期特质拖延。

(3)从拖延影响范围来分，可分为社会拖延、个人拖延。

2. 拖延的心理意义

长期以来，拖延一直被视为适应不良的、不健康的行为，但是有研究显示，拖延也有积极、适应的方面。

谢尔和奥斯特曼提出，拖延可能是管理自我情绪状态的一种需要，当一些情境导致拖延者体验到更多的焦虑症状时，控制导向的任务会促使拖延者将注意集中在积极的情绪上。冯勒尔认为，拖延为下意识过程提供一个必要的酝酿期，使个体对某任务进行深思熟虑的思考，从而产生一个更具创造性的解决方法，个体可能是试图通过拖延管理他们的特质焦虑。

从这个意义上说，拖延被看作一种策略，拖延者用这种策略来管理消极情绪或寻求新的解决问题的方案。

3. 促进健康拖延

研究发现，自我调节是学习拖延的主要影响因素，相应的干预也是通过自我调节。所不同的是，认为拖延是自我调节失败，其干预为预防被动拖延，认为拖延是自我调节成功，其干预为促进主动拖延，而最新的拖延干预整合了两者的整体化方案，基于个体差异，在治疗“被动”的同时，需要寻找重塑“主动”的力量，最有益于个体心理健康。

（二）常见的时间管理技巧

时间管理技巧，总的来说，就是在学习中，在固定时间、固定地点做固定的事情。在学习之余，设定目标，选择时间，制定方案，记录进程，一天时间里，手脑并用，学乐参半，张弛有度，自我奖励。主要策略是找到自己在时间管理反方面存在的问题。对照下面时间管理技巧，看看自己在哪些方面需要加强。

1. 目标明确。目标要具体，具有可实现性。

2. 有计划地使用时间。不会计划时间的人，等于计划失败。

3. 将一天从早到晚要做的事情进行罗列。

4. 将要做的事情分先后顺序。80%的事情只需要20%的努力。而20%的事情是值得做的，应当享有优先权。因此要善于区分这20%的有价值的事情，然后根据价值大小分配时间。

5. 区分紧急事务与重要事务。紧急事务往往是短期性的，重要事务往往是长期性的。给所有罗列出来的事情定一个完成期限。

6. 做好事情要比事情做好重要。做好的事情是有效果的，而把事情做好仅仅是有效率的。所以首先要考虑效果，然后再考虑效率。

7. 遵循你的生物钟。你办事效率最佳的时间是何时？将优先办的事情安排在最佳时间里。

8. 要具有灵活性。一般来说，只将时间的50%计划好，其余的50%应当属于灵活时间，用来应对各种打扰和无法预期的事。

9. 对所有没意义的事采用优异忽略的技巧，将罗列的事情中没有任何意义的事情删除掉。

10. 不要老是梦想成为完美主义者。不要追求完美，而要追求办事效果。

11. 巧妙地拖延。如果一件事情，你不想做，可以将这事情细分为很小的部分，只做其中一个小的部分就可以了，或者对其中最主要的部分最多花15分钟去做。

12. 学会说“不”。一旦确定了哪些事情是重要的，对那些不重要的事情就应当说“不”。

如果时间管理方面还有问题无法解决，则需要寻找更深层次的原因。

【心空翱翔】

活动1：限时花钱

时间：15～20分钟

分组：不限

道具：每位同学一张面额为86400元的“支票”

过程：教师给每位学生发一张支票，支票上的数目是86400元，并且要求同学们在24小时内花完这笔钱。学生开始围绕如何花掉这笔钱进行讨论交流和分享。

游戏结果：大多数学生都把支票上的数目花光。

教师任务：点明“每天的时间跟支票上的面额一样是固定的，只有86400秒”。引导同学们思考：为什么我们在考虑如何支配自己的金钱的时候表现得很积极，而对于计划如何支配自己的时间时却缺乏兴趣呢？我们会发现并不是所有人在花钱的时候都能够非常理智地决定应该如何分轻重缓急，对于利用时间，则更是如此，即便我们都认为，时间比金钱更重要。

这个游戏使得时间管理的重要性更加深入人心，教师侧重引导学生感悟：时间是解决问题的限制因素，要学会恰当地管理时间，了解时间管理的重要性。

分享交流

“时间都去哪儿了?”有的人说时间就是生命;有的人说时间就是力量;有的人说时间就是知识……但自从美国历史上著名的思想家富兰克林发出“时间就是金钱!”的口号后,时间就像一个高高在上呼风唤雨的“皇帝”,人们似乎变成了时间的奴隶。人的生命离不开时间的慷慨赐予,时间老人对人们也并不总是那么高高地举着马鞭。不愿做时间的奴隶的人们,就应该成为时间的主人。因此当说到时间时,请把它看作一个预算项目——一个昂贵的预算项目。有这么一句警语突出了时间管理的重要性:“光阴似箭,日月如梭,时间在飞驶——你是飞行员,还是乘客?”

会管理时间,将会让你拥有一个充实的生活,拥有良好的自我感觉,诸事顺遂,其乐融融。因为你知道自己的人生奋斗目标之所在,并且知道怎样达到这个目标。因此,开始吧,不要再拖下去了:马上开始!

活动 2:“品尝”时间馅饼

目的:帮助个人对自己的生活做具体、客观、系统的分析。

材料:彩笔。

操作:同学在时间分配表上用不同的颜色涂上自己的时间安排,报告自己的时间分配表,比较自己与他人的不同,在小组内讨论。教师组织交流讲解,侧重引导学生思考自己的时间分配。

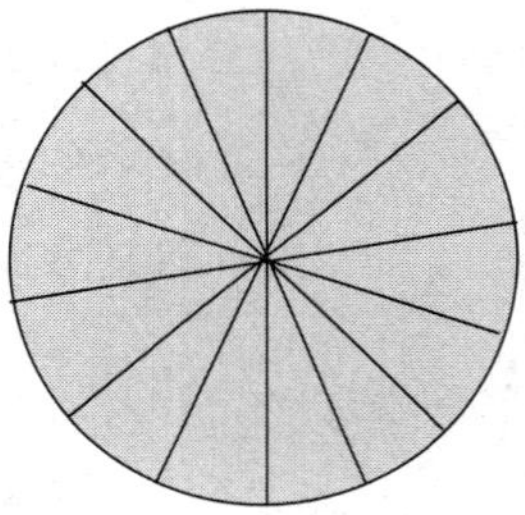

图 8-3

分享交流

“替换”生活

每个拖延行为背后都有一些原因。有些是属于非理性的,比如有自我设限、低自我效能感、赶不上最后期限的边缘上的恐惧感、对犯错的恐惧,相应地在词语表达上也会较多使用“必须”“应该”“一定”等非理性用语。

1. 用其他词语,替换非理性用语,挑战非理性自我暗示。

2. 用新的自我对话方式,审视自己的生活状态,调整自己的期望值。

3. 用四象限法,筛选自己每天的生活事件,梳理生活。

4. 用番茄工作法,安排自己一天的课内外生活。

5. 坚持,对比体验,相信你会有新发现。

活动 3：认识时间，计算生命

活动目的：帮助学生认识时间的宝贵，学会珍惜时间。

操作：

(1)假定人的生命长度有 30000 天(约 82.4 岁)，请计算已用去了多少天，还剩下多少天？

(2)把计算结果填入表格中。

(3)把最直观的感受，用简单的语言描写下来。

年　月　日
我的生命已用去______天 我的生命只剩下______天 我的感受是：____________ ____________ ____________ ____________

补充训练：

(1)写一份你通常一天做的事情，记录大致时间(有多少写多少)，并思考时间浪费在哪里，为什么会这样。

(2)整理你当前的目标与任务，并思考我如何完成学业，如何补上弱项，计划多长时间，如何进一步努力。

(3)为自己拟定一份学习计划。

分享交流

每一个人都是时间的消费者。人们消费时间不是几何中单向的一条射线，而是一个立体系统：人要生存就要吃饭、睡觉等，人生的不少时间是在学习和工作中消费的，它构成硬性规定的劳动学习日程表，除了学习、工作之外，人还要丰富自己的生活、享受人类创造的精神文化成果、从事娱乐审美和社交等活动，人类更需要创造和发展，需要在闲暇的时间中，发展自己的专长，更好地从事创造性活动。

大自然给了每个人同样的时间，但人们使用它的效率却不同。有效的时间管理能让我们做到事半功倍。因此，把握时间是学生有效学习的关键。时间管理的原则是把时间用在最有价值或最有助于自己达到目标的事情上。所以，如何养成有效运用时间的习惯非常重要。请对照一下自己：

1. 哪些时间用在主要目标上了？原因何在？

2. 哪些事根本不必做？在记录中占多少时间？

3. 哪些活动可以再少用些时间？需要采取什么措施？

4. 别人浪费了我的时间吗？我浪费了别人的时间吗？

【心悦成长】

测一测

大学生网络依赖度测试

互联网在生活中日益普及之后，因为迷恋网络使用而影响正常生活的现象屡见不鲜。通过对大学生群体的网络使用情况调查发现，其主要呈现人际关系淡漠、交际范围变小、社会适应性较差、日常管理混乱等。

网络依赖不同于网络成瘾，没有达到成瘾的程度，但对学生的学业和个人发展的影响是客观存在的。下面一些问题，请按照自己的实际情况做出选择，完全没有(1 分)、很少(2 分)、偶尔(3 分)、经常(4 分)、总是(5 分)，看看自己网络依赖的程度，来测测吧。

扫一扫查看大学生网络依赖度测试

练一练

Video log **视频日志**

Video log (V-log)是一种以视频的形式来表达和展示生活的方式。请选择有代表性的一天，用 V-log 记录下来，并剪辑成 5～10 分钟的短片。

作品要求：

1. 画面清晰稳定、配音标准、光线运用合理、文字字幕规范。
2. 为 MP4 格式，分辨率不小于 1920px×1080px，标注字幕。

【心无止境】

拓展观影

《时间规划局》

在一个虚构的未来世界，人类的遗传基因被设定停留在 25 岁，不管他们活了多久，生理特征都将保持在 25 岁。然而到了 25 岁，所有人最多只能再活 1 年，唯一继续活下去的方法就是通过各种途径获取更多的时间(如工作、借贷、交易、变卖，甚至抢劫)，于是时间就成了这个世界的流通货币。

类似于银行的时间管理机构遍布全球，而时间守护者会像警察一样追踪并记录每个人所使用的时间和剩余的时间，一旦在时间银行中的存额所剩无几，就将被剥夺生命。有钱人可以长生不老，而穷人们的生存则变得很艰难，一旦手臂上的表清零，就代表着一个人的死亡。

一个名叫威尔的穷人却意外获得了一笔巨大的财富，拥有了用不完的时间，但是他却因为此事被锁定为一场谋杀案的嫌疑人。

威尔因此走上了逃亡之路。在逃亡过程中，他绑架了时间银行的女继承人。两人都对现有的时间管理机制非常不满，进而联手起来对抗这个统治机构。

一句话影评：时间就是生命，只有让每一天都过得有意义，才没有浪费时间。

拓展阅读

时间管理的十一条金律

一旦掌握了个人时间管理的秘诀，你就会发现自己做事的效率竟然会这么高，你终于有了更多的时间来做自己真正想做的事情。那么，怎样做好个人时间管理？有十一条金律供参考。

金律一：要和你的价值观相吻合

你一定要确立个人的价值观，假如价值观不明确，你就很难知道什么对你最重要，当你价值观不明确，时间分配一定不好。时间管理的重点不在于管理时间，而在于如何分配时间。你永远没有时间做每件事，但你永远有时间做对你来说最重要的事。

金律二：设立明确的目标

成功等于目标，时间管理的目的是让你在最短时间内实现更多你想要实现的目标；你必须把今年的4～10个目标写出来，找出一个核心目标，并依次排列重要性，然后依照你的目标制订一些详细的计划，你所要做的就是依照计划进行。

金律三：改变你的想法

通过对时间行为学的研究发现，有两种对待时间的态度："这件工作必须完成，但它实在讨厌，所以我能拖便尽量拖"和"这不是件令人愉快的工作，但它必须完成，所以我得马上动手，好让自己能早些摆脱它。"当你有了动机，迅速踏出第一步是很重要的。不要想立刻推翻自己的整个习惯，只需强迫自己现在就去做你所拖延的某件事。然后，从明早开始，每天都从你的 to do list 中选出最不想做的事情先做。

金律四：遵循20比80定律

生活中肯定会有一些突发困扰和迫不及待要解决的问题，如果你发现自己天天都在处理这些事情，那表示你的时间管理并不理想。成功者花最多的时间在做最重要却不是最紧急的事情上，而一般人都是在做紧急但不重要的事。

金律五：安排“不被干扰”的时间

每天至少要有半小时到一小时的“不被干扰”时间。假如你能有一小时完全不受任何人干扰，把自己关在自己的空间里面思考或者工作，这一小时可以抵过你一天的工作效率，甚至有时候这一小时比你 3 天工作的效率还要高。

金律六：严格规定完成期限

“你有多少时间完成工作，工作就会自动变成需要那么多时间。”如果你有一整天的时间可以做某项工作，你就会花一天的时间去做它。而如果你只有一小时的时间可以做这项工作，你就会更迅速有效地在一小时内做完它。

金律七：做好时间日志

你花了多少时间在做哪些事情，把它详细地记录下来，早上出门(包括洗漱、换衣、早餐等)花了多少时间，坐车花了多少时间，出去拜访客户花了多少时间……把每天花的时间一一记录下来，你会清晰地发现浪费了哪些时间。这和记账是一个道理。当你找到浪费时间的根源，你才有办法改变。

金律八：理解时间大于金钱

用你的金钱去换取别人的成功经验，一定要抓住一切机会向顶尖人士学习。仔细选择你接触的对象，因为这会节省你很多时间。假设与一个成功者在一起，他花了 40 年的时间成功，你跟 10 个这样的人交往，你不是就浓缩了 400 年的经验？

金律九：学会列清单

把自己要做的每一件事情都写下来，这样做首先能让你随时都明确自己手头上的任务。不要轻信自己可以用脑子把每件事情都记住，而当你看到自己长长的任务清单时，也会产生紧迫感。

金律十：同一类的事情最好一次把它做完

假如你在做纸上作业，那段时间都做纸上作业；假如你是在思考，用一段时间只作思考；打电话的话，最好把电话累积到某一时间一次把它打完。当你重复做一件事情时，你会熟能生巧，效率一定会提高。

金律十一：每 1 分每 1 秒做最有效率的事情

你必须思考一下要做好一份工作，到底哪几件事情是对你最有效率的，列下来，分配时间把它做好。

项目九　做更好的自己——人格发展

大学的魅力在哪里？在于其独立的精神，自由的思想。大学时期是人生重要而关键的阶段，这个阶段也是大学生人格发展的最佳时期。完善人格，是一场青春修行，更是我们一生的课题。然而，来到人生的一大转折点的新生们，怀着未知的期许，希望自己成为自己想要的模样，却又时常感到迷茫，不知所措。象牙塔里，那些想要成为自己期许模样的年轻人，请你勿嫌弃此时的迷茫，这是你走向成熟的必经之路。你应该珍惜这种迷茫感，但更要寻找办法突围这段迷茫，应关注自己的人格发展，通过自我教育积极主动塑造良好人格。当面对挫折和失败时，坚强者能发奋拼搏，懦弱者会一蹶不振，这就是人格功能的表现。健全的人格是突破人生迷茫的智慧与勇气，好比一双丰满的羽翼，助力你展翅飞往你的山林。

【“心”赏感悟】

《弱点》

《弱点》导演由执导过《棒球新秀》的约翰·李·汉考克担任，他同时也是该片的编剧。影片根据迈克尔·刘易斯的原著《弱点：比赛进程》改编，讲述了美国国家橄榄球联盟明星球员迈克尔·奥赫的不凡经历。黑人男孩迈克尔·奥赫自幼父母离异，无家可归。不过，木讷的他却因为极强的身体条件和运动天赋，幸运地进入了一家孤儿院。虽然他科科零分，但是一些细节却让他显得与众不同。一次排球比赛后，他主动收拾垃圾的行为，引起了陶西一家的注意，他们决定收养迈克尔。

扫一扫了解《弱点》

陶西太太满怀爱心与责任，让从未拥有过属于自己的床的迈克尔感受到了家庭的温暖。陶西太太的儿子还帮助奥赫训练，使他很快地融入了橄榄球队的生活，不断激发运动的潜能。终于，在一次比赛中，迈克尔因出色的表现崭露头角，开始获得了球探的关注，逐渐找到自我的迈克尔，也通过自己的刻苦锻炼，终于成为国家橄榄球联盟的首批被选球员。

精彩“心”赏

成为更美好的自己

我的感悟：

影片从两个角度诠释了生命的盲点。迈克尔生长于环境险恶的黑人聚居区，但一直保持着善良的本性，这是因为他妈妈从小教导他，有坏事发生时要闭上眼睛，等坏事过去后再睁开眼睛，世界还是一片美好，这个生命的盲点让迈克尔保持了纯净。陶西太太在那个夜晚穿越了这个盲点，看到并正视了孑孓而行的迈克尔，于是让他避免了像他的兄弟们那样沉沦和不知所终，她拯救了他的才能，拯救了他的命运，她为此而感谢上帝，她成全了迈克尔，同时迈克尔也成全了她。这个道理适用于所有的人，渡人就是渡己，做一个对他人有意义的人，就是对自己最好的成全。

《弱点》讲的并不是一个麻雀变凤凰、丑小鸭变天鹅的故事。导演的用意要比这积极得多，他从根本上认为迈克尔本来就是“凤凰和天鹅”，只不过有着严重的盲点，一旦消除了这些盲点，他就能把最美好的一面展示给世人看。其实，安徒生的《丑小鸭》并不是在讲鸭子变天鹅的故事，而是说天鹅蛋不小心被下在了鸭子窝中，孵出来的天鹅老用鸭子的标准判断自己，从而总是感到自卑，后来它终于学会了用天鹅的标准看自己，才发现自己原本就是美丽的。“丑小鸭”不是因为自信就变成了天鹅，而是发现自己本来就是一只天鹅，只不过身处盲点之中，没发现罢了。

这部电影的意义，就是让每个人都发现自己身上的美善、尊严和价值。

也正因有这些极深的用意，还有真人迈克尔的传奇经历，再加上桑德拉·布洛克的精湛演技，这部影片一经上映便捕获了很多观众的心。

“心”闻视窗

身边的故事 1

小彤从小家庭成长环境比较差，父母经常吵架，甚至闹离婚，她没有感受过应有的家庭温暖和关爱。在她高二时，父母离了婚，她和母亲一块生活。母亲常告诉她，男人都靠不住，没一个是好东西，不能依靠男人，要自己努力。这让她产生了一种对爱的怀疑态度和对爱的不合理认知。进入大学后，在大一下学期她喜欢上了班里一位男生，这位男生英俊帅气，阳光大方，还有一双会微笑的迷人眼睛。两人很快就成为无所不谈的亲密朋友，爱意与日俱增。可当两人的恋爱关系确定后，小彤开始有些疑心起来，每天不止一次地问男朋友是否爱她，每一次男朋友都回答她："爱！非常爱！"小彤恨不得时时刻刻待在男朋友的身旁，渐渐地放弃自己的追求和爱好。

我想对小彤说：

____

____

____

____

专家观点

小彤属于哪种人格

小彤属于依赖型人格。依恋他人，敏感多思，控制情绪的能力较差，偏向感性，不太注意自己参与决策的能力，社会参与程度较低。依赖型人格对亲近与归属有过分的渴求，这种渴求是强迫的、盲目的、非理性的，与真实的感情无关。依赖型人格的人宁愿放弃自己的个人趣味、人生观，只要他(她)能找到一座靠山，时刻得到别人对自己的温情就心满意足了。依赖型人格的这种处世方式使得他(她)越来越懒惰、脆弱，缺乏自主性和创造性。由于处处委曲求全，依赖型人格障碍患者会产生越来越多的压抑感，从而使他(她)渐渐放弃自己的追求和爱好。

"心"闻视窗

身边的故事2

小朱，性格狭隘、多疑、嫉妒、易发怒，在校园生活中与人交流有障碍，固执己见，以自我为中心，不听劝告。在宿舍、班级和社团组织工作中，小朱自以为是，自命不凡，认为自己的能力很强，习惯于把成功和功劳归于自己，而失败和责任归咎于他人。在学习和生活上往往言过其实，夸大自我；面对问题时，易从个人感情出发，主观片面性大，如果有别人提出反对意见，他会十分愤怒，甚至不可抑制，大发脾气。

我想对小朱说：

____

____

____

____

专家观点

小朱属于哪种人格

小朱属于偏执型人格。极度的感觉过敏，对侮辱和伤害耿耿于怀；思想行为比较固执死板、敏感多疑、心胸狭隘；爱嫉妒，对别人获得的成就或荣誉感到紧张不安、妒火中烧，不是寻衅争吵，就是在背后说风凉话，或公开抱怨和指责别人；自以为是、自命不凡，对自己的能力估计过高，惯于把失败和责任归咎于他人，在工作和学习上往往言过其实，同时又很自卑，总是过多过高地要求别人，但从来不信任别人的动机和愿望，认为别人存心不良；不能正确、客观地分析形势，有问题易从个人感情出发，主观片面性大；如果建立家庭，会常怀疑自己的配偶不忠等。持这种人格的人在家不能和睦，在外不能与朋友、同事融洽相处，别人只好对他敬而远之。

“心”闻视窗

身边的故事 3

我想对小杨说：

____

____

____

____

小杨从小渴望父母的关注与赞美，每当父母忽视这一点时，她就会无理吵闹、损坏玩具或做些古怪的动作，以吸引父母的注意。她一直是衣来伸手、饭来张口，把父母当仆人；总想占有一切，童年时别的小朋友有的，自己也想有，而且一定要有。到了大学后，小杨觉得有种“高处缺知音”“鹤立鸡群”的感觉，用小杨自己的话说：“这是些什么人?！我怎么落在这群低俗的人当中?”与宿舍同学相处时常常喜欢指使别人，觉得大家都要听自己的；对舍友的好东西很想占有，对同学、朋友取得的好成绩无比嫉妒；常常认为自己是最重要的，自己就站在舞台的中心，别人或其他一切事物不过是自己的陪衬。但在现实中，小杨的这种态度与行为常常受到阻碍，没有得到期望中的关注与赞美，反而是招来冷淡和拒绝。她内心充满着失望、失落、失败、沮丧、焦虑甚至愤怒的情绪，态度和行为上变得越来越怀疑和消极，学习、生活的状态也越来越糟糕。

专家观点

小杨属于哪种人格

小杨属于自恋型人格。对自我价值感的夸大和缺乏对他人的公感性，会无根据地夸大自己的成就和才干，认为自己应当被视作“特殊人才”，认为自己的想法是独特的，只有特殊人物才能理解。自恋型人格的人最大的痛苦，不是和别人建立不了关系——因为在他们内心没有别人的位置——而是当现实不能满足他们的自恋和控制欲的时候，他们难以面对“自我否定”，对他们来说这是最大的打击，一旦自己被否定，就意味着自我世界的崩溃以及随之而来的恐惧和焦虑让他们手足无措，甚至绝望。

【心有灵卷】

一、人格是什么

> 知名教授培养的三个得意门生事业有成：一个在官场上春风得意；一个在商场上叱咤风云；一个埋头研究学问，著作等身。
>
> 有人问教授：你以为三人中哪个会更有出息？
>
> 老教授意味深长地说：“现在还看不出来。人生的较量分为三个层次，最低层次是技巧的较量，其次是智慧的较量，他们现在正处于这一层次，而人格的较量才是最高层次的较量。”

“人有千面，各有不同。”人格是一个丰富而复杂的心理成分，它凝聚着文化、社会、家庭、教育与先天遗传的个体风貌，有着鲜明的个性特征，其差异铸就了个体千差万别、千姿百态的心理面貌。人格是伴随着人的一生不断成长的心理品质。

心理学界对人格的研究历史由来已久，持有不同观点的心理学流派都提出了自己关于人格的意义界定。综合各个学派的观点，可以把人格定义为：一个人相对稳定而不变的特质。在这里，“特质”指的是一个人的思考方式、情绪或行为；而“相对稳定”指的是个体在不同情境、不同时刻的特质不会有太大的变化。举例来说：一个性格特征是外向的人在不同的地方、不同的时间，无论对熟悉的人还是对陌生的人所表现出来的人格特征都是外向的，因此可以说外向是他人格特征的一部分；反过来，他外向的人格特征会对他的行为有很大的影响。所以可以认为，人格是在个体行为上的内部倾向，它通过个体对环境的适应表现出来，包括能力、气质、性格、需要、动机以及价值观等方面的整合作用，是个体在社会化过程中形成的独特的、稳定的身心特质。

（一）人格的构成

我们常常听人说，张三的人格卑鄙，李四的人格高尚，这是从伦理道德上的评价。在某种情境下有人气愤地说："这是对我人格的污辱"，在这里的"人格"又是属于法律范畴，说明有人侵犯了他的尊严和人权。在国外，有的广告会说这种产品能增进你的人格，其意是指对你的衣着、发型、装饰等有所改进，令你的外表更加美观，这里的"人格"则是指容貌、仪表、给人的印象等。而我们这里所说的"人格"，则是相对于认知、情绪、意志等而言的一种心理现象，亦称个性，它反映了一个人总的心理面貌，是相对稳定、具有独特倾向性的心理特征的总和，它是在长期的社会生活实践中形成、发展起来的。

人格是由认知、动机、气质、性格、自我调控等不同成分构成的一个结构系统，不同成分从不同侧面反映个体的差异。气质与性格是人格的重要方面。

1. 气质是人格的生物基础

气质是表现在心理活动的强度、速度、灵活性与指向性等方面的一种稳定的心理特征。人的气质差异是先天形成的，受神经系统活动过程的特性所制约。个体出生时，最先表现出来的差异就是气质差异，有的爱哭好动，有的平稳安静。《水浒传》里的黑旋风李逵脾气暴躁，为人耿直，好斗；浪子燕青，喜欢使枪弄刀，擅长弹琴吹箫，还喜欢结交朋友；豹子头林冲身负血海深仇，尚能忍耐持久，几经挫折，终于被逼上梁山。《红楼梦》里的林黛玉多愁善感，弱不禁风。从这四个古代小说中的典型人物身上我们可以看到，气质是一种存在于人身上的典型的、稳定的心理特点。

(1)气质是人的心理活动的动力特征

气质是指一个人出生时固有的、稳定的心理特征，它具有一种行为方式和情绪反应类型的倾向性，具有先天性。这种先天的倾向性就是气质。气质主要表现在心理过程的强度、速度、稳定性、灵活性与指向性上。人的情绪体验的强弱，意志努力的大小，知觉与思维的快慢，注意力集中时间的长短，注意力转移的难易，以及心理活动是倾向于外部事物还是倾向于自身内部等都是气质的表现。

(2)气质无好坏之分

每一种气质都有积极和消极两个方面，在这种情况下可能具有积极的意义，而在另一种情况下可能具有消极的意义。如胆汁质的人可以成为积极、热情的人，也可发展成为任性、粗暴、易发脾气的人；多血质的人情感丰富，工作能力强，易适应新的环境，但注意力不够集中，兴趣容易转移，无恒心等。气质相同的人也有成就的高低和善恶的区别。抑郁质的人工作中耐受能力差，容易感到疲劳，但感情比较细腻，做事审慎小心，观察力敏锐，善于察觉到别人不易察觉的细小事物。气质不能决定人们的行为，是因为人们可以自觉地去进行调节和控制。

2. 性格是人格的心理特征

性格是一个人对现实比较稳定的态度和与之相适应的习惯化了的行为方式中所表现出来的心理特征。人的性格是在不同的环境和教育因素影响下，在人的实践活动中形成和发展的。性格一旦形成，就具有稳定性，但也有一定的可塑性。

性格是某些心理特征在个体身上有机结合的表现，体现出个人的独特风格。比如一个人对自己担当的工作总是勤勤恳恳，善于克服各种困难去完成任务；对那些在工作中具有创新精神的同伴给予支持和赞许；对那些工作不负责任和完不成任务的人，勇于对他们进行批评和热心帮助。从这个人对别人、对劳动、对自己的态度和行为方式上的表现上，可以看出他具有坚毅、勇敢、顽强和热情的风格，这些心理特征的总和就构成他的性格。

性格是贯穿在一个人的整个行为中的具有倾向性的稳定的心理特征。一个人的性格一经形成就具有相对稳定性，在某种情况下，总是表现出特定的生活感情和态度。所谓性格的稳定性并不是说一个人在行为举止上都是千篇一律的，而是指人的性格基本结构是不变的。性格的稳定性，也不是说它是不可改变的。性格特征是在人和客观现实相互作用的过程中发生改变的。

性格与道德品质和世界观相联系，它在人格结构中具有核心意义。因为，人对现实的态度和行为的后果，可能有益于社会，符合多数人的利益，也可能危害社会，损害多数人的利益。因此，性格必然受一定道德规范约束，并对它有好或坏的评价，不同性格特点的社会价值是不一样的。

人的性格不是一朝一夕形成的，但一经形成就比较稳定，并且贯穿在他的全部行动中。“江山易改，本性难移”就说明了这种稳定性。但性格也不是一成不变的，也是可以逐步改变的。“近朱者赤，近墨者黑”就说明性格是可以塑造的。人的性格在类似的情境中，甚至在不同的情境中都会表现出来。个体的偶然表现不能认为是他的性格。只有经常性、习惯性的表现才能认为是他的性格。

（二）人格的特征

人格是复杂的，由多种特质组成。多年来，对人格的研究仁者见仁、智者见智。要理解现代人的思想和行为，分析人格特征实属必要。

1. 社会性与主体性的统一

人是个体性的，同时更是社会性的。社会中的人才能真正称作人，否则，与动物无异，这是人格社会性的本质含义。社会性的特点决定了人格既有先天的特点，又有后天的特点。就个体来讲，社会对其人格的影响主要体现在人格外在表现的差异上，即个体性上。同时，人作为社会政治、经济、文化及整个社会生活的主体，在社会生活中以其主体意识参与社会实践活动，发挥其主体地位的作用。人格是社会性与主体性的统一。

2. 整体性与独特性的统一

人格的整体性是指人格伴随有多种成分和特质，如能力、气质、性格、价值观以及行为习惯等，但在真实的人身上它们并不是孤立存在的，而是密切联系、综合成一个有机的组织人的行为，是某个特定部分与其他部分紧密联系、协调一致进行活动的结果。同时，个体的人格是在遗传、环境、教育等先、后天环境交互作用下形成的。不同的遗传及教育环境，形成了各自独特的心理特点。由于人格结构组合的多样性，使每个人的人格都有自己的特点。环境会使某一人格品质在不同人身上表现出不同的含义。如，独立性，作为缺乏父母爱护的家庭中成长的孩子，独立带有靠自己努力的含义；而在一个民主型家庭成长的孩子，独立则作为发展人格培养的重要部分。

3. 统合性与个体性的统一

人是极其复杂的，人的行为表现出多元性、多层次的特点。各种人格结构的组合千变万化，因而使人格表现得色彩纷呈。在每个人的人格世界里，各种特征如同宇宙世界一样，是依据一定的规则有机组合起来的动力系统。人格的有机结构具有内在一致性，受自我意识的调控。当一个人的人格结构的各方面彼此和谐一致时，就会呈现出健康的人格特征，否则就会出现各种心理冲突。

尽管人与人之间人格的构成要素是共同的，但人格的外在表现形式却因人而异，其要素在一个人内心所处的位置各不相同，因此，人与人的思想和行为是千差万别的，即人格的外在表现是个体性的。如，当人的“价值”低到一个相应的临界点时，此人的“尊严”也会降低到一个较低的层面。反之，人的“尊严”便会上升到一个较高的层面。

4. 稳定性与独立性的统一

人格是相对稳定的，表现在人格的跨时间的持续性、人格的跨情境的一致性。这两个方面是密切联系的。

在人生的不同时期，人格的持续性首先表现为自我的持久性。人格特征的稳定性源于孕育期，它经历出生、婴儿期、童年期、青少年期、成人期以至老年期。随着年龄的增长，儿童时代的人格特征变得越来越巩固。这种稳定性表现在人格特征在不同时空下的一致性。如，一个性格外向的大学生，他不仅在家庭中非常活跃，而且在班级活动中也会表现出积极主动的一面，不仅大学四年如此，即使毕业若干年后，这个特质依旧不变。

同时，人格具有相对的独立性。人格是构成一个人的思想、情感及行为的特有的统合模式，这个模式包含了一个人区别于他人的稳定而统一的思想品质，是使个体的行为保持时间的一致性，并且区别于相似情境下的其他个体行为的比较稳定的内部因素。也就是说，人格是稳定的、内部的、一致的，区别于他人的心理品质。

5. 功能性与协调性的统一

“性格就是命运。”人们常常使用人格特征解释某人的言行及事件的原因。面对挫折与失败，有志者会认真总结经验教训，在失败的废墟上重建人生的辉煌；而怯懦的人则会一蹶不振，失去了奋斗的目标。当人格功能发挥正常时，就会表现得健康而有力；当人格功能失调时，就会表现出懦弱、无力、失控甚至变态。人格的外在表现是稳定的，除非遭遇意外事件或强烈刺激，人格不会发生结构性的改变。在不同的场合，我们每个人表现出来的特点可能不一样，但是作为个人来讲，这些不同的特点有其内部的协调一致性。因此，外在表现虽不同或有差异，但人格具有内在的协调一致性，体现了功能性与协调性的统一。

二、 人格的理论

（一）弗洛伊德的人格结构理论

奥地利心理学家、精神分析学派创始人西蒙德·弗洛伊德认为人格由本我、自我和超我构成。

1. 本我

本我是人格结构中最原始部分，从出生之日起即已存在。构成本我的成分是人类的基本需求，如饥、渴、性三者均属于本我的范畴。本我中的需求产生时，个体要求立即满足，故从支配人性的原则而言，支配本我的是快乐原则。

2. 自我

自我是在现实环境中从本我中分化发展而产生的。由本我而来的各种需求，如不能在现实中立即获得满足，就必须迁就现实的限制，并学习到如何在现实中获得需求的满足。从支配人性的原则看，支配自我的是现实原则。此外，自我介于本我与超我之间，对本我的冲动与超我的管制具有缓冲与调节的功能。

3. 超我

超我是人格结构中居于管制地位的最高部分，是由于个体在生活中接受社会文化道德规范的教养而逐渐形成的。超我有两个重要部分：一为自我理想，是要求自己的行为符合自己理想的标准；二为良心，是规定自己的行为免于犯错的限制。因此，超我是人格结构中的道德部分，从支配人性的原则看，支配超我的是完美原则。

人格结构中的三个层次相互交织，形成一个有机的整体。它们各行其责，分别代表着人格的某一方面。本我、自我和超我是处于协调和平衡状态的，从而保证了人格的正常发展。

（二）埃里克森的人格发展理论

德国发展心理学家、心理分析学者爱利克·埃里克森认为，人格的发展应包括机体成熟、自我成长和社会关系三个不可分割的过程，他根据这三个过程把人格分成八个阶段，表明一个完整的人生周期，而每个阶段都由敌对冲突或两极对立的矛盾所构成，并形成一种危机。解决危机会增强自我的力量，让个体形成某种良好的自我品格，人格就会朝着个体对适应环境有利的方面发展。

(1)婴儿期(0～1.5 岁)：基本信任和不信任的冲突

婴儿开始认识人了，当哭或饿时，父母是否出现则是建立信任感的重要问题。信任在人格中形成了“希望”这一品质，它起着增强自我的力量。具有信任感的儿童敢于希望，富于理想，具有强烈的未来定向。反之则不敢希望，时时担忧自己的需要得不到满足。

(2)儿童期(1.5～3 岁)：自主与害羞和怀疑的冲突

儿童掌握了大量的技能，如爬、走、说话等，也学会了怎样坚持或放弃开始“有意志”地决定做什么或不做什么。这时候父母与子女的冲突很激烈，也就是第一个反抗期的出现。一方面，父母必须承担起控制儿童行为使之符合社会规范的任务，即养成良好的习惯，如训练儿童大小便，使他们对肮脏的随地大小便感到羞耻，训练他们按时吃饭，节约粮食等；另一方面儿童开始有了自主感，他们坚持自己进食、自己大小便，所以训练他们良好的习惯不是一件容易的事。这时孩子会反复使用“我”“我们”“不”等词语来反抗外界控制，而父母决不能听之任之、放任自流，这将不利于儿童的社会化。若父母对儿童过分严厉，又会伤害儿童的自主感和自我控制能力。如果父母对儿童的保护或惩罚不当，儿童就会产生怀疑，并感到害羞。因此，家长把握住“度”，才有利于帮助儿童在人格内部形成意志品质。

(3)学龄初期(3～6 岁)：主动对内疚的冲突

如果幼儿表现出的主动探究行为得到鼓励，幼儿就会形成主动性，这为他将来成为一个有责任感、有创造力的人奠定了基础。如果成人讥笑幼儿的独创行为和想象力，那么幼儿就会逐渐失去自信心，这使他们更倾向于生活在别人为他们安排好的狭窄圈子里，缺乏自己开创幸福生活的主动性。当儿童的主动感超过内疚感时，他们就有了“目的”的品质。

(4)学龄期(6～12 岁)：勤奋对自卑的冲突

儿童在学校接受教育，如果能顺利地完成学习课程，他们就会获得勤奋感，这使他们在今后的独立生活和承担工作任务时充满信心。反之，就会产生自卑感。当儿童的勤奋感大于自卑感时，他们就会获得有“能力”的品质。

(5)青春期(12～18岁)：自我同一性和角色混乱的冲突

一方面青少年本能冲动的高涨会带来问题，另一方面更重要的是青少年面临新的社会要求和社会的冲突而感到困扰和混乱。这一阶段的危机是角色混乱。

(6)成年早期(18～25岁)：亲密对孤独的冲突

只有具有牢固的自我同一性的青年人，才敢于冒与他人发生亲密关系的风险。因为与他人发生爱的关系，就是把自己的同一性与他人的同一性融合为一体。这里有自我牺牲或损失。

(7)成年期(25～65岁)：生育对自我专注的冲突

生育感有生和育两层含义，一个人即使没生孩子，只要能关心孩子、教育指导孩子也可以具有生育感。在这一时期，成年人不仅要生育孩子，同时还要承担社会工作，这是一个人对下一代的关心和创造力最旺盛的时期，从中获得“关心”和“创造力”的品质。

(8)成熟期(65岁以上)：自我调整与绝望期的心理冲突

老人的体力、性和健康每况愈下，对此他们必须做出相应的调整和适应，所以被称为自我调整与绝望感的心理冲突。当老人们回顾过去时，可能怀着充实的感情与世告别，也可能怀着绝望走向死亡。自我调整是一种接受自我、承认现实的感受；一种超脱的智慧之感。如果一个人的自我调整大于绝望，他将获得“智慧”的品质。

表9-1　埃里克森的人格发展理论

年龄阶段	主要发展任务	良好人格品质	主要影响者
婴儿期 (0～1.5岁)	克服不信任 获得信任感	希望	母亲
幼儿期 (1.5～3岁)	克服害羞和怀疑 获得自主感	意志	父亲
学龄初期 (3～6岁)	克服内疚 获得主动感	目的	家庭
学龄期 (6～12岁)	克服自卑 获得勤奋感	能力	邻居、学校、师生、父母
青少年期 (12～18岁)	防止角色混乱 获得自我同一性	忠诚	同伴、小群体
成年早期 (18～25岁)	避免孤独 获得亲密感	爱	友人、异性、竞争同伴
成年期 (25～65岁)	避免停滞 获得繁衍感	关心	共同工作及分担家务者
成熟期 (65岁以后)	避免失望 获得自我整合	智慧	人类

老年人对死亡的态度直接影响下一代儿童时期信任感的形成。因此，第八阶段和第一阶段首尾相连，构成一个生命的周期。

人格终生发展论，为不同年龄段的教育提供了理论依据和教育内容。对个人而言，它也告诉我们为什么自己会成为现在这个样子，自己的心理品质哪些是积极的、哪些是消极的、在哪个年龄段形成的，对将来如何陪伴孩子成长、如何理解父母老年的一些想法等有许多帮助。

（三）艾森克的人格特质论

英国心理学家艾森克的“三因素模型”是人格的现代特质理论。其主要观点有：三因素包括外倾性，神经质，精神质。四层次由下到上依次为“特殊反应水平”（日常观察到的反应，属于误差因子），“习惯反应水平”（是由反复进行的日常反应形成的，属于特殊因子），“特质层”（由习惯反应形成，属于群因子），“类型层”（由特质构成，属于一般因子）。各种人格特质可用一个人格维度图表示。

艾森克从特质理论出发，以因素分析方法和传统的实验心理学方法相结合长期研究人格问题，并把研究兴趣从特质转向维度，从而确立了自己的人格理论。艾森克反对把人格定义抽象化，他在其《人格的维度》（1947）一书中指出“人格是生命体实际表现出来的行为的模式的总和”。艾森克认为这种行为模式的总和包括认知（智力）、意动（性格）、情感（气质）和躯体（体质）四个主要方面。后来他又强调人格具有稳定持久性。

艾森克提出内—外倾、神经质、精神质、智力和守旧性—激进主义五个维度组成人格的结构，但认为外—内倾、神经质和精神质是人格的三个基本维度。艾森克认为精神质独立于神经质，它代表一种倔强固执、粗暴强横和铁石心肠的特点，并非暗指精神病。研究表明，精神质也可以用维度来表示，从正常范围过渡到极度不正常的一端。它在所有的人身上都存在，只是程度不同而已。得高分者表现为孤独、不关心他人、心肠冷酷、缺乏情感和移情作用、对旁人有敌意、攻击性强等特点。得低分者表现为温柔、多愁善感等特点。如果个体的精神质表现出明显程度，则易导致行为异常。艾森克认为，有关内—外倾和神经质两个维度的实验研究，几乎完全肯定在人格测量描述系统中这两相因素处于醒目和稳定的地位。他又将内—外倾和神经质作为两个互相垂直的人格维度，且以内—外倾为纬，以神经质为经（表现为情绪稳定的一端和情绪不稳定的一端），绘制成人格结构图。

（四）人本主义的人格理论

人本主义心理学是由许多具有类似观点的心理学家共同发起的一种心理学界的革新运动。他们看中人性中的积极面，大都同意人性本善的理想主义观点，注重使人类获得他们充分发挥潜力的条件，认为这既是人类应当追求的价值目标，也是生物进化赋予人的本性在充分发挥时所能达到的境界。

罗杰斯认为，每个人都以一种独特的方式感受世界，个体能对感知过和体验过的事物赋予一定的意义，这些知觉和意义的整体便构成了个人的现象场。行为的最重要决定因素是有意识的或能够变成有意识的感知。因此对人格的研究应该从努力了解人们心目中的世界开始。在大量的临床实践中，他发现求助者经常使用“我”一词来表达内心的体验，以此建立他的“自我理论”。在其人格理论中，有两个重要的概念，一是自我，二是理想自我。他认为人的发展受到他人评价的影响，而自我发展还要求获得他人或自己的积极看待，即关注、赞赏、尊敬、同情、温暖与爱。如果儿童的自我实现倾向受到干扰与压抑，他的需要没有得到应有的满足，他人格的健康发展就会存在极大的问题和隐患。

与精神分析学派不同，人本主义认为自我是人格的核心部分，自我的充分发展是个体生长和发展的目标，所以，人格形成与发展其实就是自我的形成与发展。马斯洛提出需要和动机理论，是其自我实现理论的中心和精髓。他认为，我们每个人都有意愿朝健康、积极的方向发展，具有成长和变化的潜能，这种潜能是独一无二的，且会引导所有人的行为。自我实现是人格结构中唯一的动机，其他动机都可以归属于自我实现的倾向性。正是自我实现的倾向性使人的自主性和自足感增多，从而增加一个人的经验总量，促进个人的成长，引导一个人朝向普遍积极和健康的行为方面发展。

三、 发展健全人格

发展人格的研究涉及教育、心理、社会、伦理、道德、法律等诸多学科领域。在教育学家看来，发展人格就是一个人个性的全面发展。一个具有发展人格的人，就是德、智、体、美、劳诸方面协调发展的未来社会的合格人才。从社会学的角度来说，发展人格是“自然人”向“社会人”转化的过程中，表现为人对复杂社会关系的正确认识和良好适应。伦理学和法律学中运用人格概念则注重对人作为一种现实存在的权利的尊重和维护，体现出人的价值和尊严的神圣与不可侵犯性。

（一）健全人格的内涵

健全人格指各种良好人格特征在个体身上的集中体现，国内外学者关于健全人格都做了相应论述。

综合国内外学者对健全人格的研究，哈文格斯特(1952)认为个体具有以下九种有价值的心理特质即为心理健康：(1)幸福感，这是最有价值的特质；(2)和谐，包括内在的和谐及与环境的和谐；(3)自尊感；(4)个人的成长，即潜能的发挥；(5)个人的成熟；(6)人格的完整；(7)

与环境保持良好的接触；(8)在环境中保持有效的适应；(9)在环境中保持相对的独立。

罗杰斯提出“机能充分发挥型人”的特征：(1)接受自身体验的意愿；(2)对自我的信任；(3)对自我的依赖；(4)作为人而继续成长的意愿。

阿尔伯特提出人格健康的六条标准：(1)力争自我的成长；(2)能客观地看待自己；(3)有统一的人生观；(4)有与别人建立和睦关系的能力；(5)能获得人生所需的能力、知识和技能；(6)具有同情心和对一切有生命的爱。

人本主义心理学家弗洛姆提出“创发者”模式，他认为“创发者”有四个特征：(1)创发性爱情；(2)创发性思维；(3)有真正的幸福感；(4)以良心为其定向系统。

我国学者高玉祥认为，健全人格的特点有：(1)内部心理和谐发展；(2)人格健全者能够正确处理人际关系，发展友谊；(3)人格健全者能把自己的智慧和能力有效地运用到能获得成功的工作和事业上。

这些阐述都是人格健全者的标志，生活中很多人达不到这个标准，但这些都为我们健全人格的培养提供了一种范式。大学生健全人格包括以下几个方面的内容。

一是自我悦纳并接纳他人。人格健全的学生能够积极地开放自我，正确地认识自己，坦率地接受自己的囿限并对生活持乐观向上的态度。

二是人际关系和谐。人格健全者心胸开阔、善解人意、宽容他人，尊重自己也尊重他人，对不同的人际交往对象表现出合适的态度，既不狂妄自大，也不妄自菲薄，在人际关系中具有吸引力，深受大家的喜欢。

三是独立自尊。人格健全者的人生态度乐观向上，生活态度积极热情，有正确的人生观与价值观，能够用理性分析生活事件，头脑中非理性观念较少。人格独立，自信自尊。

四是能够发挥自己的潜能。人格健全的大学生具有自我发展、自我塑造与自我完善的能力，能够充分开发自身的创造力，创造性地生活，发现生命的意义并选择有意义的生活。

（二）健全人格的标准

人格健全或心理健康的标准众多，以下介绍几种迄今为止全球较为认同的模型。

1.“成熟者”模型

美国人格心理学家奥尔波特在哈佛大学长期研究高心理健康水平的人，把他们称作“成熟者”，并从他们身上归纳出 7 个特点：有自我扩展的能力；能与他人热情交往、关系融洽；情绪上有安全感，自我接纳；具有现实性知觉；客观地看待自己；有多种技能，并专注于事业；行为的一致性是其人生哲学。

2.“自我实现者”模型

美国人本主义心理学家、人类潜能运动的先驱者马斯洛，对“自我实现者”进行了深入研究，发现这些高成就者都满足了自我实现的需要，所有能力都得到了运用，所有的潜能都得以实现。马斯洛从“自我实现者”身上归纳出15个特点：了解并认识客观现实，持有较为实际的人生观；对自己、对他人、对整个自然能够做到最大限度的认同和接纳；在情绪与思想表达上较为自然；有较广的视野，就事论事，较少考虑个人利害；喜欢独处，有超俗的品质；有独立自主的性格；对平凡事不觉厌烦，对日常生活永感新鲜，并有高品位的鉴赏力；对事业与生活富有激情，常有高峰体验；能建立持久的友谊；有民主的价值观，尊重别人的意见；有伦理观念，能区别手段与目的，绝不为达到目的而不择手段；带有哲学气质，有幽默感；有创见，不墨守成规；对世俗，和而不同；对生活环境有改进的意愿与能力。

（三）发展人格的方法

大学生作为构建和谐社会的生力军和社会主义建设的接班人，其健全人格的培养更具现实意义。和谐人格能促进大学生人生观、价值观的养成。健全人格的培养，可以帮助大学生明晰自己的人生目标，端正人生态度，并为其行动提供充足的动力，避免受到拜金主义、享乐主义等腐朽思想的侵蚀，正确看待金钱、利益与个人价值的关系。大学生只有具备了健全和谐的人格，才能不断提升自身内在修养，在日常交往中才能够尊重和理解他人，避免以自我为中心，实现人际关系的和谐。

1. 培养良好的认知结构，全面地认识自我

一个人要有自知之明，明智地对待和处理问题，对自己的生理状况、容貌、能力、兴趣、气质、经济状况、个人角色都要接受下来，实事求是地认可和对待。个人的需要、动机、信念、理想等都要以现实为基础，切不可想入非非，以免碰壁。

2. 丰富人生经验，增强对挫折的抵抗能力

抵抗能力主要是和人的认识水平有关，一个人对外部事件有充分理智的认识时，就可以相对减弱刺激的强度。人的生活经验也是认识的积累过程，因此丰富人生经验同样会增强这种抵抗能力，培养自尊自强的人格意志。

3. 建立和谐的人际关系

人际关系最能体现一个人人格的健康程度。尤其是与拥有良好健康人格的人交友，对于大学生自身来说也是一种提高。孤独对心理健康有害，要处理好人际关系，要交几个知心朋友，积极参与校园文化活动，要在集体活动和社会活动中增强集体感，培养欢乐情绪和开朗性格。

4. 提高情商，保持良好心情

情绪控制管理能力，是衡量一个人情商高低的标准，当今时代，需要的是高情商的人才。提高情商有利于人际关系的发展，同时，良好的情绪控制管理能力有利于心理健康，健康的心理对于健全和完善人格很有必要。因此，提高情商，有利于大学生人格的发展。

5. 培养乐观向上的生活态度，积极主动

乐观的人常常能看到生活的光明面，对前途充满希望和信心，即使在遇到困难和挫折的时候也能不畏艰险，勇于拼搏。作为一名当代大学生，每个人都想追求健全的人格，人人都在努力塑造健全的人格，只有这样才能保持愉快、自信的心情，对生活充满希望；更重要的是只有具有管理自我情绪以及适应环境的能力，才能将个人的聪明才智发挥到最大限度，从而实现人生价值。一个人只要坚持不懈，就一定能使自己的人格更加健康完善。

【心空翱翔】

活动 1：我的优点树

设想一下，你正沿着一条路走，突然发现前方有一棵很特别的树。这是一棵具有象征意义的树，与你有关，它上面挂满了标志着你特别的能力和优点的硕果。仔细地观察它，它是什么样的？枝干、树根如何？然后在纸上画下来。鼓励使用彩色的笔，不同的果实可以选用不同的颜色。

我的优点树

分享交流

1. 学生完成“我的优点树”。注意是否“只画了一棵没有叶子和果实的树”，这样的作品传达出的是“我是没有优点的”这一想法。

2. 全班展示“我的优点树”。教师引导学生接纳和欣赏不同的作品。

3. 展示后，师生交流：我们绝对需要自我肯定。我们要相信，每个人身上都蕴藏着一个巨大的宝藏，里面藏着我们的优势和潜能。但我们仍需问自己：这些优势是否得到了充分的发展？它们到底对我产生了哪些重要影响？

活动 2：撕掉标签

每个人发一本 N 次贴，给自己写 10 个标签，每张贴纸写一个词，贴在自己身上。可以给 50 个样词，比如：丑、土、时尚、学渣、学霸、口音奇怪、灵魂画手、不爱洗袜子、爱逃课、恋爱脑、吃货、瘦、内向、自信……每个人给其他人贴1个以上标签。最后大家身上都有几十个标签，有的来自自己，有的来自他人。每个人上台撕掉两个标签，并说一下为什么撕掉它。比如，我撕掉了“内向”标签，并说：没有所谓的内向和外向，只有有活力和没有活力。如果你富有生命力，大脑不停地思考，即使表现得很不善言辞，但仍是有趣的人。

分享交流

人格的幼芽要成长为参天大树，须具备良好的环境。人格的发展受到社会文化、学校教育、家庭环境诸多因素的制约。不同的环境在人格形成和发展的不同阶段起着不同的作用。

人一出生，便置身于社会文化之中并受社会文化的熏陶与影响，社会文化对人格的影响伴随着人的终生。社会文化具有塑造人格的功能，这反映在不同文化的民族有其固有的民族性格，不同的地域有着不同的文化传统，不同的文化发展时期有着不同的文化认同。

玛格丽特·米德等人通过对巴布亚新几内亚的三个民族人格特征的研究发现：来自同一祖先的不同民族各具特色，鲜明地体现了社会文化对个体的影响力。居住在山丘地带的阿拉比修族，崇尚男女平等的生活原则，成员之间互相友爱、团结协作，呈现一派亲和的景象；居住在河川地带的孟都古姆族，生活以狩猎为主，男女间有权力与地位之争，成员表现出攻击性强、冷酷无情、嫉妒心强、妄自尊大、争强好胜等人格特征；居住在湖泊地带的张布里族，男女角色差异明显，女性是这个社会的主体，掌握着经济实权而男性则处于从属地位，其主要活动是艺术、工艺与祭祀活动，并承担孩子的养育责任。这种社会分工使女人表现出刚毅、支配欲高、自主与快活的性格，男人则有明显的自卑感。

由此可见，社会文化因素对人格的形成与发育具有重要的作用，特别是后天因素决定了人格的共同性特征，它使同一社会的人在人格上具有一定程度的相似性，如民族性格等。

也正是因为如此，我们很容易被别人贴上“标签”，也很习惯给别人贴上“标签”。这些“标签”或真实存在，或纯属虚构，或客观如此，或主观臆想。我们应该如何避免给别人贴“标签”？又应该如何看待别人给我们贴的“标签”呢？

活动3：我的人格发展计划

小溪坚信自己能见到大海，所以一路高歌，奔腾不止；小草坚信自己能点缀春天，所以迎风微笑，不畏风雨，我们因为相信自己能够成功，所以信心百倍，勇往直前。下面请你结合课程所学的内容，为自己设计一个全新自信的形象。

全新自信的我：
1. 外表：__________
2. 性格：__________
3. 能力：__________
4. 为人处事：______
5. 生活方式：______

分享交流

人格障碍或人格偏差的矫正，迄今为止仍然是国际难题。一般来说，通过学习心理卫生知识并进行认真分析，是完全可以达到自知程度的。通过个体人格和社会人格的全面分析，可以知晓个体人格心理哪些方面是好的，应该继续发扬；哪些方面是不好的，应该设法加以改进。对大学生长期心理健康教育的实践经验表明，通过改进思维方式和心理策略来矫治人格障碍或人格偏差，收效快，愈后好。那么，大学生应该如何改进自己的思维方式和心理策略呢？

第一，要认识到自己并不是“天之骄子”，每一个人都是平常而平凡的人。通过日常生活中大量观察可知，凡自认为不平凡的人就会有不正常的表现。相反，自卑的人也会不正常。自负与自卑形成了人格障碍或人格偏差两极的不同表现特征。每个人都有自己的长处，也有自己的短处，要善于扬长避短。这样的人就会充满自信，人格也就会较为正常。

第二，要客观面对现实。现实社会异常复杂，真善美与假丑恶、公平公正与诸多不合理的现象同在。如果纯粹用理想的观点来看待社会现实，就会充满烦恼、沮丧和愤怒，就会怨天尤人，就会在日常生活中表现出许多变态反应。对社会认识过度理想化或持敌对态度的人易产生人格障碍或人格偏差，因为这些人的思维方式与社会上的大多数人不一样。大学生仍处于理想化时期，面对社会百态，既要坚持正义，又要实事求是，持比较客观的态度，才会心理平衡，自然会人格正常。

第三，有抱负、有事业心的人往往人格正常。因为这些人整天忙于学习和工作，没有时间去关注别人对自己的评价与态度，因而也就没有时间去“自寻烦恼”。而那些抱负水平低的人由于心理能量过剩，自然而然会关注很多“无关信息”，对别人关于自己的评价和态度异常敏感，久而久之就会对外部刺激做出过度反应，最终形成人格障碍或人格偏差。

第四，人生、事业与成就都必须经历一个较长的过程。正常人会把大部分精力投入这个过程之中；但有些人完全不是这样，他们不注重过程，只关注结果，还自以为“看破红尘”，既懒于奋进而又愤愤不平。“看透社会”或“看破红尘”的人常与社会格格不入，必然是人格变态。大学生应把主要精力放在学习和对未来事业追求的过程之中，那么对每一小步的进步都会感到由衷的喜悦，就会不断有成就感。努力奋进，顺其自然，人格自然会趋于健全。

第五，过分计较利害得失的人易导致变态。因为此类人纯粹是以自我为中心的。因此大学生不可患得患失，要有拿得起放得下的宽广胸襟和气魄，自然就会心态平和，人格正常。

第六，过多地进行自我心理分析的人也易导致心理不正常。普通人的专业心理知识非常有限，如过多地进行自我心理分析只会导致死钻牛角尖，往往空耗时间而于事无补。正确的方法是一旦认定方向、确定策略之后，就要付诸行动。总之，有抱负、有追求、热爱生活、热爱社会并且积极行动的人，其人格都比较正常。大家多观察一下周围的人，这个结论正确吗？

如何改进思维方式和心理策略，其方法是多种多样的，大学生学习了相关的心理卫生知识后，可在专家指导下根据自己的具体情况制订改进自我人格结构的计划，在探索中不断加以改进，而更重要的是要付诸实际行动。

【心悦成长】

测一测

气质类型测试

有的人活泼好动，有的人稳重安静，这是因为他们的气质有差异，这种差异是先天形成的，是人的天性。我们每个人从呱呱坠地时，最先表现出来的差异就是气质差异，这种差异会在一生中伴随着我们。气质是表现在心理活动的强度、速度、灵活性和指向性等方面的一种稳定的心理特征，也就是我们平时所说的脾气、秉性。它没有好坏之分，不能决定人的社会价值，也不直接具有社会道德评价的含义。

扫一扫查看
气质类型测试

你想知道自己的气质类型吗？扫码测一测吧。

练一练

心理主题演讲

请以班级为单位，组织开展与本项目内容相关的心理主题演讲活动。

要求：

1. 全班同学参与，内容须主题鲜明，思想健康，语言优美。
2. 演讲题目自拟，要求普通话标准，声音清楚，吐字清晰。

【心无止境】

拓展观影

《心灵捕手》

在贫民窟长大的威尔·杭汀是个聪明却叛逆的年轻人。平日里他除了在麻省理工学院做大楼的清洁工作，便是与三五好友在酒吧喝酒、泡妞、捉弄哈佛的“聪明小孩”，但是每当他一个人独处时，他就会“一目十行”地阅读各种人文与科学的新知识。

某天，他“随意解答”了数学系蓝勃教授所留下的数学难题，随即在学校引起轰动；在他与别人打架滋事，并被宣判送进少年观护所之后，蓝勃教授费心地将他保释出来，要求他参与数学研讨并接受心理辅导。蓝勃教授期望威尔能重视并发挥自己异禀的天赋，不再混日子而耗费生命；威尔对此不仅毫不在意，而且经常耍弄前来为他辅导治疗的心理专家。

无计可施的蓝勃教授求助自己大学时的好友尚恩。尚恩以“信任是突破心防的关键，不彼此信任就无法坦诚相待”的信念，“不以作之师而以作之友”的心态，倾听威尔的各种问题，并接受其情绪的宣泄。渐渐地，威尔对尚恩打开了心扉，尚恩帮助威尔重拾对人的信任。在尚恩的帮助下，威尔鼓起勇气向女友表达爱意，完成了自我的升华。与此同时，尚恩也在与威尔彼此角力互动的过程中，受到来自威尔莽撞的生命力冲击，亦逐渐开启因丧妻而封闭的心房，重新追寻情感的归宿。

一句话影评：与自己的心灵对话，捕捉心灵最真实的声音，告诉自己“我是自己生命的主人”。

拓展阅读

“坊间人格测验”中的巴纳姆效应(Barnum effect)

“根据你选择什么口味的食物来揭示你的性格”“史上最准的心理测验10道题了解你”……翻开报纸、杂志，打开网络，我们随处可见类似有着极具诱惑性标题的所谓“人格测验”。很显然它们不具备科学测验应该具备的信度、效度等指标，因此我们姑且称它们为“坊间人格测验”。不过它们所提供的解释却令不少人深信不疑并啧啧称准。

坊间人格测验既然不科学，又怎么能够生成让人觉得与自己性格特点相符合的描述呢？原来，这其中利用到了人们一个普遍的心理现象，即我们会倾向于把一般化的描述看成是对自己人格的准确总结，称为巴纳姆效应。

这个效应以魔术师肖受·巴纳姆来命名，他曾经在评价自己的表演时说他的节目之所以受欢迎，是因为节目中包含了每个人都喜欢的成分。

看看以下描述，是不是觉得很像你呢？

◇有时你是外向的，易动感情、善于交际；而有时你又是内向的，小心谨慎且保守。

◇你为自己是一个独立的思考者而感到自豪，在没有充分的证据时，你不接受其他人的意见。

◇在有压力或紧张的情况下，你会体验到自我怀疑感。

◇尽管你很爱你父母，但有时你并不同意他们的观点。

事实上，这些陈述笼统且似是而非，它们可能适用于每个人，这就是坊间人格测验看起来很“准”的原因。

项目十　做个阳光心旅人——心理健康与日常保健

青春是什么模样？晚上不睡觉，白天不起床，游戏通宵不停打，操场运动场很少光顾，抬头低头手机不离手，经常感觉身心疲劳……这是部分大学生真实的青春写照；在图书馆中认真学习，在操场上挥洒汗水，或是远赴山区支教，或是迈着整齐的步伐、喊着震天的口号亮相阅兵场……这也是大学生的青春模样。不同的棱角折射不一样的光芒，不同的阶段散发不一样的荣耀。青春最好的状态，是身心健康，是活力四射；青春最好的姿态，是拼搏努力，是充实奋斗。只愿你也能不负青春美好时光！

【“心”赏感悟】

《阳光小美女》

胡佛一家六个人都很有个性，每个人都有自己的问题，但同时每个人都不愿意花时间去倾听别人的问题，因此家里的餐桌常常成为争吵爆发的战场。直到某一天，7 岁的小女儿奥莉薇在大家的争吵间隙听到广播里传来“阳光小小姐”选美比赛的消息时，她发出了兴奋的尖叫声，这一刹那的尖叫终于暂时平息了正在进行的激烈争吵。

扫一扫了解《阳光小美女》

在她的极力争取下，胡佛一家商量决定：陪伴着小奥莉薇集体踏上寻梦之旅，从阿尔伯克基驾车到加利福尼亚，参加“阳光小小姐”选美比赛。这一路，胡佛一家除了要面对家里那辆陈旧的大众旅行车不断罢工的技术性问题，还要接受心灵上的考验。正是在这条为小女儿寻梦的道路上，每个人的梦想都在经历着不断的碰撞和破灭。尽管沿途的风景并非如诗如画，但这个六口之家却因为渐渐学会了相互信任、彼此鼓励和支持，而渐渐感受到了生活的美好。

精彩"心"赏

再窘迫也要天真

《阳光小美女》是一个圆梦的路程，却也几乎是所有人梦碎的路程：爸爸的出书梦正式破产；舅舅看到了自己的爱人与别人在一起；哥哥知道自己当不成飞行员；爷爷去世了；连奥莉薇也因为跳了奇怪的脱衣舞而与"阳光小小姐"选美无缘。这万分失败的结尾却令人五味杂陈、百感交集。

我的感悟：

____

____

____

____

____

____

《阳光小美女》是一部与所谓的健康、成功等社会主流评判观和价值观无关的作品。它没有按照传统励志片一样给出一个完满的结尾，树立一个成功的典范来激励人心，但以不煽情、不说教的方式展现了一个被社会和世界归为失败和不靠谱的群体的平凡人生。

7岁的奥莉薇还处于没有和世界短兵相接的年纪，在那个年纪，每个人对自己大概都会有最原生态的想象和期待，完全不需要世界的肯定和评价来界定自己的位置，这种天真会在步入社会之后被逐渐消磨，然后长大的小孩迎合着世界努力适应，争取与不靠谱绝缘，争取与成功、健康接轨。

这世界给我们制定了那么多规则，对与错、应该与不应该、成功与失败，每个人都为了这些规则极力奔跑和努力，仿佛达到那条线才是成功，人生的意义是否如此简单？

"心"闻视窗

进入社会后才会发现，周围的人比校园里的更现实[①]

很多人觉得大学没什么幸福感，希望在以后走入职场的日子里，凭借自己的努力获得想要的回报。可是工作后，你的幸福指数就真的会提升吗？

张鑫鑫，南昌某移动分公司经理，齐齐哈尔大学毕业。毕业八年，感慨颇多。

微校园：大学四年之中，你的幸福感强烈吗？

张：幸福感其实挺强烈的。我们当时是8人寝室，彼此不但没有过巨大的矛盾冲突，而且每个人都很友爱，包括现在，我们之间的联系也没有中断。尤其是刚刚毕业的那段

① 蒲公英微校园 2015-04-25。

时间，工作上没有什么特别大的作为，又一个人在陌生的城市里打拼。身体的辛苦虽然是一方面的，但是现实中的孤独感却更难消抵。不过我们经常在线互相给对方打气，一起挨过了那段困难的日子。有时想想，有这样一份友情真的很难得。

微校园：同大学生活相对比，你觉得进入社会工作后最不同的感受是什么？

张：进入社会后，你会发现周围的人比起大学里的人来说要更现实、更工于心计。在工作的过程中，你的神经时常需要高度紧绷，因为真的会有人将你出现的问题拿来大做文章。尤其是涉及业绩时，由于关乎的是彼此的利益，所以人与人之间的关系会更为微妙与紧张。大学相比社会而言，人与人之间的关系则更为简单，环境也更单纯一些。

微校园：那你认为在本职工作中最重要的是什么？热情、理想还是其他？

张：热情与理想很重要，但是在职场中，你最需要的是敬业。不论你喜欢或不喜欢，既然选择了就去把它做好，不要给自己借口说因为我不喜欢所以我做不好，做不好是因为自己没用心，有一句话说得很好，既然暂时不能选择工作，那就接受它并爱上它直到你有能力改变它。

刘同在《你的孤独，虽败犹荣》中写道："既然看不清未来，何不把握好现在？"尽管我们当下会迷茫，有不安。偶尔也会觉得如今所经历的一切让我们惶惶动荡，没有什么幸福感。但是幸福感不是说出来的，只会是在一次又一次的努力后，捕捉到的成长与改变。而这些细碎的进步慢慢堆垒，终会成为属于你的幸福感受，光耀四方。

是什么，让你觉得大学生活不幸福①

随着毕业季的来临，你会发现平时散漫的学长、学姐也开始"矫情"地发一些有关大学生活的留言。感怀的、抱怨的、难忘的、伤心的，每一种情感都编织成了一场关于大学生活的美梦。

可是梦再美也会醒，分离在即，他们情不自禁地感慨大学时光是最幸福的时光。不过，现在却有很多的在校生不认可这种幸福感。于他们而言，大学生活并没有想象中那么多姿多彩，反而是摩擦矛盾接连不断。那么究竟是什么原因，让同样徜徉在大学校园中的我们，却有着不同的幸福感呢？

原因一：大学环境并不令人满意

李同学在山东一所医科大学读书，大二在校生。谈及现在的大学生活，他并不觉得满意，反而抱怨多多。

---

① 蒲公英微校园 2015-04-25。

“我是一个标准的北方人。记得刚刚入校的时候，我满心期待。可是在学校待了几天之后，我水土不服的状况便渐渐显露。那段时间我高烧不断，身体也严重不适。当时父母非常担心我的身体，专门留下来陪了我一个星期，等到我的身体有了好转才离开。本以为大学生活就此便能美好展开，可是事情却并不如我所愿。学校里的简陋环境、不合理的放假时间、寝室间的频繁冷战、课程的枯燥与难解，这些因素都让我觉得身心疲惫。同时，我仍旧无法完全适应当地的环境，身体也经常出现各种状况，十分难受。”

当问及他对现在的大学生活是否感到幸福时，他这样说：“如果说完全没有幸福感，这不符合实际。毕竟是自己辛辛苦苦地经过高考才开启的大学生活。可是现在的大学幸福感对我来说也并不是十分强烈。将近两年的时间，我逐渐冷却了对大学生活最初的向往与憧憬。现在我每天按部就班地做着自己喜欢的事，能够好好地充实自己对我来说就足够了。”

李同学的经历只是一个例子而已。通过采访，我们也了解到还有很多同学也存在着这样的问题。有的同学因为学校的排名不高而苦恼，有的同学因为对未来的迷茫而焦虑。或许现在的你对大学环境仍旧不够满意，怨怼连连，可是无论你在哪里，都要坚实地迈好每一步。毕竟你如今所有的努力，都会成为面对未来困苦的利器。

原因二：复杂的人际关系

相信有很多同学都曾为人际关系的问题深深烦恼过。寝室之间爆发的冷战、学生会的官本作风、社团工作的相互推诿、合作伙伴的难以交心，都让人疲惫不堪。

黑龙江科技大学的王同学就曾有过类似的经历。虽然她在校学生会做得小有成绩，同时也拿过物质奖励，可是对她来说，在这个过程中有得也有失，无法一概而论。

“我今年大三，因为没有考研的打算，所以这个暑假就准备外出实习了，但是学生会内还有很多的工作无法交接。学院的文艺汇演、活动的信息整理、辅导员随时布置的任务都让我觉得分身乏术。我曾经向负责人提过退出的想法，可是最后却被‘感情牌’驳回。同时，会内的朋友、老师、学长会经常性地组织聚餐，而且每次我都会被‘敬’很多酒。不但第二天头痛得要命，每每临到月底，生活费也会捉襟见肘。由于我的繁忙，导致和寝室室友之间的关系只是一般般，谈不上冷漠，但也绝对说不上亲密。”

当问及她的大学幸福感时，她说：“最开始的时候本以为大学生活多姿多彩，能够寻得志同道合的朋友，努力地做着自己喜欢的事情。可是经过将近三年的时间，我却时常有强烈的孤独感。每天大家从食堂吃完饭后，我却需要整理会内的工作，不然就是参加各种的饭局。虽然很多人称我为朋友，可我却觉得彼此的关系更像是‘饭友’。如今经常保持联系的人，其实还是高中的那群小伙伴。不过还有一年的时间就要离开大学校园了，我希望可以通过自己的努力在最后这一年让幸福感多多提升吧！”

原因三：对未来的迷茫与焦虑不安

同济大学的陈同学在一些时候也会对自己的未来感到迷茫与不安，而这也在一定程度上影响了他的大学幸福指数。每次对未来的考量与现在生活状况对比，都会让她觉得十分焦虑。

“在高中的时候，每一天虽然要做很多的习题，又苦又累，可是在繁忙中也收获着对梦想追逐的幸福感。如今虽然进入了大学，但是现实的环境却与我理想中的专业教学有很大的差距。虽然我主修的专业打着‘不致力于理论研究，主抓社会实践’的口号，但实际情况却并没有收获到想象的效果，反而造成理论与实践都互为欠缺的状况。此外，如今的专业学习状况与未来的就业期望，有时真的会让我迷茫又纠结。虽然课程紧凑，但真正听课的人却并不多，大家更多的时候都是依靠手机来打发时间。有的同学不禁抱怨这种感受本身已经很痛苦了，又在何处寻来所谓的幸福感呢?”陈同学这样说道。

专家观点

生活事件与心理健康

1976 年，美国华盛顿大学医学院专家霍姆斯和拉赫根据对 5000 多人进行的社会调查和实验，编制了一份社会再适应评定量表，其中列举了常见的生活事件，并评估了其给人们带来的压力强度和身体健康所面临的危险程度(LCU)(见表 10-1)。

表 10-1 社会再适应评定量表

事　件	LCU	事　件	LCU
配偶死亡	100	子女离家	29
离婚	73	司法纠纷	29
夫妻分居	65	个人突出成就	28
拘禁	63	妻子开始工作或离职	26
家庭成员死亡	63	上学或转业	26
外伤或生病	53	生活条件变化	25
结婚	50	个人习惯改变	24

续表

事　件	LCU	事　件	LCU
解雇	47	与上级矛盾	26
复婚	45	工作时间或条件改变	20
退休	45	搬家	20
家庭成员患病	44	转学	20
怀孕	40	娱乐改变	19
性生活问题	39	宗教活动改变	18
家庭添员	39	小量借贷	17
调换工作岗位	39	睡眠习惯改变	16
经济状况改变	38	家庭成员数量改变	15
好友死亡	37	饮食习惯改变	15
工作性质改变	36	休假	13
夫妻不睦	35	过圣诞节	12
中量借贷	31	轻微的违法行为	11
归还借贷	30		
职别改变	29		

转引自 Frederick Mears，et al：fundamentals of abnormal psychology 1979

人们可以根据量表计算出所经历的 LCU 总值，还可预测健康状况，了解一年内生活事件 LCU 总和与两年内疾病发生的关系。

有学者以大学生为对象，也做了一个生活事件量表(见表 10-2)。

表 10-2　大学生生活事件量表

生活事件	频数	生活事件	频数
1. 教师管理教育太严格	57	17. 不被同学理解	41
2. 学校管理制度太严格	52	18. 宿舍关系失和	25
3. 大学生活不适应	58	19. 与好友关系失和	29
4. 远离父母家人	56	20. 没有朋友	32
5. 饮食不习惯、气候不适应	43	21. 孤独、寂寞	23
6. 学习难度加大，非常困难	80	22. 空虚	23
7. 学习负担重，难以应付，担心考试不及格	81	23. 结交异性朋友又担心被人发现	23
8. 受到老师表扬	41	24. 晚上睡不好觉	29

续表

生活事件	频数	生活事件	频数
9. 受到老师批评	47	25. 上课听不进去	30
10. 与想象中的大学有差别，感到失望	58	26. 想谈恋爱	22
11. 没有家信	22	27. 产生性幻想	21
12. 收到同学来信	44	28. 经常焦虑	28
13. 想家	56	29. 家庭成员生病、伤人	8
14. 父母感情不和	19	30. 考试失败	42
15. 父母管教太严格	21	31. 竞赛失利	20
16. 家庭经济条件困难	58	32. 评选落空	33

相信许多人都说过这样的话，“如果时间可以倒流的话，我会选择另外的方式度过大学生活”。的确，大学是一生中知识储备、性格成熟、人生成长的关键时期。在那里本该度过人生中最值得回忆、最有价值的几年，可为什么却让有些人不堪回首？

苏珊·埃尔金在《给大学新生的七条建议》中这样写道：大学录取通知书标志着新生活的开始，也意味着你们已满 18 岁，拥有选举权。大学不是青少年时代的最后一个阶段，而是步入成人的第一阶段，你们中的许多人也是第一次离开父母独立生活。大学应该是你们成长和学习的中心。

【心有灵卷】

一、心理健康

（一）健康与心理健康

古希腊哲学家赫拉克利特说：没有健康，智慧就难以表现，文化就无从施展，力量就不能战斗，财富就变成废物，知识也无法利用。健康是人类生存的基础，只有健康的人才能够高质量地生活，使人的潜能全面发挥。

对于健康，世界卫生组织认为不仅是指身体发育良好，无疾无患，体魄强健，而且还需要具有良好的心理素质和心理状态，并在 1989 年明确：健康不仅指肌体的强健和没有疾病，而且是一种生理上、心理上和社会方面的完满状态，应该包括躯体健康、心理健康、社会适应良好和道德健康。这种新的健康观在强调以生理健康为物质基础的同时，也把发展心理健康与良好的社会适应、道德健康等纳入健康的内涵中，从而构成一个更为全面的健康模式。

1. 心理健康的标准

人的心理符合什么样的标准才算健康呢？不同的心理学家对心理健康的标准都有不同的看法。

(1)美国心理学家马斯洛和米特尔曼提出的心理健康标准：

①有充分的安全感。

②能充分了解自己，并能恰当地评价自己的能力。

③生活理想和目标切合实际。

④不脱离周围的现实环境。

⑤能保持自身人格的完整与和谐。

⑥善于从经验中学习。

⑦能保持适当和良好的人际关系。

⑧能适度地表达和控制自己的情绪。

⑨在集体允许的前提下，有限度地发挥自己的个性。

⑩在社会规范允许的范围内，适度地满足个人的基本需要。

(2)国内学者在综合各方面的研究成果基础上，用以下指标衡量人体是否心理健康：

①有适度的安全感，有自尊心，对自我的成就有价值感。

②适度地自我批评，不过分夸耀自己也不过分苛责自己。

③在日常生活中，具有适度的主动性，不为环境所左右。

④理智、现实、客观，与现实有良好的接触，能容忍生活中挫折的打击，无过度的幻想。

⑤适度地接受个人的需要，并具有满足此种需要的能力。

⑥有自知之明，了解自己的动机和目的，能对自己的能力作客观的估计。

⑦能保持人格的完整与和谐，个人的价值观能适应社会的标准，对自己的工作能集中注意力。

⑧有切合实际的生活目标。

⑨具有从经验中学习的能力，能适应环境的需要改变自己。

⑩有良好的人际关系，有爱人的能力和被爱的能力。在不违背社会标准的前提下，能保持自己的个性，既不过分阿谀，也不过分寻求社会赞许，有个人独立的意见，有判断是非的标准。

尽管各家表述不同，但观点还是基本一致的，心理健康的标准包括智力正常、情绪健康、意志健全、行为协调、人际关系适应、反应适度、心理特点符合年龄七个方面。

2. 大学生心理健康的标准

(1)青春期心理健康应具备的心理品质。

①智力发育正常，即个体智力发展水平与其实际年龄相称。

②稳定的情绪，尽管会有悲哀、困惑、失败、挫折等，但不会持续长久。

③能正确认识自己，清楚自己存在的价值，有自己的理想，对未来充满信心。

④有良好的人际关系，尊重理解他人，学习他人长处，友善、宽容地与人相处。

⑤稳定、协调的个性，能对自己个性倾向和个性心理特征进行有效控制和调节。

⑥热爱生活，能充分发挥自己各方面的潜力，不因挫折和失败而对生活失去信心。

(2)大学生心理健康应从以下几个方面把握。

①智力正常。这是大学生学习、生活与工作的基本心理条件，也是适应周围环境变化所必需的心理保证，一般常用智力测验的结果来表示智力的发展水平，同时我们也应该看到，心理健康并不需要很高的智力水平，只要保持在基本的水平之上就可以了。因此衡量一个人是否智力正常时，关键要看他是否可以正常地、充分地发挥效能，即有强烈的求知欲，乐于学习，能够积极参与学习活动。

②心境良好。心理健康的人，占其情绪主导地位的往往是乐观、开朗、对生活满意等积极的情绪，虽然也会有悲、忧、愁、怒等消极情绪体验，但一般不会长久，能够自己进行调节和控制，同时也能够适度地表达自己的情绪，经常保持良好的心态。

③自我评价正确。这是大学生心理健康的重要条件，大学生能体验到自己存在的价值，并能够对自己的能力、性格、爱好和兴趣等做出恰当、客观的评价，既能了解自己的方方面面，不以自己在某些方面高于别人而自傲，也不以某些方面低于别人而自惭；能愉快地接纳自己无法补救的缺陷或暂时存在的不足，对自己不会提出高得无法达到的要求；生活目标和理想比较切合实际。

④人际关系和谐。心理健康的人乐于与人交往，不仅能接受自我，也能接受他人。能认可别人存在的重要性和作用，同时也能为他人和集体所理解、所接受，能与他人相互沟通和交往，人际关系协调和谐；在集体中能与大家融为一体，既能与挚友相聚时共享欢乐，也能在独处沉思时无孤独感；与人相处时，积极态度(如同情、友善、信任、尊敬等)总是多于消极态度(如猜疑、嫉妒、畏惧、敌视等)。

⑤人格完整。人格是个体比较稳定的心理特征的总和。完整人格的特征，一是气质、能力、性格和理想、信念、动机、兴趣、人生观等均衡发展；二是所想、所说、所做协调一致，需要、目标和行动统一，不产生自我同一性混乱；三是思维方式比较合理适中、不偏颇，待人

接物的态度恰当灵活，并能够与社会的步调保持一致。

⑥热爱生活、乐于学习和工作。一个心理健康的人能珍惜和热爱生活，并在生活中享受人生的乐趣，同时他们在工作中尽可能地发挥自己的个性和聪明才智，并从工作成果中获得满足和激励，把工作看作是乐趣而不是负担，并体现自己的人生价值；对于无法得到的东西不过分追求，争取在社会允许范围内满足自己的各种需要；对于自己所能得到的一切都感到满意。

⑦社会适应正常。心理健康的人能够与现实保持良好的接触，客观地认识和评价周围的事物和环境，敢于面对现实、接受现实，并主动地去适应现实、改变现实。既有高于现实的理想，又不会沉湎于不切实际的幻想与奢望；对自己的力量有充分的信心，对生活、学习和工作中的各种困难和挑战都能妥善处理，在社会生活中具有较强的适应能力和较充足的安全感。

⑧心理行为符合大学生的年龄特征。在人的生命发展的不同年龄阶段，都有相对应的心理行为表现，从而形成不同年龄阶段独特的心理行为模式。心理健康的人应具有同年龄多数人所符合的心理行为特征，而不是经常严重地偏离自己的年龄特征。大学生是处于特定年龄阶段的特殊群体，不仅应具有时代感，而且应具有与年龄及角色相应的心理行为特征。

（二）理解心理健康的标准

理论上，各种心理健康的标准大致是从五个方面阐述：具有良好的社会适应行为；心理和行为具有良好的统一性；人格具有良好的稳定性；具有良好的挫折耐受力；具有良好的社会交往能力。实际上，人的心理健康是一个动态连续变化的过程，在心理健康与不健康之间事实上并不存在截然的界限，因而，需要正确理解。

1. 相对性

大学生心理健康与不健康也并无明显界限，而是一个连续化的过程，如将正常比作白色，将不正常比作黑色，那么在白色与黑色之间存在着一个巨大的缓冲区域——灰色区，世间大多数人都散落在这一区域内。这说明，对多数大学生而言，在人生的发展过程中面临心理问题是正常的，不必大惊小怪，应积极加以矫正。与此同时，个体灰色区域也是存在的，大学生应提高自我保健意识，及时进行自我调整。人的健康状态的活动是一个发展的问题，当一个人产生了某种心理障碍并不意味着他永远有心理障碍，也不意味他的心理障碍会一直加重。在心理上形成心理冲突是非常正常的，而且是可以自行解决的。

> 我国每年都有几百万的学生从高中通过高考到大学，大家都要适应新鲜的大学生活，虽然有些高校不时有个别学生因为各种原因而发生自杀现象，但大部分学生都能顺利毕业，走上工作岗位。其实每个人都是自己的心理教师，每个人在大学生活中都能对自己进行指导。所以，大家可以将自己对大学生活的理解拿出来与其他同学交流分享，从而拓展自己的思维。

2. 协调性

把握心理健康的标准，应以心理活动为本考察其内外关系的整体协调性。从心理过程看，健康的人的心理活动是一个完整统一的协调体，这种整体协调保证了个体在反映客观世界的过程中的高度准确性和有效性。事实表明，认识是健康心理结构的起点，意志行为是人格面貌的归宿，情感是认识与意志之间的中介因素。从心理结构的几个方面看，一旦它们不能符合规律地进行协调运作时，就可能产生一系列的心理困扰或问题。从个性角度看，每个人都有自己长期形成的稳定的个性心理，一个人的个性在没有明显的剧烈的外部因素影响下是不会轻易发生变化的。从个体与群体的关系看，每个人在其现实性上可划分成不同的群体，不同群体间的心理健康标准是有差异的。

3. 发展性

事实上，不健康的心理可能是人的发展中不可避免的发展性问题，随着个体的心理成长而逐渐调整，最后趋于健康。心理健康的标准是一种理想尺度，它一方面为人们提供了衡量心理是否健康的标准，另一方面也为人们指出了提高心理健康水平的努力方向。如果每个人在自己现有基础上能够做不同程度的努力，都可追求自身心理发展的更高层次，从而不断发挥自身的潜能。大学生心理健康的基本标准，使他们能够进行有效的学习和生活。如果正常的学习和生活都难以维持，就应该及时予以调整。

二、 大学生常见心理健康问题

（一）常见心理健康问题的种类

1. 学习心理问题

“在中学阶段，学生伏案学习；在大学里，他需要站起来，四面观望。”大学学习不是从一个门槛跨入另一个门槛，而是攀上了一个更高的台阶，每个学生都要对其特点和规律有所认识和把握，都要不断调整和适应，当然，还需要对完成学业过程中各种努力的结果有一定的心理准备和应对策略。

(1)学习动力不足——“为学习而学习”，学习始终不能进入状态，总感到是在巨大的考试压力下被动地学，静下心来想的时候又会感到很苦恼，缺乏对学习必要性的认识和对未来的学习理想，从而对学习采取一种应付态度，把学习当作一种任务，学习不求深、不求精，只求考试通过。

(2)学习适应困难——不能把握大学的学习特点和学习规律，在适应大学学习生活方面产生了困难，如没有恰当的学习目标和计划；忽视理论应用和实践操作；不能根据自身条件选择选修课；过多参加社会工作、文娱活动；将过多的时间投入经商的活动；没有合适的学习策略和方法，被动学习、机械记忆，不懂得合理安排时间。

(3)学习疲劳——主要体现在生理疲劳、心理疲劳两个方面。生理疲劳主要是肌肉受力过久或持续伸缩造成肌肉痉挛、麻木、眼球发疼发胀、腰酸背痛、动作不正确、打瞌睡等。心理疲劳主要是感觉器官活动机能降低，注意力涣散，思维迟钝，情绪躁动、忧郁、厌烦、易怒，学习效率低。

(4)学习挫折——很多新生在中学时是学习尖子，深得教师的夸奖、家长的喜爱和同学们的钦佩，自从上了大学后，考试成绩却总是不理想，尤其是期中、期末的大考，自认为已经做出一切努力了，仍然于事无补，自尊心受到打击，感到自己很没用，没信心继续读下去，甚至无心向学。

(5)考试焦虑——每当考试来临，许多大学生都不同程度地感受着焦虑。所谓考试焦虑，是指在一定的应试情境下，受个体认知评价能力、人格倾向与其他身心因素的影响，以担忧为基本特征，以防御或逃避为行为方式，通过不同程度的情绪反应所表现出来的一种心理状态。

2. 人际交往问题

有资料显示，大学生的心理问题80%来自人际交往、人际关系方面。有人甚至用“因自负而不屑交往”“因恐惧而不能交往”“因自卑而不敢交往”“因孤僻而不愿交往”来形容大学生的人际状况。大学生心理问题的发生印证了丁瓒先生曾经说过的一句话：“人类心理病态主要是由于人际关系失调而引发”。

(1)人际孤独——比较多的新生在入校之初常有一种无依无靠、孤单烦闷的孤独感。事实上，每个人都会感到孤独，都曾有过孤独感，孤独是人存在的感受标志，适当的孤独能使人更好地认识自己、完善自己，但时间过长，或者孤独感特别严重，如“觉得自己是这个世界的弃儿，存在与否没有任何意义”就不好了。

(2)人际冲突——大学生的自尊心都很强，如果在交往中，又缺乏基本的尊重和理解，过分地以自我为中心，苛求、挑剔、猜疑别人，甚至讽刺挖苦他人，有了误会不沟通，有了冲突不忍让，甚至采取报复行为，不仅伤害了别人，而且伤害了自己，造成内心的痛苦，甚至有人还钻进了牛角尖，难以自拔。

(3)人际关系失调——有主见变成了偏执己见，心直口快变成了不注意隐私……有些大学生常有这样的苦恼，自己对同学、朋友坦诚相见，又乐于助人，可在人际交往中却常常受到伤害，为什么优点也能影响人际关系？其实，并不是优点有错，而是表现优点时不注意细节、忽视了群体等原因造成的。

(4)交往恐怖——严重自卑的人因担心被别人瞧不起，不敢与人交往；缺乏交往技巧的人因担心自己不会说话，不敢与人交往；曾经被人拒绝的人因害怕再次被拒绝，不敢与人交往；更有人因追求完美、思虑过多，不敢与人交往；缺少人际交往久而久之造成心理封闭。

(5)沟通不良——大学是以集体生活为特征的，同学和舍友都来自全国各地，不同地域、不同家庭、不同民族，使大学生在思想观念、价值标准、风俗、习惯、语言、性格、爱好等方面都不尽相同，因此有些大学生虽有良好的沟通愿望，结果却适得其反，久而久之就造成了心理障碍。

3. 环境适应问题

各种调查提供的数据表明：30%左右的大中专新生有不同程度的适应性问题，其中尤以低年级学生为突出；北京师范大学近年来对该校新生所做的心理测试的统计结果也表明，约有24%的新生会出现诸如生活自理能力差、心理承受能力差、人际交往能力差等的心理问题。应该说，新生出现适应性障碍还是十分普遍的。

(1)生活环境变化——很多新生不习惯大学生活，不仅仅因为他们是独生子女，还因为他们缺乏集体生活的经验，少了家人的照顾，不习惯与别人分享，缺少相互体谅、互相理解，不能及时改进自身的处事方式，找不到有共同兴趣、共同追求的新朋友，因此感到孤独。

(2)学校管理变化——无论是学习还是生活，大学主要依靠自我管理和自我约束，学校的管理表面上比较宽松，实际上对学生的要求更高。许多大学新生只认识到这种形式上的由紧到松的变化，没有积极主动地加强自主、自立、自理能力的培养，遇到困难和挫折后难以克服。

(3)社会要求变化——社会对中学生的要求比较简单，大学生就不同了，涉及政治、文教、思想意识、生活方式等诸多方面。大学生要从心理、思想、态度、行为方式上都经历一个面向现代化的转变，成为全面具备身心、道德、知识、能力、国际化五种素质的人，这对有些大学生造成了巨大的心理压力。

4. 自我意识问题

大学生或多或少都有一些优越感，再加上一些家长长期以来对孩子的期望值太高，使得一些大学生对自己的期望值也很高，压力过大、心理失衡，自我意识出现各种发展的偏差，经常表现在自信心、意志力、独立意向、自知度等方面，如自卑、自负、盲目、懒惰、独立、逆反、自我中心、从众，严重的还会导致自残和轻生。

5. 恋爱与性心理问题

(1)在恋爱问题上，比较容易想到的是有些大学生不能很好地处理学业与恋爱的关系。有的学生只是为了了解自己的魅力而做爱情试验，一旦对方爱上了自己，自己却又想摆脱，有的学生已经爱得“惊天动地”了还不知道为什么爱、要不要爱；还有的学生爱上了不该爱的人，等等。

(2)在性观念上，据调查，大学生对性问题矛盾心理占55%，感到敏感的占53%，神秘感的占36%，无所适从的占28%，害怕的占17%，厌恶的占10%，性观念的形成出现偏差。

(3)在性心理问题上，大学生处于“性饥饿时期”，一边是萌动的性意识和性欲望，一边是学校和社会的要求，相应地推迟了大学生通过婚姻获得性满足的时间，如果调适不好，容易产生心理及行为的问题。

6. 不良行为

所谓不良行为指的是那些违反社会公共生活准则和有关行为规范，或者不能良好地适应社会生活，从而给本人、他人和社会造成不良影响或者危害的行为。过去总觉得未成年人的不良行为多，现在发现大学生的不良行为也不少，主要有偷窃、逃课、吸烟、酗酒、违规、上网成瘾，多数是不能很好适应生活的表现。

7. 个性心理问题

由于大学生的个性大多是在中学和大学中形成的，与校园生活中的专业学习、经历经验、人际关系、身份角色有一定联系，不仅具有习惯性和相对稳定性的特点，但同时也具有实践性的特点，哪怕是如偏执、强迫、依赖、回避、被动攻击、妒忌等不良个性及心理问题也可以重新塑造。

8. 精神障碍

据对北京16所高校大学生的调查，神经症是大学生的主要精神障碍，其中又以神经衰弱最常见。另有一项调查表明，大学生心理障碍更多地表现在从前应试教育的苛刻要求导致的强迫、情绪紧张导致的焦虑、悲观失望引起的抑郁、人格不健全导致的人格偏执、人际关系敏感以及对他人和周围环境怀有敌意6个方面。

大学生如果大脑长期负担过重，过度疲劳，或者遭受重大打击(如患急重病、家庭变故、失恋、竞选失败、求职失败)后精神受刺激，情绪持续处于紧张状态，有的造成神经系统的功能降低或失调，表现为患有焦虑症、强迫症、恐惧症、抑郁症、神经衰弱等，有的出现类似精神分裂症或抑郁躁狂症的症状。

另外，对北京高校大学生的调查表明，因疾病退学和死亡的学生中以精神分裂症为首位因素，这种重度精神障碍比例虽然不高，但危害性大，值得注意。

（二）产生心理健康问题的原因

表 10-3　影响学生心理健康的因素

因素名称	条目及其因素负荷量	解释方差
学校教育	学习负担过重（0.83%）；教师教育方法粗暴（0.82%）；被教师讽刺挖苦（0.82%）；经常性考试失败（0.81%）；教师偏心不公平（0.81%）；教师教学水平低（0.80%）；与教师同学关系紧张（0.80%）；教师作风不正（0.78%）；教师有病态（0.68%）	33.27%
家庭环境	父母感情不和或破裂（0.81%）；经常受父母打骂训斥（0.80%）；家庭发生天灾人祸（0.80%）；父母关心少、管束多（0.78%）；父母行为不端（0.78%）；父母过分溺爱（0.76%）；父母放任不管（0.74%）；父母管教不一致（0.71%）	27.83%
社会文化	恐怖的影视小说（0.78%）；受人歧视冷遇（0.77%）；淫秽的录像小报（0.71%）；色情凶杀的影视录像（0.68%）；不良的社会习俗（0.64%）	18.26%
学生自身	情绪不稳定（0.63%）；缺乏意志力（0.61%）；生理缺陷（0.61%）；不良习惯（0.58%）；交友不当（0.43%）	10.38%

青年问题与困难的互动理论认为：青年所遇到的问题与困难，既不是单独决定于外在的环境因素，也不是单独决定于内在的身心因素，而是两者交互作用的结果。

新华网曾就“引发大学生心理障碍原因”的一项调查显示，34.94%选择应试教育导致家长、学校的过度保护、缺乏应对困难的心理承受力；31.12%选择学习、生活、就业的压力；12.5%选择人际关系的处理不当；9.78%选择敏感群体容易产生的心理问题；7.47%选择难以排除的情感危机；另有 4.23%认为是其他原因造成的。

另一项研究表明，在影响学生心理健康的众多因素中，学校教育的因素被列为首位，而家庭因素、社会文化因素、学生自身因素也是重要因素。

三、 大学生心理健康的自我管理

（一）判断个体心理健康与否的四个方面

1. 经验标准

当事人按照自己的主观感受来判断自己的健康，研究者凭借自己的经验对当事人的心理健康进行判定。重点要关注当事人的主观心理感受，由于个体先天的遗传及后天的环境不同，经验标准更强调其个别差异。同样的生活事件，当事双方由于自我认知不同，自我体验不同，自我评价也不尽相同。

2. 社会适应标准

以社会中大多数人的常态为参照标准，观察当事人是否适应常态而进行其心理是否健康的判断。例如：大学生根据生理、心理与社会发展应当具有独立生活与处理生活中面临的事务的能力，而如果有的大学生生活能力低下不能打理自己的日常生活，这便需要引起重视。

3. 统计学标准

依据对大量正常心理特征的测量取得一个常模，把当事人的心理与常模进行比较。这个标准更多地应用于心理学研究之中。一般而言，我们都要将个体的心理测验结果与常模对照，来判断其心理健康状况。

4. 自身行为标准

每个人都在以往生活中形成了稳定的行为模式，即正常标准。事实上，心理健康与否其界线是相对的，企图找到绝对标准是不现实的。大学生心理健康标准的掌握也同样存在这样的问题，其中有三个标准需要把握好，即相对性、整体协调性和发展性。就大学生整体的心理健康而言，即更多的是在发展中面临的许多人生课题，心理危机与心理困难也都是在发展的大背景下产生的。有的心理困惑属于某一群体所特有的，比如多重压力之于大学生，他们的人生期望、职业抱负、学业期待引发的学业压力、就业压力、情感压力等都需要应付。有些心理问题具有阶段性，当个体心理成熟后会自愈。

（二）心理健康管理

目前，针对大学生心理问题而开展的工作除了心理健康教育，还有心理辅导、心理咨询、心理治疗，它们围绕一个总体的教育工作目标，各有自己的工作重心，但又存在着部分重叠与交叉。国内一些学者把它们的关系用图 10-1 表示：

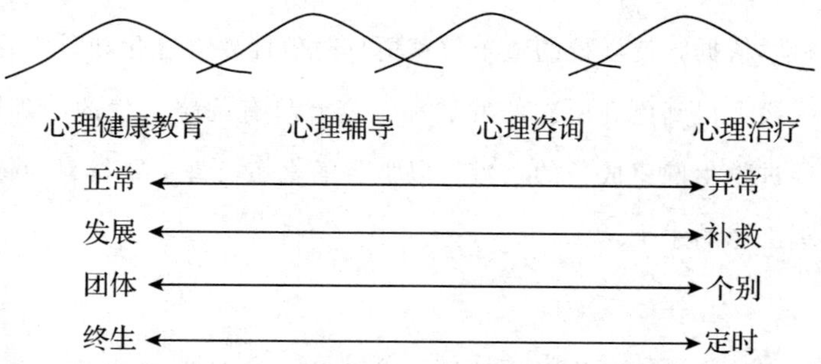

图 10-1　四种心理助人活动的关系

1. 团体辅导

大量资料显示，大学生的心理问题 80％来自人际交往，新生中，比较普遍的问题也是来自人际交往方面的。如果能在大学生入学之初就进行这方面的心理辅导，杜绝一些心理问题的进一步发展和恶化，对大学生的心理健康工作将是事半功倍的，对学校心理工作也是有益的。

在这方面，团体辅导的效果比较明显，值得推崇。

相对于个体辅导，团体辅导在节省的人力时间、扩大影响、集中解决学生中带有普遍性和共同性且发生率高、比较迫切的心理问题方面，具有很大的优越性，尤其是对于帮助新生中那些有人际交往问题的人，更有其特殊功效。心理学研究证明，人类的生活离不开团体，个体需要并渴望归属，需要并渴望信任。由于团体辅导的情境创设，其所形成的浓厚的团体感染气氛和成员支持效应，让每一位参与的学生在共同的活动中彼此交往、相互作用，进行多向交流和模仿，促使个体通过观察、学习、体验、认识自我、探讨自我、接纳自我，调整改善与他人的关系，学习新的态度与行为方式，有助于问题的解决或障碍的排除，以发展良好的适应，所以说，它是以发展为目标的，使人的潜能得到开发。

2. 心理测试

科学的心理测量是学校建立学生心理档案的基础。从 2004 年秋季入学起，教育部下属的 72 所高校将率先对新生进行心理测试，从整体和个体两方面评定大学生的心理状况，并建立心理健康档案，以表格的方式记录他们的心理状况，为正确认识大学生的心理状况、有针对性地加强大学生的心理工作提供了科学依据。

从个人成长看，不同的成长阶段有不同的心理特征，学生心理档案由于记录了学生的心理特征及变化，为教育教学研究提供了第一手的素材，它既可以帮助学生了解自己、发现和把握自己，根据自身情况适时调整心理状态，学习必要的技能掌握必要的技巧，形成良好的个性心理特征，积极生活、健康成长，又可以使心理工作者了解学生的心理状态，把握学生的心理变化，研究学生的心理特征，针对问题、有的放矢、因材施教、科学育人，也可以为学校进行有效的心理辅导提供科学依据，使学校的整个教育更具时效性、人性化和科学化。学校心理工作要在途径、方法和手段上得到更高层次的发展和丰富，只有围绕学生的心理状况，任何时候、任何情况都不偏离促进学生健康成长的宗旨，以学生的真实心理记录材料为依据，做好科学的分析，提高学校心理工作的水平。

3. 面谈辅导

通常在心理测试之后，心理工作者会约谈一些学生。这是最初的了解和大致的情况掌握，有时会发现，所约谈的学生并没有明显的心理问题，所以谈不上治疗。

面谈中可能遇到的状况有：知识性的——主要有青春期、青年期的身心特点与发展规律、发展特点和影响因素，家庭、学校、同辈群体和社会环境在发展中的作用，促进智力、个性、能力发展的方式和途径等；技术性的——主要有学习挫折的应对，考试焦虑的减轻，理解、应用、记忆书本知识的科学方法和规律，良好学习习惯的培养，不良学习习惯的纠正，增强学习动机的途径和方式，课外学习与课内学习的关系和衔接，学习方法的自我检查和调整，应试技能的训练和提高，人际交往的原则和技巧等；发展性——主要有重大转折时期的环境适应和自我心理调节，个人与集体的关系及其矛盾处理，个人专长的确定和兴趣的培养，升学时的专业选择，就业前的职业定向和准备，生活目标和计划等；其他——略带情绪情感发泄的叙事，学生把最近影响自己心情的事情倾诉出来，或者仅仅是聊天闲谈，分享感受。

4. 行为训练

行为训练有广义与狭义之分，我们通常所说的是狭义的。

狭义的行为训练，主要是针对大学生出现的共同发展课题和心理问题而展开的，有具体的对象、时间、地点、环境。如了解自己的思想、感受和行为，掌握社交技能，建立协调的人际关系，克服学习中的种种困难，了解自己的价值观，培养自信、改善适应、保持心理健康等等。如郑日昌教授将前来求询的100多名学生组成一个临时团体。先由咨询者就求询者的考试焦虑问题进行集中分析和指导，然后要每个团体成员填写一份《考试焦虑自我检查表》，对个人的考试焦虑问题进行自我评定和分析。在此基础上，咨询者又对全体求询者实施团体放松治疗。

广义的行为训练，主要是侧重校园心理文化氛围、大学生的心理健康观念而展开的，没有具体的对象、时间、地点、环境。可以充分利用高等学校广播、电视、网络、校刊、校报、橱窗、板报等宣传媒体，广泛宣传、普及心理健康知识，积极营造宽松的校园心理氛围；也可以以专题讲座、电影赏析、心理沙龙等形式组成的心理健康系列活动，提高广大学生对心理知识的兴趣，强化学生关注心理问题的意识，鼓励学生参与促进心理健康的活动，陶冶学生的情操，促进其全面发展和健康成长。

5. 心理咨询

心理咨询是一种专业化的助人工作，遵循自愿、保密、价值中立、无批评性等原则。当在生活中遇到心理问题，通过自己的努力，仍难以摆脱，或亲人朋友的帮助也难以有效处理，或者问题隐私性太强，对家人、朋友难以启齿，都可以去寻求心理咨询的帮助。受过专业训练的心理咨询师，用心理学的原理和方法，以面谈的方式，帮助来访者更好地认识自己、接纳自己，更有效地解决成长的烦恼或挫折，从而获得心理上的成长，更为自主、积极地迈向自我实现。

学校心理咨询所解决的问题主要有两类：一是心理发展咨询，主要针对心理无明显冲突，基本能适应大学环境和生活的学生，目的是帮助来访者更好地认识自我，充分发挥潜能，提高学习和生活的质量。二是心理适应咨询，主要针对心理基本健康，但在学习、适应、发展、择业等方面有各种烦恼和冲突的学生，目的是帮助来访者排除心理烦扰，缓解心理压力，提高适应能力。此外，也有少量的心理障碍咨询，主要针对确诊患有心理疾病，由医院治疗病愈后在校生活和学习的学生，目的是掌握来访者的心理健康状况，并给予必要的辅助咨询。

由于大学生的心理特点和心理需要，学校心理咨询本着发展性的原则，充当协助者，侧重帮助学生减轻由于内心世界出现的矛盾冲突所带来的情绪和行为困扰，帮助他们在自我认识和自我改善中达到心理的健全与成熟，主要通过各种心理学的方法和技术先解决导致学生产生心理不适的问题，再促进其心理的成长，即先帮助学生处理现有的心理问题，改变其不良的情绪和行为，再帮助学生增进心理适应的能力，最后与学生一起探讨自我的方向以及未来的前程。

对于学校心理咨询中遇到的很难做出诊断结论的案例、超出服务范围的案例、无力解决的案例，将对他人、社会造成危害的案例等，要及时转介，以免耽误治疗。

（三）正确对待心理障碍和心理疾病

首先，科学认识心理障碍与心理疾病。

心理障碍和心理疾病是“病”，而不是什么思想问题或道德问题，不要有太多的心理负担。对待有心理障碍和心理疾病的同学要多关怀而不是回避和歧视。

其次，了解一些心理障碍和心理疾病的基本常识。

判定心理疾病可以依据三个标志：

(1)看一个人的心理活动是否与客观现实相符合，也就是说是否与周围的环境一致。

(2)看一个人的心理活动的各个组成部分之间是否协调一致。正常人的认知、情感、意志活动都是协调一致的，人的认知能有效地调节自己的言行，情感也是正常的。如果知、情、意失调，不仅自己总是控制不住自己，而且虽经别人帮助和分析，仍坚持己见，甚至不能照管自己的生活等，那就表明这人已患了某种心理疾病。

(3)看一个人的个性特征是否相对稳定。一个人的个性特征一经形成，就具有稳定性的特点。如果一个人的某种个性特征突然变得异乎寻常，就很可能是心理病态了。比如一个人本来很活泼，性格很开朗，突然莫名其妙地变得情感淡薄、消沉、情绪低落、郁郁寡欢、表情呆板、忧郁沮丧，甚至悲观厌世。

再次，坚信心理疾病通过正规有序治疗能够治好。

尽管造成心理疾病的原因十分复杂，疗效也比较缓慢，但是，患了心理疾病的同学，不要过分地惧怕、恐惧，只要善于了解自己，控制自己，增强信心，懂得一些有关心理健康的基本常识，在心理医生或专家的指导下，掌握并运用一些有效的心理治疗方法，心理疾病就一定能够治好。

最后，坚持接受规律的心理咨询和治疗。

一旦出现心理障碍或心理疾病，不要害怕，因为每个人都有可能受到心理障碍的困扰，不要觉得内疚或怕麻烦别人，及时寻求帮助和坚持心理治疗和咨询有助于尽快恢复健康。

【心空翱翔】

活动 1：你言我语

1. 一个人玩扑克游戏正玩得开心，同伴走过来拿走了他的扑克牌，他立刻大哭大叫。

你认为他正常吗？也许你会认为他不正常。

但是，如果他是一个四五岁的孩子，你还这样认为吗？

2. 有一位同学，精力旺盛，易于与人相处，成天无忧无虑。可是近两个星期来，他变得极为抑郁，不能集中精力学习，晚上失眠，还时常发出阵阵失去控制的哭喊。

他是精神不正常了吗？也许你会这样认为。

但是，假如你知道，他两星期前收到家里的来信，得知自己的弟弟得了白血病，两天前又得知弟弟已离开人世，你还会认为他的精神出了问题吗？

分享交流

判断心理健康状况必须考虑年龄、性别、社会身份、情境等各种因素。某些行为发生在孩子身上是正常的，发生在成人身上则是变态的；某些行为发生在女性身上是可以接受的，而发生在男性身上则是难以容忍的；某些行为在特定的社会背景和条件下是正常的反应，而在其他情况下出现则被视为超常规的行为。

基于这些因素，心理学家和精神病学家提出：判定心理健康或心理正常与否的基本标准，就是同等条件下大多数人的心理和行为的一般模式，并将人的心理健康水平大致分为三个等级。

一般常态——表现为经常有愉快的体验，适应能力强，善于与他人相处，能较好地完成同龄人发展水平应做的活动，具有调节情绪的能力。

轻度失调——表现出不具有同龄人所应有的愉快，与他人相处略感困难，生活自理有些吃力，若主动调节或通过心理辅导专业人员帮助，可恢复常态。

严重病态——表现为严重的适应失调，不能维持正常的生活、工作，若不及时治疗则有可能恶化，成为精神疾病患者。

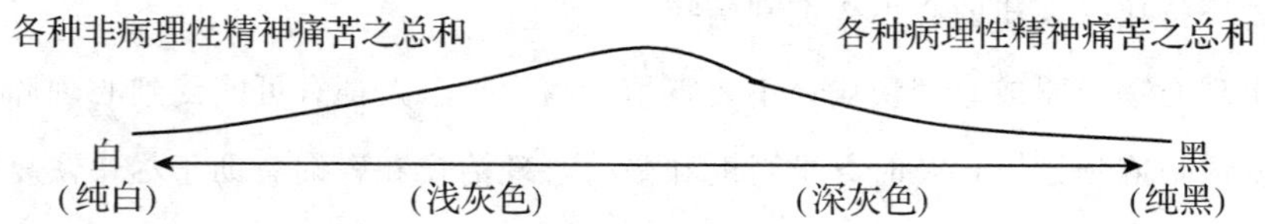

服务对象	人格健康 自信心高 适应力强	由生活人际关系压力 而产生心理冲突的人	变态人格及人格 异常与障碍之人	精神病 患　者
服务人员	无　　须	心理咨询员 社会工作者	心理医师 心理门诊大夫	精神病 医　生
服务模式	无　　须	咨询心理学模式	临床心理学模式	医学模式

图 10-2　心理健康水平与心理健康需求示意图

活动 2：心有千千结

分组：10～15 人

道具：无

时间：15～20 分钟

过程：教师让每组的学生手拉着手围成一圈。大家记住自己的左边和右边分别是谁，记住拉着手时的手形，然后让他们随意走动，相互问好，当教师喊停时，大家一起向圆心靠近，举起左手，右手指向圆心。等每个组员都摆好了这个姿势以后，让他们用自己的左手抓住打乱顺序前左边的同伴的右手。一旦抓住后就不许松开。要大家在不松手的情况下，把自己从“链子”中解开。解开后仍要保持大家站成一个圆圈，面向哪个方向不限。

分享交流

手拉手，手臂与手臂互相交错，的确是结成了复杂的“人结”，但是经过一番穿梭、跨越复杂的“结”一点点变得简单、明晰和容易，虽然在此过程中遇到了一些麻烦，但在大家共同努力下，最终还是变成了完美的圆，看到集体力量的成果，我们每个人心中感受到了成就感，只要大家心往一处想，再大的困难也会在微笑中被解决。

在大学中，我们遇到过很多“心结”，比如学习上，考前焦虑，不想学习，容易分神，自信心下降等；比如人际交往上，宿舍的小矛盾，社团组织里的小摩擦，朋友闺蜜的小误会等。当遇到“心结”的时候，不妨找个人倾诉一下，说不定在互相倾诉互相交流中，很多看似无法解决的“结”，都可以找到出路。也许，在解开自己“心结”的同时，也解开了别人的“心结”。

活动 3：我的心理支持系统

分组：不限

道具：每位同学准备纸和笔

时间：15～20 分钟

过程：教师引导同学们通过思考假设“遇到××方面的问题，可以求助谁?”，梳理自己的心理支持体系，根据实际填写下表，并分享交流。

________的心理支持系统

学习方面问题，我可以求助______、______。
爱情与性方面问题，我可以求助______、______。
人际关系方面问题，我可以求助______、______。
择业方面问题，我可以求助______、______。
________方面问题，我可以求助______、______。
________方面问题，我可以求助______、______。

分享交流

每个人都希望拥有幸福快乐的生活，但是由于心理问题的产生具有一定的偶然性，因此，无论是我们自己还是周围的同学、亲友都有可能遇到这样或那样的心理问题，有时候甚至是比较严重的心理问题。那么，当自己真的在某个方面出现问题的时候，该到谁那里去寻找打开心理之锁的钥匙呢？

每一个人都需要建立自己的心理支持体系，在特殊的时候，给自己的心灵加加油。同时，你也会是他人的“心灵加油站”，你需要别人，别人也需要你，你被别人支持着，别人也需要你的支持。人生路上，在互帮互助中前行，会遇到更美的风景。

【心悦成长】

测一测

主观幸福感测试

是否幸福是主观感受，是主观上对生活质量所做的情感性和认知性的整体评价。无关实际发生了什么，关键是对所发生的事情在情绪上做出何种解释，在认知上进行怎样的加工。扫描右边的二维码，进行主观幸福感测试。主观幸福感测试量表中的 84 个问题，可以帮助你从自主性、掌控环境、个人成长、与别人积极的关系、生活目标、自我接纳等方面了解自己一段时期的情感反应和生活满意度。从中可以发现，自己的幸福感来自哪些方面，还可以从哪些方面让自己更幸福。

扫一扫查看
主观幸福感测试

练一练

校园心理素质拓展

请以班级为单位，组织开展与心理健康内容相关的主题素质拓展活动。

要求：

1. 全班同学参与，活动与心理知识相结合，内容积极向上。

2. 提前策划，充分准备，确保在安全的情况下开展训练。

【心无止境】

拓展观影

《当幸福来敲门》

克里斯·加德纳是生活在旧金山的黑人男青年，靠做推销员养着老婆还有幼子。他从没觉得日子过得很幸福，当然也没很痛苦，就跟美国千万普通男人一样过着平淡的生活，直到有一天，一系列变故突如其来。

公司裁员，克里斯丢了工作，妻子因忍受不了长期的贫困生活愤而出走，带走了六岁大的儿子，但没过多久，又把儿子还给了他，从此克里斯不仅要面对失业的困境，还要独立抚养儿子。在接下的两三年中，克里斯因长期欠房租被房东赶出家门，带着儿子流落街头，这对苦命父子的住所从纸皮箱搬到公共卫生间。克里斯坚强面对困境时刻，靠打散工赚钱，同时也努力培养孩子乐观面对困境的精神，年幼的儿子每次都能给予他最大的鼓励，父子俩日子虽苦，但还是能快乐地生活，最终父子俩相互扶持完成了一个美国梦。影片改编自美国黑人投资专家克里斯·加德纳2007年出版的同名自传。

一句话影评：There is no “y” but “i”，幸福没有为什么，只有自己去追寻。

拓展阅读

发现我们的幸福

穷困生因凑足了学费而幸福；乞丐因饱食了一顿而幸福；庄稼汉因久旱逢甘露而幸福；久病的人因康复而幸福。那么你呢？你又因何而幸福？她的幸福可能在他手中的玫瑰花上；他的幸福可能在得到某个职位上。那么你呢，你的幸福又在哪里？

对于大学生来说，幸福是什么？有人说是把悠闲的大学时光过得充实有意义，不虚度年华；有人说是好好学习，毕业找个好工作；有人说尽自己的努力做好一切，当有收获的时候就会为自己当初的付出而感到幸福与满足。还有人期望家庭和睦、身体健康、爱情平淡、成绩优异、朋友融洽……其实幸福对每个人都有不同的定义，取决于你怎么去看待，是生活还是只为生存？幸福在很多的地方都有，只等着你去发掘。认为自己是幸福的人不一定幸福，但认为自己不幸福的人就一定不幸福。

走在生活的角角落落，时常会听到一些同学抱怨“最近好烦”。烦学业、烦工作、烦家庭、烦日常琐事……然而谁在这个世界上没有烦恼呢？上至主席首脑，下至平凡百姓，都无一人能脱离这尘世的烦恼。“人无远虑，必有近忧”说的不正是这个道理吗？因此，你每天叫着“烦烦烦”，又有何用？每一件事情都有好与坏的方面，你只着眼于好的一面当然会永远快乐。相反，你一味地以悲观的心态来看这个世界，那当然是灰色一片了。这世上烦心事那么多，每天我们都在经受着苦与乐的磨炼。如果每件事你都要感觉不快，同为凡夫俗子的你哪来那么多的精力？所以说不如做个乐观、开朗的人，让你的世界充满阳光，尽情地感受幸福吧！

有人认为幸福是虚无缥缈的，完全是种概念性的东西。幸福不幸福看你对事物的心情，看你的处世之道。为何对于同一个项目，完工者与未完工者都会感到同样的喜悦？前者是因为获得了最终的结果，后者是因为在他们经历的过程中学到了宝贵的东西。他们不都拥有幸福的体验了吗？幸福对于每个人都是公平的。富人也许不会感到幸福，可能因为他的家庭并不和睦；穷人也不一定不感到幸福，可能因为他有个幸福的小家庭。一个人不会因钱多而幸福，也不会因为钱少而不幸福。幸福不幸福取决于你寻找幸福的决心。只要相信幸福存在，并努力寻找，我们就一定能拥有它。

在我们大学生活中同样存在很多幸福的感觉，我们早上起床的时候，有舍友帮忙叫自己起床，是一种幸福；和同学一起去运动，大汗淋漓，相视一笑，更是一种幸福……其实如果我们有心就会发现，幸福就在我们身边，幸福就在敲我们的门，只要我们把门打开，就能把幸福迎进门，不过打开门的方式就得看个人的心态以及看问题的角度，正确的心态才能打开幸福的大门。

你身边有哪些事情让你感觉到幸福呢？

参考文献

[1]张大均，陈旭．中国大学生心理健康素质调查[M]．北京：北京师范大学出版社，2009.

[2]刘建新．大学生常见心理问题及疏导[M]．广州：暨南大学出版社，2005.

[3]彭聃龄．普通心理学[M]．北京：北京师范大学出版社，2001.

[4]林崇德．发展心理学[M]．北京：人民教育出版社，1995.

[5]樊富珉，岳晓东．七彩人生——案例式大学生心理发展丛书[M]．北京：高等教育出版社，2008.

[6]贺淑曼，冯培．21世纪人才心理素质教育丛书[M]．北京：世界图书出版公司，1999.

[7]梁瑞琼，邱鸿钟．大学生心理健康教育与训练[M]．北京：教育科学出版社，2010.

[8]陈国海，许国彬，肖沛雄．大学生心理与训练[M]．广州：中山大学出版社，2005.

[9]郑洪利．大学生心理素质教育与训练[M]．上海：上海大学出版社，2010.

[10]吴建玲．大学生心理健康与心理素质训练[M]．广州：华南理工大学出版社，2007.

[11]樊富珉，等．团体心理辅导[M]．上海：华东师范大学出版社，2010.

[12]刘嵋．大学生班级团体心理辅导教程[M]．北京：清华大学出版社，2009.

[13]阳志平，等．积极心理学团体活动课操作指南[M]．北京：机械工业出版社，2009.

[14]陈国梁，唐慧敏．大学生心理健康教育[M]．广州：华南理工大学出版社，2008.

[15]谭谦章，袁一平．新编大学生心理健康教程[M]．北京：化学工业出版社，2009.

[16]姚裕群．职业生涯管理[M]．大连：东北财经大学出版社，2009.

[17]于反．100个成功的职业规划[M]．北京：旅游教育出版社，2008.

[18]徐笑君．职业生涯规划与管理[M]．成都：四川人民出版社，2008.

[19]梁茂坚，吴小松．职业生涯指导教程[M]．长春：吉林大学出版社，2009.

[20]桑志芹．青春阳光之路——大学生心理健康教程[M]．南京：南京大学出版社，2010.

[21]黄冬福，等．大学生心理健康教育[M]．北京：高等教育出版社，2017.

[22]李菁华，等．大学生心理健康教育——做一个心理阳光的人[M]．天津：天津科学技术出版社，2019.